Mathematik I

W0300032

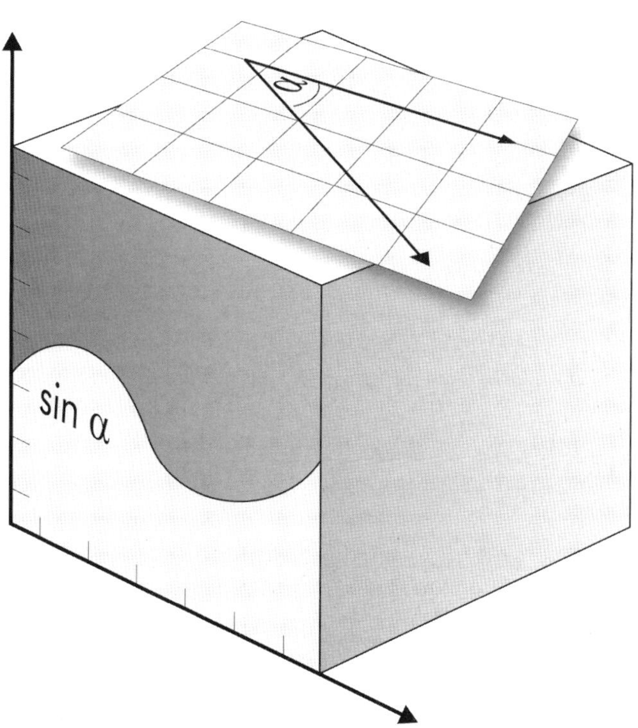

Jonas Hamel 10d

Inhaltsverzeichnis

Mathematik I

Vorwort

Mathematik I

Liebe Schülerinnen und Schüler,

mit dieser Sammlung der neuesten Prüfungsaufgaben können Sie sich selbstständig auf die kommende Abschlussprüfung sowie auf Schulaufgaben und Stegreifaufgaben im Fach „Mathematik I“ vorbereiten.

Beachten Sie bei Ihrer Vorbereitung, dass ab dem Schuljahr 2005/06 die Abschlussprüfung noch einem Pflicht- und einem Wahlteil enthielt. Ab dem Schuljahr 2008/2009 besteht die Wahlmöglichkeit (für den Lehrer) nicht mehr.

Der aktuelle Prüfungsstoff kann durch die zahlreichen Aufgabenstellungen früherer Abschlussprüfungen mit ausführlichen Musterlösungen intensiv geübt werden. Durch die vorliegende Sammlung können Sie selbst einen guten Überblick über die gestellten Anforderungen gewinnen.

Zum Gebrauch des Vorbereitungsheftes einige Arbeitshinweise:

=> Nehmen Sie sich Zeit und bearbeiten Sie jeweils (in 150 Minuten) eine Abschlussprüfungsaufgabe. Versuchen Sie die Aufgaben in der vorgebenen Arbeitszeit zu lösen.

=> Zur Festigung einzelner Lösungstechniken sind im Lösungsteil die Aufgabenstellung und die jeweilige Lösungsidee deutlich hervorgehoben. Sie können sich die typischen Lösungswege einprägen, bestimmte Aufgabentypen gezielt üben und mit farbigen Markierungen entsprechend Ihrer Lernsituation trainieren.

=> Die Lösungen sind teilweise ausführlicher als in der Abschlussprüfung verlangt. Der Rechenweg wird durch zusätzliche Planfiguren im Lösungsmuster veranschaulicht.

Viel Erfolg bei der Abschlussprüfung wünschen Ihnen die Herausgeber

Abschlussprüfung Mathematik I 2009 - Aufgabe A1

A 1.0 Ein Messbecher fasst, bis zum Rand gefüllt, genau einen Liter Flüssigkeit.
Die nebenstehende Skizze zeigt den Axialschnitt des Messbechers.
BD ist die Symmetrieachse.
Es gilt: $\overline{BD} = 200$ mm.

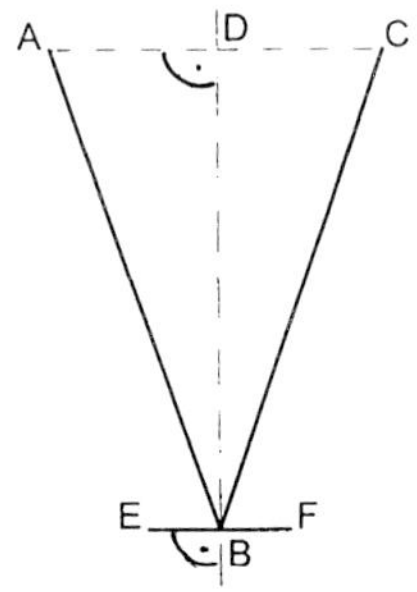

A 1.1 Berechnen Sie das Maß des Winkels CBA. Runden Sie auf Ganze.
[Teilergebnis: $\overline{AD} = 69$ mm]

2 P

A 1.2 Berechnen Sie auf Millimeter gerundet, bis zu welcher Höhe der Messbecher gefüllt ist, wenn er einen halben Liter Flüssigkeit enthält.

3 P

A 2.0 Die Pfeile $\overrightarrow{OP_n}(\varphi) = \begin{pmatrix} 2 \cdot \cos\varphi - 2 \\ 0{,}5 \cdot \sin\varphi \end{pmatrix}$ und $\overrightarrow{OR_n}(\varphi) = \begin{pmatrix} 3 \cdot \cos\varphi \\ -3 \cdot \sin\varphi \end{pmatrix}$ mit O (0 | 0) spannen für $\varphi \in \,]37° \, ; \, 180°[$ Parallelogramme $OP_nQ_nR_n$ auf.

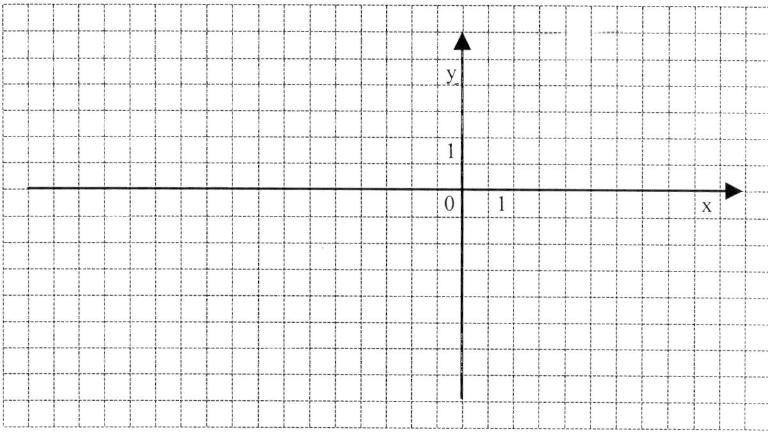

A 2.1 Berechnen Sie die Koordinaten der Pfeile $\overrightarrow{OP_1}$ und $\overrightarrow{OR_1}$ für $\varphi = 65°$ sowie $\overrightarrow{OP_2}$ und $\overrightarrow{OR_2}$ für $\varphi = 150°$. Runden Sie auf zwei Stellen nach dem Komma.
Zeichnen Sie sodann die Parallelogramme $OP_1Q_1R_1$ und $OP_2Q_2R_2$ in das Koordinatensystem zu 2.0 ein.

2 P

A 2.2 Zeigen Sie rechnerisch, dass für die Länge der Strecken [OP_n] in Abhängigkeit von φ gilt: $\overline{OP_n}(\varphi) = \sqrt{3{,}75 \cdot \cos^2\varphi - 8 \cdot \cos\varphi + 4{,}25}$ LE

2 P

A 2.3 Begründen Sie, dass die Punkte R_n auf einer Kreislinie um den Mittelpunkt O mit dem Radius r = 3 LE liegen.

2 P

A 2.4 Das Parallelogramm $OP_3Q_3R_3$ ist eine Raute. Diese wird durch die Pfeile $\overrightarrow{OP_3}$ und $\overrightarrow{OR_3}$ aufgespannt.

Berechnen Sie das zugehörige Winkelmaß φ. Runden Sie auf zwei Stellen nach dem Komma.

3 P

Abschlussprüfung Mathematik I 2009 - Aufgabe A3

A 3.0 In einem Laborversuch untersuchten Baubiologen das Wachstum von Schimmelpilzen auf unterschiedlichen Fassadenplatten. Dazu wurden zwei mit A bzw. B gekennzeichnete Platten, auf denen zu Versuchsbeginn jeweils eine Fläche mit einem Inhalt von $100\ cm^2$ von Schimmelpilz befallen war, in einer Klimakammer beobachtet.
Bei der Platte A wurde festgestellt, dass sich der Inhalt der von Schimmelpilz befallenen Fläche täglich um 26% vergrößert hatte.

A 3.1 Berechnen Sie, wie groß der Inhalt der von Schimmelpilz befallenen Fläche bei der Platte A am Ende des 6. Versuchstages war. Runden Sie auf Quadratzentimeter.

1P

A 3.2 Bei der Platte A war der Versuch abgebrochen worden, als der Inhalt der von Schimmelpilz befallenen Fläche einen Quadratmeter erreicht hatte. Ermitteln Sie rechnerisch, am wievielten Versuchstag dies der Fall war.

2 P

A 3.3 Auch bei der Platte B hatte sich der Inhalt der von Schimmelpilz befallenen Fläche täglich um einen festen Prozentsatz vergrößert. Hier war ein Quadratmeter am Ende des 13. Versuchstages erreicht worden. Berechnen Sie den betreffenden Prozentsatz.

2 P

Abschlussprüfung Mathematik I 2009 - Aufgabe B1

B 1.0 Gegeben ist die Funktion f mit der Gleichung $y = \log_2 (x + 8) + 1$ mit $\mathbb{G} = IR \times IR$.

B 1.1 Geben Sie die Definitionsmenge und die Wertemenge der Funktion f sowie die Gleichung der Asymptote h an.

2 P

B 1.2 Tabellarisieren Sie die Funktion f für $x \in \{-7{,}7; -7{,}6; -7; -6; -5; -4; -2; 0; 2; 4\}$ auf zwei Stellen nach dem Komma gerundet.
Zeichnen Sie sodann den Graphen zu f in ein Koordinatensystem.
Für die Zeichnung: Längeneinheit 1 cm; $-9 \leqq x \leqq 6$; $-4 \leqq y \leqq 9$

3 P

B 1.3 Punkte $A_n (x \mid \log_2 (x + 8) + 1)$ auf dem Graphen zu f sind zusammen mit dem Punkt B (0 | 0) und Punkten C_n und D_n die Eckpunkte von Quadraten $A_nBC_nD_n$.
Zeichnen Sie die Quadrate $A_1BC_1D_1$ für $x = -5$ und $A_2BC_2D_2$ für $x = 1$ in das Koordinatensystem zu 1.2 ein.

2 P

B 1.4 Die Punkte A_n können auf die Punkte C_n abgebildet werden.
Zeigen Sie durch Rechnung, dass der Trägergraph t der Punkte C_n die Gleichung $y = -\ 2^{x-1} + 8$ besitzt.
Zeichnen Sie den Trägergraphen t der Punkte C_n in das Koordinatensystem zu 1.2 ein.
[Teilergebnis: $C_n (\log_2 (x + 8) + 1 \mid -x)$]

5 P

B 1.5 Für das Quadrat $A_3BC_3D_3$ gilt: $A_3 (-4 \mid 3)$.
Berechnen Sie die Koordinaten des Punktes D_3.

2 P

B 1.6 Für das Quadrat $A_4BC_4D_4$ gilt: Der Punkt D_4 liegt auf der Winkelhalbierenden des II. Quadranten.
Ermitteln Sie rechnerisch die x-Koordinate des Punktes A_4.

3 P

Abschlussprüfung Mathematik I 2009 - Aufgabe B2

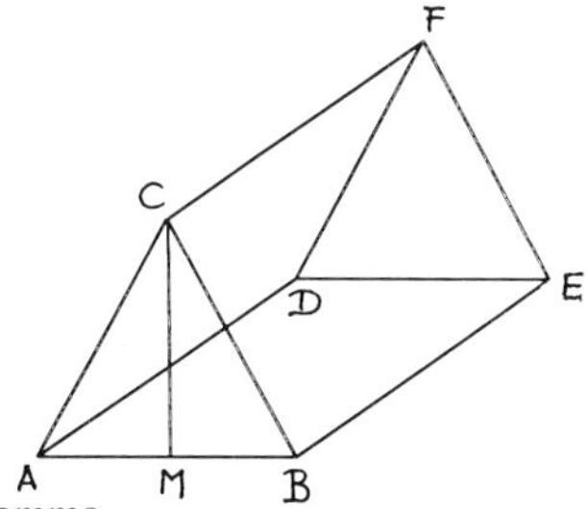

B 2.0 Die nebenstehende Skizze zeigt ein Schrägbild des geraden Prismas ABCDEF, dessen Grundfläche das gleichschenklige Dreieck ABC mit der Basis [AB] und der Höhe [MC] ist.
Es gilt: $\overline{AB} = 5$ cm ; $\overline{AD} = 12$ cm ; $\overline{MC} = 4$ cm .

Runden Sie im Folgenden auf zwei Stellen nach dem Komma.

B 2.1 Zeichnen Sie das Schrägbild des Prismas ABCDEF, wobei die Kante [AB] auf der Schrägbildachse liegen soll (Lage des Prismas wie in der Skizze zu 2.0 dargestellt).
Für die Zeichnung: $q = 1 : 2$; $\omega = 45°$
Berechnen Sie sodann das Maß des Winkels CBA.
[Ergebnis: $\sphericalangle CBA = 57{,}99°$]

2 P

B 2.2 Punkte $G_n \in [BC]$ und Punkte $H_n \in [EF]$ sind zusammen mit den Punkten A und D die Eckpunkte von Rechtecken AG_nH_nD. Die Winkel BAG_n haben das Maß φ mit $\varphi \in [0°; 57{,}99°]$.
Zeichnen Sie das Rechteck AG_1H_1D für $\overline{BG_1} = \frac{1}{4} \cdot \overline{BC}$ in das Schrägbild zu 2.1 ein.

1 P

B 2.3 Berechnen Sie den Flächeninhalt A der Rechtecke AG_nH_nD in Abhängigkeit von φ.
Ermitteln Sie sodann den minimalen und den maximalen Flächeninhalt mit dem jeweils zugehörigen Winkelmaß φ.
[Teilergebnis: $\overline{AG_n}(\varphi) = \dfrac{4{,}24}{\sin(\varphi + 57{,}99°)}$ cm]

5 P

B 2.4 Die Rechtecke AG_2H_2D und AG_3H_3D haben jeweils den Flächeninhalt 53 cm^2.
Berechnen Sie die zugehörigen Winkelmaße φ.

3 P

B 2.5 Ermitteln Sie rechnerisch das Volumen V der Prismen ABG_nDEH_n in Abhängigkeit von φ.
[Ergebnis: $V(\varphi) = \dfrac{127{,}20 \cdot \sin\varphi}{\sin(\varphi + 57{,}99°)}\ cm^3$]

2 P

B 2.6 Das Volumen des Prismas ABG_4DEH_4 beträgt 20% des Volumens des Prismas ABCDEF. Berechnen Sie das zugehörige Winkelmaß φ.

4 P

Abschlussprüfung Mathematik I 2008 - Aufgabe P1

(Pflichtteil)

P 1.0 Lässt man einen Gummiball aus einer Höhe von 100,0 cm frei fallen, so verliert er nach jedem Auftreffen am Boden an Sprunghöhe. Die Tabelle zeigt die maximale Sprunghöhe, die der Ball nach dem x-ten Bodenkontakt erreicht.

Anzahl der Bodenkontakte	0	1	2	3
Maximale Sprunghöhe in cm	100,0	80,0	64,0	51,2

P 1.1 Geben Sie an, um wie viel Prozent die maximale Sprunghöhe nach jedem Aufprall abnimmt.

1 P

P 1.2 Der Zusammenhang zwischen der Anzahl der Bodenkontakte x und der maximalen Sprunghöhe y cm kann näherungsweise durch eine Exponentialfunktion der Form $y = y_0 \cdot k^x$ beschrieben werden $((\mathbb{G} = \mathbb{R}_0^+ \times \mathbb{R}_0^+);\ y_0 \in \mathbb{R}^+;\ k \in \mathbb{R}^+ \setminus \{1\})$. Geben Sie die Funktionsgleichung an.

1 P

P 1.3 Bestimmen Sie durch Rechnung die Anzahl der Bodenkontakte, nach der die maximale Sprunghöhe erstmals weniger als 30,0 cm beträgt.

1 P

P 1.4 Berechnen Sie auf Millimeter gerundet, welche Gesamtstrecke der Ball zurückgelegt hat, wenn er nach dem vierten Bodenkontakt gerade die maximale Sprunghöhe erreicht.

2 P

Abschlussprüfung Mathematik I 2008 - Aufgabe P2

(Pflichtteil)

P 2.0 Gegeben ist das Dreieck ABC mit A(-4|0), B(3,5|0) und C(-1|9).
Die Eckpunkte Q_n (x | y) ($\mathbb{G}$ = IR x IR) von gleichschenklig-rechtwinkligen Dreiecken PQ_nR_n mit P(0|0) und $\sphericalangle Q_nPR_n = 90°$ liegen auf der Seite [BC] des Dreiecks ABC.

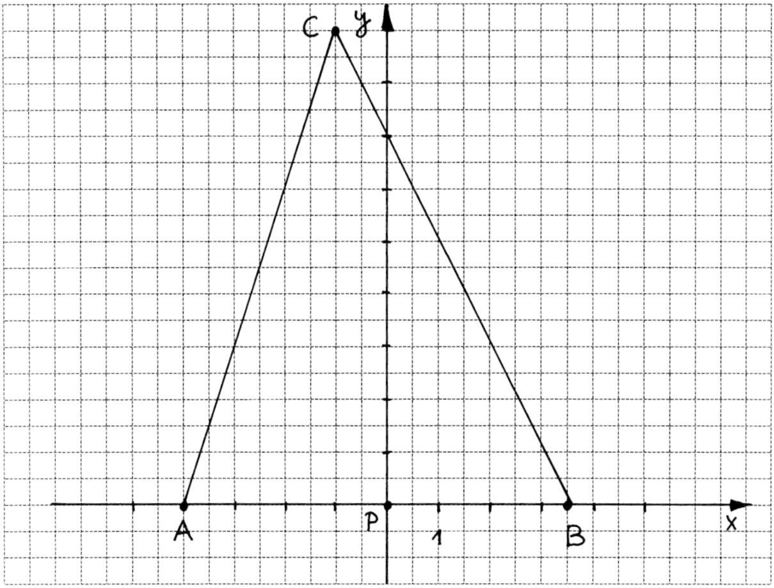

P 2.1 Zeichnen Sie die Dreiecke PQ_1R_1 mit Q_1 (3 | y_1), PQ_2R_2 mit Q_2 (2,5 | y_2) und PQ_3R_3 mit Q_3 (1 | y_3) in das Koordinatensystem zu 2.0 ein.

2 P

P 2.2 Zeichnen Sie den Trägergraphen g der Punkte R_n in das Koordinatensystem zu 2.0 ein und ermitteln Sie seine Gleichung durch Rechnung.

3 P

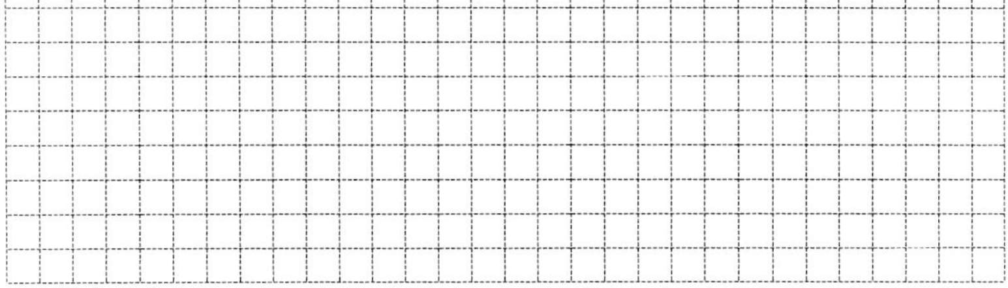

P 2.3 Das Dreieck PQ_oR_o ist dem Dreieck ABC einbeschrieben.
Zeichnen Sie das Dreieck PQ_oR_o in das Koordinatensystem zu 2.0 ein und berechnen Sie die Koordinaten des Punktes R_o.

4 P

Abschlussprüfung Mathematik I 2008 - Aufgabe P3

(Pflichtteil)

P 3.0 Gegeben sind Dreiecke AB_nC.
Es gilt: $\overline{AC} = 5$ cm; $\gamma = 45°$.
Die Winkel B_nAC haben das Maß α mit $\alpha \in]0°;90°]$.

Die nebenstehende Zeichnung zeigt das Dreieck AB_1C für $\alpha = 60°$

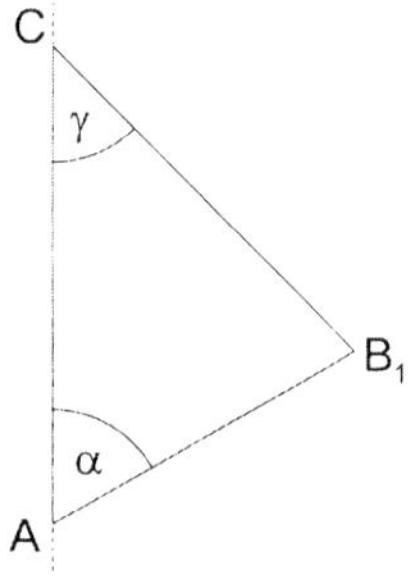

P 3.1 Für $\alpha = 90°$ ergibt sich das Dreieck AB_0C.
Begründen Sie: Der Abstand des Punktes B_0 von der Geraden AC beträgt 5 cm.

1P

P 3.2 Bestimmen Sie durch Rechnung den Abstand d der Punkte B_n von der Geraden AC in Abhängigkeit von α für $\alpha \in]0°;90°[$.

2 P

P 3.3 Die Dreiecke AB_nC rotieren um die Gerade AC.
Berechnen Sie das Volumen V des entstehenden Rotationskörpers für $\alpha = 72°$.
Runden Sie auf zwei Stellen nach dem Komma.

2 P

Abschlussprüfung Mathematik I 2008 - Aufgabe A1

(Wahlteil)

A 1.0 Gegeben ist die Funktion f mit der Gleichung $y = 2 \cdot \log_3 (x + 1) - 2$ mit ($\mathbb{G} = \mathbb{R} \times \mathbb{R}$).

A 1.1 Geben Sie die Definitionsmenge der Funktion f sowie die Gleichung der Asymptote h an und zeichnen Sie den Graphen zu f für $x \in [-0,5; 8]$ in ein Koordinatensystem.
Für die Zeichnung: Längeneinheit 1 cm ; $-3 \leqq x \leqq 9$; $-4 \leqq y \leqq 7$

3 P

A 1.2 Der Graph der Funktion f wird durch Parallelverschiebung mit dem Vektor
$\vec{v} = \begin{pmatrix} a \\ 4 \end{pmatrix}$ mit $a \in \mathbb{R}$ auf den Graphen zu f ' abgebildet.
Der Punkt P' (0 | 4) liegt auf dem Graphen zu f'.

Berechnen Sie den Wert von a.
Ermitteln Sie sodann die Gleichung der Funktion f ' durch Rechnung und zeichnen Sie den Graphen zu f ' in das Koordinatensystem zu 1.1 ein.

4 P

A 1.3 Punkte $A_n (x \mid 2 \cdot \log_3 (x + 1) - 2)$ auf dem Graphen zu f und Punkte $C_n (x \mid 2 \cdot \log_3 (x + 3) + 2)$ auf dem Graphen zu f ' haben dieselbe Abszisse x und sind für $x > -1$ zusammen mit Punkten B_n und D_n die Eckpunkte von Rauten $A_nB_nC_nD_n$. Es gilt: $\overline{B_nD_n} = 3$ LE.

Zeichnen Sie die Rauten $A_1B_1C_1D_1$ für $x = 0$ und $A_2B_2C_2D_2$ für $x = 5$ in das Koordinatensystem zu 1. 1 ein.

2 P

A 1.4 Zeigen Sie rechnerisch, dass für die Koordinaten der Diagonalenschnittpunkte M_n der Rauten $A_nB_nC_nD_n$ in Abhängigkeit von der Abszisse x der Punkte A_n und C_n gilt:
$M_n (x \mid \log_3 (x^2 + 4x + 3))$.

2 P

A 1.5 Der Diagonalenschnittpunkt M_3 der Raute $A_3B_3C_3D_3$ liegt auf der x- Achse. Berechnen Sie die Koordinaten des Punktes C_3. Runden Sie auf zwei Stellen nach dem Komma.

3 P

A 1.6 Die Raute $A_4B_4C_4D_4$ hat den Flächeninhalt 10 FE.
Berechnen Sie die x-Koordinate des Punktes C_4 auf zwei Stellen nach dem Komma gerundet.

3 P

Abschlussprüfung Mathematik I 2008 - Aufgabe A2

(Wahlteil)

A 2.0 Das gleichschenklige Trapez ABCD hat die parallelen Seiten [AB] und [CD] mit $\overline{AB} = 16$ cm und $\overline{CD} = 9$ cm. Der Mittelpunkt der Seite [CD] ist der Punkt E, der Mittelpunkt der Seite [AB] ist der Punkt F. Es gilt: $\overline{EF} = 7$ cm.
Das gleichschenklige Trapez ABCD ist die Grundfläche einer Pyramide ABCDS, deren Spitze S senkrecht über dem Punkt E liegt. Es gilt: $\overline{ES} = 10$ cm.
Runden Sie im Folgenden auf zwei Stellen nach dem Komma.

A 2.1 Zeichnen Sie das Schrägbild der Pyramide ABCDS, wobei die Punkte E und F auf der Schrägbildachse liegen sollen.
Für die Zeichnung: $q = 1 : 2$; $\omega = 45°$

2 P

A 2.2 Berechnen Sie das Maß φ des Winkels SFE und die Länge der Strecke [SF].
[Ergebnisse: $\varphi = 55{,}01°$; $\overline{SF} = 12{,}21$ cm]

2 P

A 2.3 Punkte M_n liegen auf der Strecke [SF]. Die Punkte M_n sind die Mittelpunkte der Trapezseiten $[P_nQ_n]$ von Trapezen DCQ_nP_n mit $P_n \in [AS]$ und $Q_n \in [BS]$.
Die Winkel FEM_n haben das Maß ε mit $\varepsilon \in [0°;90°[$.

Zeichnen Sie das Trapez DCQ_1P_1 für $\varepsilon = 65°$ in das Schrägbild zu 2.1 ein.

1 P

A 2.4 Zeigen Sie rechnerisch, dass für die Länge der Strecken $[SM_n]$ in Abhängigkeit von ε gilt:

3 P

$$\overline{SM_n}\ (\varepsilon) = \frac{10 \cdot \cos\varepsilon}{\sin(55{,}01° + \varepsilon)}\ \text{cm}.$$

A 2.5 Das Trapez DCQ_2P_2 ist ein Rechteck.
Berechnen Sie das zugehörige Winkelmaß ε.

5 P

$$\left[\text{Teilergebnis: } \overline{P_nQ_n}\ (\varepsilon) = \frac{13{,}10 \cdot \cos\varepsilon}{\sin(55{,}01° + \varepsilon)}\ \text{cm}\ \right]$$

A 2.6 Unter den Höhen $[EM_n]$ der Trapeze DCQ_nP_n hat die Höhe $[EM_o]$ des Trapezes DCQ_oP_o die minimale Länge.
Berechnen Sie das zugehörige Winkelmaß ε.
Ermitteln Sie sodann durch Rechnung, in welchem Verhältnis das Volumen der Pyramide ABCDS durch die von den Eckpunkten des Trapezes DCQ_oP_o festgelegte Ebene geteilt wird.

4 P

Abschlussprüfung Mathematik I 2008 - Aufgabe B1

(Wahlteil)

B 1.0 Gegeben ist die Funktion f mit der Gleichung $y = -\left(\frac{1}{2}\right)^{x+4} + 2$ mit $\mathbb{G} = \mathbb{R} \times \mathbb{R}$.

B 1.1 Geben Sie die Definitionsmenge und die Wertemenge der Funktion f sowie die Gleichung der Asymptote h an.

2 P

B 1.2 Tabellarisieren Sie die Funktion f für $x \in [-7; 2]$ mit $\Delta x = 1$ auf zwei Stellen nach dem Komma gerundet und zeichnen Sie den Graphen zu f in ein Koordinatensystem.
Für die Zeichnung: Längeneinheit 1 cm ; $-8 \leqq x \leqq 3$; $-7 \leqq y \leqq 4$

2 P

B 1.3 Der Graph der Funktion f wird durch orthogonale Affinität mit der x-Achse als Affinitätsachse und dem Affinitätsmaßstab k = -2 auf den Graphen der Funktion f ' abgebildet.

Zeigen Sie rechnerisch, dass die Funktion f ' die Gleichung $y = \left(\frac{1}{2}\right)^{x+3} - 4$

besitzt und zeichnen Sie den Graphen zu f ' in das Koordinatensystem zu 1.2 ein.

3 P

B 1.4 Punkte A_n auf dem Graphen zu f und Punkte B_n auf dem Graphen zu f ' haben dieselbe Abszisse x und sind für x > -5 zusammen mit Punkten C_n die Eckpunkte von gleichschenklig-rechtwinkligen Dreiecken $A_nB_nC_n$ mit den Hypotenusen $[A_nB_n]$.

Zeichnen Sie die Dreiecke $A_1B_1C_1$ für x = -3 und $A_2B_2C_2$ für x = -1 in das Koordinatensystem zu 1.2 ein.

2 P

B 1.5 Zeigen Sie durch Rechnung, dass für den Flächeninhalt A der Dreiecke $A_nB_nC_n$ in Abhängigkeit von der Abszisse x der Punkte A_n und B_n gilt:

$$A(x) = \left(-3 \cdot \left(\frac{1}{2}\right)^{x+5} + 3\right)^2 \text{ FE.}$$

4 P

B 1.6 Das Dreieck $A_3B_3C_3$ hat den Flächeninhalt 2,25 FE.
Berechnen Sie die Koordinaten des Punktes B_3.

2 P

B 1.7 Begründen Sie, dass die y-Koordinate der Punkte C_n nicht den Wert - 1 annehmen kann.

2 P

Abschlussprüfung Mathematik I 2008 - Aufgabe B2

(Wahlteil)

B 2.0 Die Raute ABCD mit den Diagonalen [AC] und [BD] ist die Grundfläche einer Pyramide ABCDS, deren Spitze S senkrecht über dem Diagonalenschnittpunkt M der Raute ABCD liegt.

Es gilt: $\overline{AC} = 14$ cm; $\overline{BD} = 10$ cm; $\overline{MS} = 5$ cm.

Runden Sie im Folgenden auf zwei Stellen nach dem Komma.

B 2.1 Zeichnen Sie das Schrägbild der Pyramide ABCDS, wobei die Diagonale [AC] auf der Schrägbildachse liegen soll

Für die Zeichnung: $q = 1 : 2$; $\omega = 45°$

2 P

B 2.2 Auf der geradlinigen Verlängerung der Kante [CS] über den Punkt S hinaus liegen Punkte E_n. Die Punkte E_n sind die Spitzen von Pyramiden $ABCDE_n$ mit den Höhen $[E_nF_n]$, deren Fußpunkte F_n auf der Halbgeraden [MA liegen. Die Strecken [MS] und $[ME_n]$ schließen Winkel SME_n mit dem Maß φ ein.

Zeichnen Sie die Pyramide $ABCDE_1$ für $\varphi = 30°$ und ihre Höhe $[E_1F_1]$ in das Schrägbild zu 2.1 ein.

Für alle Pyramiden $ABCDE_n$ gilt: $\varphi \in]0°;54{,}46°[$.

Begründen Sie die obere Intervallgrenze.

3 P

B 2.3 Zeigen Sie durch Rechnung, dass für die Länge der Strecken $[ME_n]$ in Abhängigkeit von φ gilt:

3 P

$$\overline{ME_n}\ (\varphi) = \frac{4{,}07}{\sin(125{,}54° + \varphi)}\ \text{cm}.$$

B 2.4 Ermitteln Sie rechnerisch das Volumen V der Pyramiden $ABCDE_n$ in Abhängigkeit von φ.

3 P

[Teilergebnis: $V(\varphi) = \dfrac{94{,}97 \cdot \cos\varphi}{\sin(125{,}54° + \varphi)}\ \text{cm}^3$]

B 2.5 Die Pyramide $ABCDE_2$ hat das Volumen 210 cm^3.

Berechnen Sie das zugehörige Winkelmaß φ.

3 P

B 2.6 Die Spitze E_0 der Pyramide $ABCDE_0$ liegt senkrecht über dem Punkt A.

Berechnen Sie das Maß φ des Winkels SME_0.

3 P

Abschlussprüfung Mathematik I 2007 - Aufgabe P1

(Pflichtteil)

P 1.0 Herr Müller kauft sich einen Neuwagen für 42500 €. Dieses Auto verliert jährlich 22% seines Restwertes.

P 1.1 Beim Verkauf des Autos erzielt Herr Müller einen Verkaufspreis von 5823 €. Wie alt ist das Auto beim Verkauf? (Runden Sie sinnvoll.)

3 P

P 1.2 Wie viel Prozent des Neuwertes hat das Auto nach 3 Jahren verloren?

2 P

Abschlussprüfung Mathematik I 2007 - Aufgabe P2

(Pflichtteil)

P 2.0 Im gleichschenkligen Dreieck ABC mit der Basislänge $\overline{AC} = 8$ cm ist der Punkt M der Mittelpunkt der Basis [AC] und es gilt: $\overline{MB} = 6$ cm.

Das Dreieck ABC ist die Grundfläche der Pyramide ABCS, deren Spitze S senkrecht über dem Punkt M liegt.

Der Winkel SBM hat das Maß $\varepsilon = 60°$.

In der Zeichnung gilt:
$q = \frac{1}{2}$; $\omega = 45°$

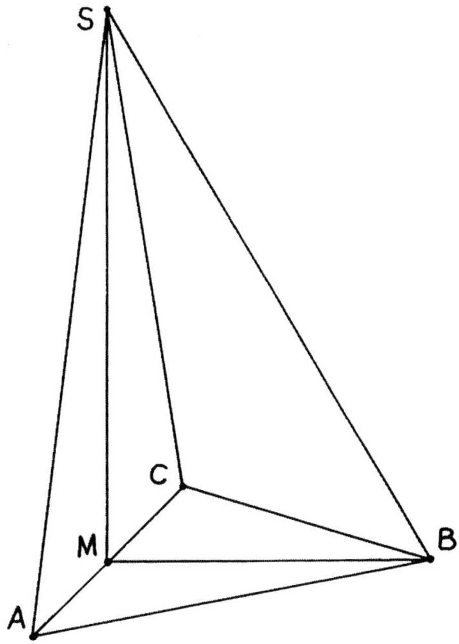

P 2.1 Zeigen Sie, dass für die Höhe $\overline{MS}$ der Pyramide ABCS gilt: $\overline{MS} = 6\sqrt{3}$ cm.

1 P

P 2.2 Punkte P_n auf der Kante [BS] sind die Spitzen von Pyramiden AB_nCP_n.
Die Punkte B_n liegen auf der Verlängerung von [MB] über B hinaus.
Es gilt: $\overline{BB_n} = \overline{P_nS}$. Die Winkel P_nMS haben das Maß φ ($0° \leqq \varphi < 90°$).
Zeichnen Sie die Pyramide AB_1CP_1 für $\varphi = 20°$ in die Zeichnung zu 2.0 ein.

1 P

P 2.3 Es gilt: $\overline{MB_n} = x$ cm.
Berechnen Sie das Intervall für x ($x \in \mathbb{R}$).

2 P

P 2.4 Zeigen Sie rechnerisch, dass für die Streckenlängen $\overline{P_nS}$ in Abhängigkeit von φ gilt:

$$\overline{P_nS}\ (\varphi) = \frac{6\sqrt{3}\ \cdot \sin\varphi}{\sin\ (\varphi + 30°)}\ \text{cm}.$$

1 P

P 2.5 Berechnen Sie das Maß φ so, dass die Grundfläche AB_2C der Pyramide AB_2CP_2 einen Flächeninhalt von 50 cm^2 hat.

4 P

Abschlussprüfung Mathematik I 2007 - Aufgabe P3

(Pflichtteil)

P 3.0 Punkte A_n $(x \mid \frac{1}{4}x + 1)$ auf der Geraden g mit der Gleichung $y = \frac{1}{4}x + 1$ ($\mathbb{G} = \mathbb{R} \times \mathbb{R}$) und Punkte B_n auf der Geraden h mit der Gleichung $y = -\frac{1}{2}x + 8$ ($\mathbb{G} = \mathbb{R} \times \mathbb{R}$) bilden zusammen mit Punkten C_n gleichseitige Dreiecke $A_nB_nC_n$.
Die Abszisse der Punkte B_n ist stets um zwei größer als die Abszisse x der Punkte A_n.

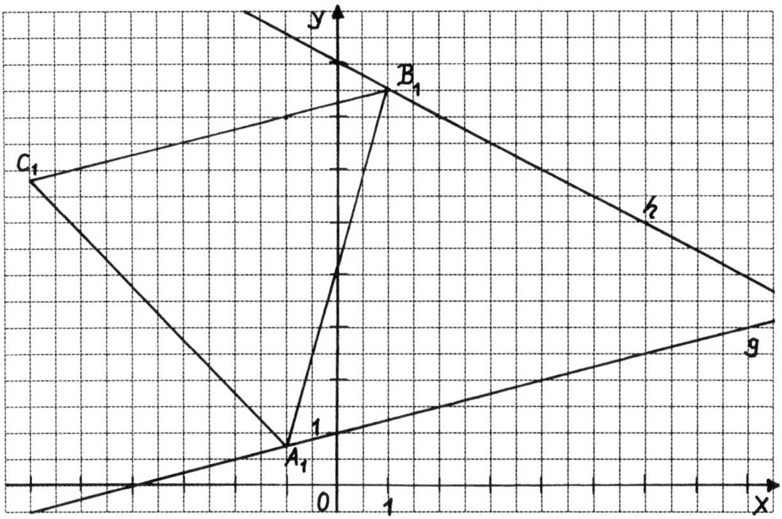

P 3.1 Ergänzen Sie die Zeichnung zu 3.0 um das Dreieck $A_2B_2C_2$ für x = 4.

1 P

P 3.2 Die Punkte B_n können auf die Punkte C_n abgebildet werden.
Berechnen Sie die Koordinaten der Eckpunkte C_n in Abhängigkeit von der Abszisse x der Punkte A_n.

4 P

Abschlussprüfung Mathematik I 2007 - Aufgabe A1

(Wahlteil)

A 1.0 Um die Funktion der Bauchspeicheldrüse zu prüfen, wird ein bestimmter Farbstoff verabreicht und dessen Ausscheiden gemessen. Werden einem Menschen a g (Gramm) Farbstoff verabreicht, so sind nach x min noch y g des Farbstoffs in seiner Bauchspeicheldrüse vorhanden. Die Abnahme des Farbstoffs kann mit der Funktion

f mit der Gleichung $y = a \cdot \left(1 - \frac{p}{100}\right)^x$ mit $\mathbb{G} = \mathbb{R}_0^+ \times \mathbb{R}^+$; $p \in]0\,;\,100[$; $p \in \mathbb{R}$;

$a \in \mathbb{R}^+$ beschrieben werden, wobei p % die Ausscheidungsrate pro Minute ist.

A 1.1 Um die minütliche Ausscheidungsrate p % zu ermitteln, werden einem gesunden Menschen 0,50 g Farbstoff verabreicht. Nach 40 Minuten hat seine Bauchspeicheldrüse 0,40 g des Farbstoffs ausgeschieden.
Ermitteln Sie rechnerisch die Gleichung der zugehörigen Funktion f_1, welche den Ausscheidungsvorgang der Bauchspeicheldrüse eines gesunden Menschen bei einer Verabreichung von 0,50 g Farbstoff beschreibt.
[Teilergebnis: p = 4 (auf Ganze gerundet)]

3 P

A 1.2 Tabellarisieren Sie die Funktion f_1 für $x \in [0; 80]$ in Schritten von $\Delta x = 10$ auf zwei Stellen nach dem Komma gerundet und zeichnen Sie sodann den Graphen zu f_1 in ein Koordinatensystem.

Für die Zeichnung: Auf der x-Achse: 1 cm für 10 min; $0 \leqq x \leqq 90$

Auf der y-Achse: 1 cm für 0,1 g; $0 \leqq y \leqq 0{,}6$

2 P

A 1.3 Um die in 1.1 ermittelte Ausscheidungsrate von 4% zu überprüfen, werden einem weiteren gesunden Menschen 0,80 g des Farbstoffes verabreicht.
Welche Masse an Farbstoff sollte nach 50 Minuten ausgeschieden sein?

2 P

A 1.4 Berechnen Sie die Zeit auf ganze Minuten gerundet, nach der 75% des verabreichten Farbstoffs bei einem gesunden Menschen ausgeschieden sein sollen. (Ausscheidungsrate: 4%)

3 P

A 1.5 Einem Menschen werden 0,30 g des Farbstoffs verabreicht. Nach Ablauf von 25 Minuten sind in seiner Bauchspeicheldrüse noch 0,18 g des Farbstoffs vorhanden.
Geben Sie für diesen Fall die Gleichung der Funktion f_2 an und zeichnen Sie ihren Graphen in das Koordinatensystem zu 1. 1 ein.
[Teilergebnis: p = 2 (auf Ganze gerundet)]

3 P

A 1.6 0,50 g des Farbstoffs werden der Person aus 1.1 und gleichzeitig 0,30 g der Person aus 1.5 verabreicht.
Berechnen Sie, nach welcher Zeit auf ganze Minuten gerundet die Personen aus 1.1 und 1.5 die gleiche Masse Farbstoff in der Bauchspeicheldrüse haben.

4 P

Abschlussprüfung Mathematik I 2007 - Aufgabe A2

(Wahlteil)

A 2.0 Der Punkt A(2 | -1) ist gemeinsamer Eckpunkt von Drachenvierecken $AB_nC_nD_n$. Die Diagonalenschnittpunkte M_n (x | 2x + 3) der Drachenvierecke $AB_nC_nD_n$ liegen auf der Geraden g mit der Gleichung y = 2x + 3 ($\mathbb{G} = \mathbb{R} \times \mathbb{R}$).
Für die Drachenvierecke $AB_nC_nD_n$ gilt:
$\overline{AM_n} : \overline{M_nC_n} = 2 : 1$ und $\sphericalangle D_nC_nB_n = 90°$.

A 2.1 Zeichnen Sie die Gerade g und die Drachenvierecke $AB_1C_1D_1$ mit M_1 (- 4 | y_1) und $AB_2C_2D_2$ mit M_2(2 | y_2) in ein Koordinatensystem.
Für die Zeichnung: Längeneinheit 1 cm ; $-8 \leqq x \leqq 7$; $-9 \leqq y \leqq 12$

3 P

A 2.2 Alle Winkel B_nAD_n haben das gleiche Maß α.
Berechnen Sie das Maß α auf zwei Stellen nach dem Komma gerundet.

2 P

A 2.3 Ermitteln Sie rechnerisch die Koordinaten der Punkte B_n der Drachenvierecke $AB_nC_nD_n$ in Abhängigkeit von der Abszisse x der Punkte M_n.
[Ergebnis: B_n (2x + 2 | 1,5x + 4)]

4 P

A 2.4 Bestimmen Sie die Gleichung des Trägergraphen h der Punkte B_n und zeichnen Sie sodann den Trägergraphen h in das Koordinatensystem zu 2.1 ein.

3 P

A 2.5 Das Drachenviereck $AB_3C_3D_3$ hat unter den Drachenvierecken $AB_nC_nD_n$ den kleinstmöglichen Flächeninhalt.
Berechnen Sie die Koordinaten des zugehörigen Diagonalenschnittpunkts M_3 und geben Sie den minimalen Flächeninhalt an.

5 P

Abschlussprüfung Mathematik I 2007 - Aufgabe B1

(Wahlteil)

B 1.0 Während der Beschleunigungsphase einer Rakete hat diese die Geschwindigkeit $x\ \frac{\text{km}}{\text{s}}$. Dabei verringert sich die Masse y t (Tonne) der Rakete durch den Ausstoß von verbranntem Treibstoff. Die Veränderung der Raketenmasse in Abhängigkeit von ihrer Geschwindigkeit kann durch eine Gleichung der Form $y = y_o \cdot 0{,}37^{\frac{x}{k}}$ $(\mathbb{G} = \mathbb{R}_0^+ \times \mathbb{R}^+;\ y_o \in \mathbb{R}^+;\ k \in \mathbb{R}^+)$ dargestellt werden, wobei y_o t die Startmasse der Rakete ist und $k\ \frac{\text{km}}{\text{s}}$ die Ausströmgeschwindigkeit des verbrannten Treibstoffs ist.

B 1.1 Eine Rakete hat eine Startmasse von 22,0 t. Bis diese Rakete eine Geschwindigkeit von $9{,}5\ \frac{\text{km}}{\text{s}}$ erreicht, hat sich die Masse auf 4,0 t verringert.
Zeigen Sie, dass gilt: $k = 5{,}54$.

2 P

B 1.2 Die Masse y t dieser Rakete kann durch die Funktion f mit der Gleichung
$y = 22{,}0 \cdot 0{,}37^{\frac{x}{k}}$ $(\mathbb{G} = \mathbb{R}_0^+ \times \mathbb{R}^+)$ beschrieben werden.
Tabellarisieren Sie die Funktion f für $x \in [0; 9]$ in Schritten von $\Delta x = 1$ auf eine Stelle nach dem Komma gerundet und zeichnen Sie sodann den Graphen zu f in ein Koordinatensystem.
Für die Zeichnung: Auf der x-Achse: 1 cm für $1{,}0\ \frac{\text{km}}{\text{s}}$; $0 \leqq x \leqq 10$
Auf der y-Achse: 1 cm für 2,0 t; $0 \leqq y \leqq 12$

2 P

B 1.3 Damit diese Rakete die Anziehungskraft der Erde überwinden kann, muss sie auf eine um 18% höhere Geschwindigkeit als die in 1.1 erzielte Geschwindigkeit von $9{,}5\ \frac{\text{km}}{\text{s}}$ beschleunigt werden.
Berechnen Sie, welche Masse verbrannten Treibstoffs bis zum Erreichen dieser Geschwindigkeit ausgestoßen wird.

3 P

B 1.4 Berechnen Sie die prozentuale Zunahme der Geschwindigkeit dieser Rakete, wenn bei einer Masse von 4,0 t noch eine weitere Tonne verbrannten Treibstoffs ausgestoßen wird.

3 P

B 1.5 Die Rakete aus 1.1 hat seit dem Start 10,0 t Treibstoff verbrannt.
Berechnen Sie die dabei erreichte Geschwindigkeit $x\ \frac{\text{km}}{\text{s}}$.

3 P

B 1.6 Durch eine Verbesserung der Raketentechnik erhöht sich die Ausströmgeschwindigkeit $k\ \frac{\text{km}}{\text{s}}$ auf $10\ \frac{\text{km}}{\text{s}}$. Eine Rakete mit dieser Raketentechnik hat nur noch 80% der Startmasse der Rakete aus 1.1. besitzen. Ermitteln Sie die Geschwindigkeit $x\ \frac{\text{km}}{\text{s}}$, bei der beide Raketen die gleiche Masse besitzen.

4 P

Abschlussprüfung Mathematik I 2007 - Aufgabe B2

(Wahlteil)

B 2.0 Der Punkt A(-2 | -2) ist gemeinsamer Eckpunkt von Rauten $AB_nC_nD_n$.
Die Eckpunkte $B_n (x \mid -3 \cdot x^{-1} - 1)$ liegen auf dem Hyperbelast k mit der Gleichung $y = -3 \cdot x^{-1} - 1$ ($\mathbb{G} = \mathbb{R}_0^+ \times \mathbb{R}^+$).
Die Punkte C_n liegen auf der Geraden g mit der Gleichung $y = x$ ($\mathbb{G} = \mathbb{R} \times \mathbb{R}$).

B 2.1 Zeichnen Sie den Hyperbelast k für $x > 0$ sowie die Rauten $AB_1C_1D_1$ für $x = 2$ und $AB_2C_2D_2$ für $x = 6$ in ein Koordinatensystem.

Für die Zeichnung: Längeneinheit 1 cm ; $-4 \leqq x \leqq 8$; $-8 \leqq y \leqq 7$

3 P

B 2.2 Bestimmen Sie durch Rechnung die Definitionsmenge für die Abszissen x der Punkte B_n, sodass Rauten $AB_nC_nD_n$ entstehen.

3 P

B 2.3 Berechnen Sie die Innenwinkelmaße der Raute $AB_1C_1D_1$. (Auf zwei Stellen nach dem Komma runden.)

3 P

B 2.4 Ermitteln Sie rechnerisch die Koordinaten der Punkte D_n in Abhängigkeit von der Abszisse x der Punkte B_n.

Bestimmen Sie sodann die Gleichung des Trägergraphen h der Eckpunkte D_n.
[Teilergebnis: $D_n (-3 \cdot x^{-1} - 1 \mid x)$]

4 P

B 2.5 Unter den Rauten $AB_nC_nD_n$ gibt es ein Quadrat $AB_oC_oD_o$.
Zeichnen Sie das Quadrat $AB_oC_oD_o$ in das Koordinatensystem zu 2.1 ein.

Berechnen Sie sodann die Koordinaten der Eckpunkte B_o, C_o und D_o.

4 P

Abschlussprüfung Mathematik I 2006 - Aufgabe P1

(Pflichtteil)

P 1.0 In einer Mäusezucht werden jeweils 500 Mäuse in einer Kolonie gehalten. Die Vermehrung der Mäuse lässt sich unter den gegebenen Umständen durch die

Funktion f mit der Gleichung $y = 500 \cdot 1{,}15^{\frac{x}{7}}$ $(G = \mathbb{R} \times \mathbb{R})$ beschreiben.
Dabei bedeutet y die Anzahl der Mäuse nach x Tagen.

P 1.1 Um wie viel Prozent erhöht sich der Mäusebestand in einer Woche?

2 P

P 1.2 Wie viele Mäuse müssten nach drei Wochen entnommen werden, um den Anfangsbestand wieder herzustellen? (Auf Ganze runden.)

1 P

P 1.3 Nach wie vielen Tagen hat sich die Anzahl der Mäuse verdoppelt?

2 P

Abschlussprüfung Mathematik I 2006 - Aufgabe P2

(Pflichtteil)

P 2.0 Das Quadrat ABCD mit $\overline{AB} = 6\text{cm}$ ist die Grundfläche einer Pyramide ABCDS. Die Spitze S liegt senkrecht über dem Eckpunkt A. Der Winkel SCA hat das Maß $\gamma = 50°$.
Der Punkt Q liegt auf der Kante [AS] mit $\overline{AQ} = 6\text{cm}$. Die Punkte R_n liegen auf der Kante [CS], wobei die Winkel R_nQS das Maß ε mit $\varepsilon > 0°$ haben.

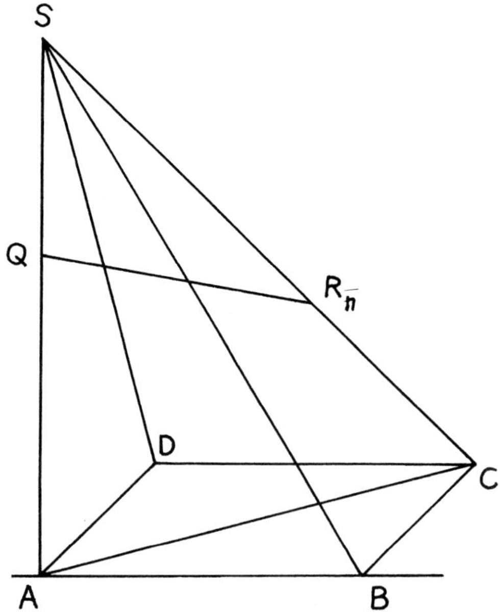

P 2.1 Berechnen Sie das größtmögliche Winkelmaß ε.

3 P

P2.2 Zeigen Sie, dass für die Streckenlängen $\overline{QR_n}$ in Abhängigkeit von ε gilt:

$$\overline{QR_n} = \frac{2{,}64}{\sin(40° + \varepsilon)} \text{ cm.}$$

[Teilergebnis: $\overline{AS} = 10{,}11$ cm]

4 P

P 2.3 Berechnen Sie das Winkelmaß ε, sodass die Strecken $[QR_1]$ und $[QS]$ gleich lang sind.

2 P

Abschlussprüfung Mathematik I 2006 - Aufgabe P3

(Pflichtteil)

P 3.0 Punkte $B_n(x \mid -\frac{2}{3}x + 7)$ mit $x > 6$; $x \in \mathbb{R}$ und $D_n(x_D \mid y_D)$ auf der Geraden g mit der Gleichung $y = -\frac{2}{3}x + 7$ sind zusammen mit den Punkten $A(2 \mid 3)$ und $C(10 \mid 3)$ Eckpunkte von Parallelogrammen AB_nCD_n. M ist der Diagonalenschnittpunkt.

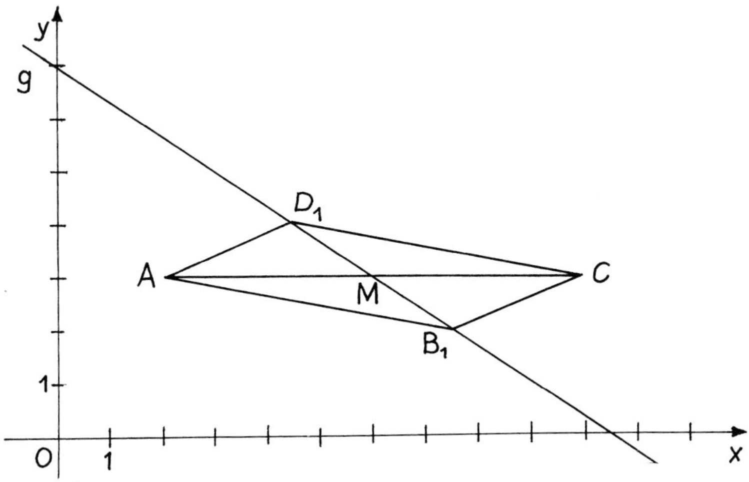

P 3.1 Ergänzen Sie die Zeichnung zu 3.0 um das Parallelogramm AB_2CD_2 für $x = 12$.

1 P

P 3.2 Unter den Parallelogrammen AB_nCD_n gibt es das Rechteck AB_3CD_3. Berechnen Sie die Koordinaten des Punktes B_3.

4 P

Abschlussprüfung Mathematik I 2006 - Aufgabe A1

(Wahlteil)

A 1.0 Gegeben ist die Funktion f mit der Gleichung $y = 1{,}5^{x+3} + 1$ $(G = ℝ \times ℝ)$.

A 1.1 Tabellarisieren Sie die Funktion f für $x \in [-8; 1]$ mit $\Delta x = 1$ auf zwei Stellen nach dem Komma gerundet. Zeichnen Sie sodann den Graphen zu f in ein Koordinatensystem und geben Sie die Gleichung der Asymptote h an.
Für die Zeichnung: Längeneinheit 1 cm ; $-9 \leqq x \leqq 3$; $-3 \leqq y \leqq 9$

3 P

A 1.2 Der Graph der Funktion f wird durch orthogonale Affinität mit der x-Achse als Affinitätsachse und dem Affinitätsmaßstab k = -2 und anschließender Parallelverschiebung mit $\vec{v} = \begin{pmatrix} 2 \\ 10 \end{pmatrix}$ auf den Graphen zu f ' abgebildet.

Zeigen Sie rechnerisch, dass man für f ' die Gleichung $y = -2 \cdot 1{,}5^{x+1} + 8$ erhält und zeichnen Sie den Graphen zu f ' in das Koordinatensystem zu 1. 1 ein.

5 P

A 1.3 Punkte $C_n\,(x \mid 1{,}5^{x+3} + 1)$ auf dem Graphen zu f und Punkte D_n auf dem Graphen zu f ' sind zusammen mit Punkten A_n und B_n Eckpunkte von Rechtecken $A_nB_nC_nD_n$.
Die Punkte C_n und D_n haben jeweils die gleiche Abszisse x.
Es gilt: $y_{C_n} < y_{D_n}$ und $\overline{A_nD_n} = 2$ LE.
Zeichnen Sie die Rechtecke $A_1B_1C_1D_1$ für x = - 1 und $A_2B_2C_2D_2$ für x = - 4 in das Koordinatensystem zu 1. 1 ein.

2 P

A 1.4 Ermitteln Sie auf zwei Stellen nach dem Komma gerundet, für welche Belegungen für x es Rechtecke $A_nB_nC_nD_n$ gibt.

3 P

A 1.5 Unter den Rechtecken $A_nB_nC_nD_n$ gibt es das Quadrat $A_3B_3C_3D_3$. Berechnen Sie die x-Koordinate des Punktes C_3.
[Teilergebnis: $\overline{D_nC_n}(x) = (-6{,}375 \cdot 1{,}5^{x} + 7)$ LE]

4P

Abschlussprüfung Mathematik I 2006 - Aufgabe A2

(Wahlteil)

A 2.0 Die gleichschenklig-rechtwinkligen Dreiecke AB_nC_n bilden eine Dreiecksschar mit dem gemeinsamen Punkt $A(0 \mid 0)$. Auf der Geraden g mit der Gleichung $y = -2x + 6$ ($G = \mathbb{R} \times \mathbb{R}$) liegen die Mittelpunkte $M_n(x \mid -2x + 6)$ der Hypotenusen $[AB_n]$.

A 2.1 Zeichnen Sie die Gerade g und die Dreiecke AB_1C_1 für $x = 1$ und AB_2C_2 für $x = 3$ in ein Koordinatensystem.
Für die Zeichnung: Längeneinheit 1 cm ; $-5 \leqq x \leqq 7$; $-1 \leqq y \leqq 9$

2 P

A 2.2 Stellen Sie die Koordinaten der Punkte C_n in Abhängigkeit von der Abszisse x der Punkte M_n dar und bestimmen Sie sodann die Gleichung des Trägergraphen h der Punkte C_n.
[Teilergebnis: $C_n(3x - 6 \mid -x + 6)$]

5 P

A 2.3 Zeigen Sie, dass für den Flächeninhalt A der Dreiecke AB_nC_n in Abhängigkeit von der Abszisse x der Punkte M_n gilt: $A(x) = (5x^2 - 24x + 36)$ FE .

3 P

A 2.4 Die Dreiecke AB_3C_3 und AB_4C_4 haben jeweils einen Flächeninhalt von 36 FE.
Ermitteln Sie die Koordinaten der Punkte C_3 und C_4.

3 P

A 2.5 Unter den Dreiecken AB_nC_n gibt es das Dreieck AB_5C_5, bei dem der Punkt C_5 auf der Gerade g liegt.
Ermitteln Sie die Koordinaten des Punktes C_5 und begründen Sie, dass das Dreieck AB_5C_5 den kleinsten Flächeninhalt aller Dreiecke AB_nC_n besitzt.

4 P

Abschlussprüfung Mathematik I 2006 - Aufgabe B1

(Wahlteil)

B 1.0 Gegeben ist die Funktion f mit der Gleichung $y = \log_3 (x + 2) - 1$ $(G = \mathbb{R} \times \mathbb{R})$.

B 1.1 Geben Sie die Definitionsmenge, die Wertemenge sowie die Gleichung der Asymptote zu f an und zeichnen Sie den Graphen zu f in ein Koordinatensystem.
Für die Zeichnung: Längeneinheit 1 cm ; $-3 \leqq x \leqq 12$; $-3 \leqq y \leqq 6$

4 P

B 1.2 Punkte $P_n (x \mid \log_3(x + 2) - 1)$ mit $y_p < y_R$ auf dem Graphen zu f und Punkte Q_n bilden zusammen mit dem Punkt R (6 | 5) Dreiecke P_nQ_nR, deren Seiten $[P_nQ_n]$ parallel zur x-Achse verlaufen. Die Abszisse der Punkte Q_n ist um vier größer als die Abszisse x der Punkte P_n.
Zeichnen Sie die Dreiecke P_1Q_1R für $x = -1$ und P_2Q_2R für $x = 7$ in das Koordinatensystem zu 1. 1 ein.

2 P

B 1.3 Zeigen Sie, dass sich der Flächeninhalt A der Dreiecke P_nQ_nR in Abhängigkeit von der Abszisse x der Punkte P_n wie folgt darstellen lässt:
$A(x) = [-2 \cdot \log_3(x + 2) + 12]$ FE.

4 P

B 1.4 Unter den Dreiecken P_nQ_nR gibt es das Dreieck P_3Q_3R mit einem Flächeninhalt von 15 FE.
Berechnen Sie die Koordinaten des Punktes P_3 auf zwei Stellen nach dem Komma gerundet.

3 P

B 1.5 Unter den Dreiecken P_nQ_nR gibt es das gleichschenklige Dreieck P_4Q_4R mit der Basis $[P_4Q_4]$ und dem Basismittelpunkt M.
Zeichnen Sie das Dreieck P_4Q_4R in das Koordinatensystem zu 1.1 und berechnen Sie das Maß φ des Winkels P_4RQ_4. (Auf zwei Stellen nach dem Komma runden.)

4 P

Abschlussprüfung Mathematik I 2006 - Aufgabe B2

(Wahlteil)

B 2.0 Die Pfeile $\overrightarrow{AB_n} = \begin{pmatrix} 3\cos\varphi - 2 \\ 3 \end{pmatrix}$ und $\overrightarrow{AC_n} = \begin{pmatrix} 2\cos\varphi - 3 \\ \sin^2\varphi \end{pmatrix}$ mit A (2 | 1) spannen für $\varphi \in [0°; 180°]$ Dreiecke AB_nC_n auf.

B 2.1 Berechnen Sie die Koordinaten der Pfeile $\overrightarrow{AB_1}$ und $\overrightarrow{AC_1}$ für $\varphi = 30°$, $\overrightarrow{AB_2}$ und $\overrightarrow{AC_2}$ für $\varphi = 90°$ und $\overrightarrow{AB_3}$ und $\overrightarrow{AC_3}$ für $\varphi = 150°$, jeweils auf zwei Stellen nach dem Komma gerundet.
Zeichnen Sie sodann die Dreiecke AB_1C_1, AB_2C_2 und AB_3C_3 in ein Koordinatensystem.
Für die Zeichnung: Längeneinheit 1 cm ; $-5 \leqq x \leqq 4$; $-1 \leqq y \leqq 5$

3 P

B 2.2 Die Pfeile $\overrightarrow{AB_1}$ und $\overrightarrow{AC_1}$ schließen einen Winkel mit dem Maß α ein.
Berechnen Sie das Maß α auf zwei Stellen nach dem Komma gerundet.

2 P

B 2.3 Ermitteln Sie die Koordinaten der Punkte C_n in Abhängigkeit von φ.
[Ergebnis: C_n $(2\cos\varphi - 1 \mid \sin^2\varphi + 1)$]

1 P

B 2.4 Ermitteln Sie die Gleichung des Trägergraphen p der Punkte C_n und zeichnen Sie den Trägergraph p in das Koordinatensystem zu 2.1 ein.

4 P

B 2.5 Berechnen Sie den Wert von φ, sodass der Punkt C_4 auf der y- Achse liegt, und berechnen Sie die Koordinaten des Punktes C_4.

2 P

B 2.6 Im rechtwinkligen Dreieck AB_5C_5 ist die Strecke $[B_5C_5]$ die Hypotenuse.
Berechnen Sie den zugehörigen Wert von φ.

5 P

Abschlussprüfung Mathematik I 2005 A

1.0 Nach der Verabreichung eines Medikaments wird dieses im menschlichen Körper abgebaut. Nach x h (Stunden) beträgt die Masse des Medikaments im Körper y mg. Messungen zeigen, dass der Abbau von Medikamenten im Körper durch die Funktion f mit der Gleichung $y = y_0 \cdot 10^{n \cdot x}$ ($\mathbb{G} = \mathbb{R} \times \mathbb{R}$; $y_0 \in \mathbb{R}^+$; $n \in \mathbb{R}$) dargestellt werden kann. Dabei bedeutet y_0 mg die Anfangsmasse des verabreichten Medikaments und n die Abklingrate der Konzentration des Medikaments im Körper.
Um 8:00 Uhr werden einem Patienten 5,0 mg eines Medikaments verabreicht. Für dieses Medikament gilt: $n = -0{,}07572$

1.1 Tabellarisieren Sie die Funktion $f: y = 5{,}0 \cdot 10^{-0{,}07572 \cdot x}$ für $x \in [0; 8]$ in Schritten von $\Delta x = 1$ auf zwei Stellen nach dem Komma gerundet und zeichnen Sie sodann den Graphen zu f in ein Koordinatensystem.

Für die Zeichnung: Auf der x-Achse: 1 cm für 1 h; $0 \leqq x \leqq 9$
Auf der y-Achse: 1 cm für 0,5 mg; $0 \leqq y \leqq 5{,}5$

1.2 Berechnen Sie, wie viel Prozent des Medikaments der Körper stündlich abbaut. (Auf zwei Stellen nach dem Komma runden.)

1.3 Um die optimale Wirksamkeit des Medikaments zu erreichen, darf die Masse des Medikaments im Körper 1,5 mg nicht unterschreiten und 8 mg nicht überschreiten. Berechnen Sie die Uhrzeiten auf Minuten genau, zu denen die nächste Verabreichung von ebenfalls 5,0 mg frühestens oder spätestens erfolgen muss.

1.4 Die zweite Verabreichung von 5,0 mg des Medikaments erfolgt um 12:30 Uhr. Berechnen Sie die um 16:00 Uhr im Körper befindliche Masse. (Auf zwei Stellen nach dem Komma gerundet.)

1.5 Ein anderes Medikament wird vom Körper nach 4 Stunden zur Hälfte abgebaut. Berechnen Sie für dieses Medikament den Wert für n auf fünf Stellen nach dem Komma gerundet.

1.6 Ein Patient nimmt dreimal hintereinander die gleiche Masse des Medikaments aus 1.5 im Abstand von 6 Stunden ein. Einer der Graphen in den unten stehenden Diagrammen a, b und c stellt die Masse des Medikaments im Körper des Patienten qualitativ in Abhängigkeit von der Zeit dar.

Geben Sie das zugehörige Diagramm an und begründen Sie ihre Auswahl.

Diagramm a

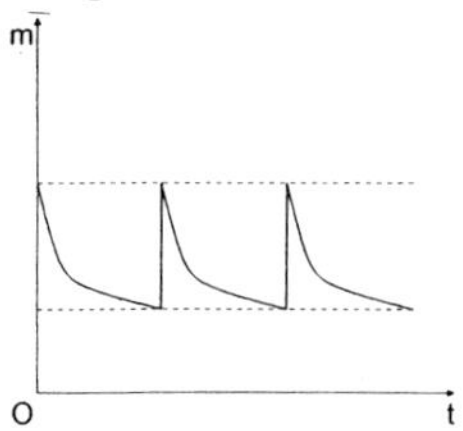

Diagramm b

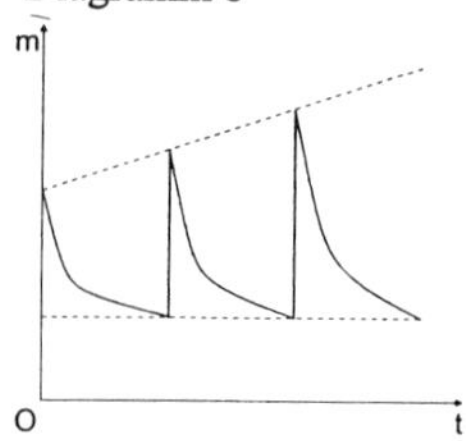

Diagramm c

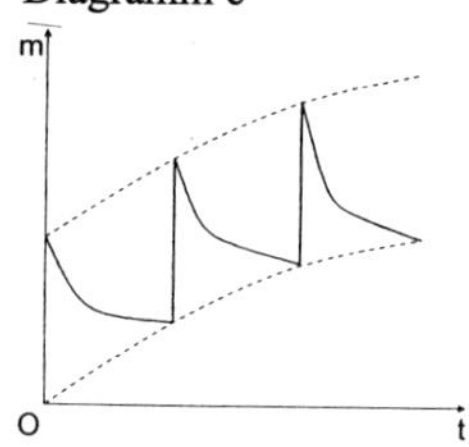

2.0 Die Strecke [AD] mit A (5 | 2,5) und D (- 1 | -5,5) ist die gemeinsame Grundseite von gleichschenkligen Trapezen AB_nC_nD mit den Schenkeln $[AB_n]$ und $[DC_n]$.

Die Eckpunkte B_n $(x \mid \frac{1}{2}x + 5)$ liegen auf der Geraden g mit der Gleichung $y = \frac{1}{2}x + 5$ mit $\mathbb{G} = \mathbb{R} \times \mathbb{R}$. Dabei gilt: $x \in]-4; 11[$

2.1 Zeichnen Sie die Gerade g, die Trapeze AB_1C_1D für x = - 0,5 und AB_2C_2D für x = 3 und die Symmetrieachse s der Trapeze in ein Koordinatensystem.

Für die Zeichnung: Längeneinheit 1 cm; $-7 \leqq x \leqq 6$
$-7 \leqq y \leqq 8$

2.2 Bestimmen Sie durch Rechnung die Koordinaten der Punkte C_n in Abhängigkeit von der Abszisse x der Punkte B_n. (Auf zwei Stellen nach dem Komma runden.)

[Ergebnis: C_n (- 0,20 x - 4,80 | - 1,10 x - 1,40)

2.3 Ermitteln Sie die Gleichung des Trägergraphen t der Punkte C_n.

2.4 Man erhält nur für $x \in]-4; 11[$ Trapeze AB_nC_nD.
Bestätigen Sie durch Rechnung die obere Intervallgrenze.

2.5 Unter den Trapezen AB_nC_nD gibt es das Trapez AB_3C_3D, dessen Schenkel $[DC_3]$ parallel zur x-Achse liegt.

Bestimmen Sie durch Rechnung die x-Koordinate des Punktes C_3. (Auf zwei Stellen nach dem Komma runden.)

2.6 Konstruieren Sie in das Koordinatensystem zu 2.1 das Trapez AB_oC_oD, dessen Diagonalen senkrecht aufeinander stehen.
Berechnen Sie sodann die x-Koordinate des Punktes B_o des Trapezes AB_oC_oD. (Auf zwei Stellen nach dem Komma runden.)

3.0 Das gleichschenklige Dreieck ABC mit der Basis $\overline{BC} = 12$ cm und der Höhe $\overline{AD} = 9$ cm ist die Grundfläche der Pyramide ABCS. Die Spitze S liegt senkrecht über dem Mittelpunkt D der Strecke [BC] mit $\overline{DS} = 8$ cm.

3.1 Zeichnen Sie ein Schrägbild der Pyramide ABCS. Dabei soll die Strecke [AD] auf der Schrägbildachse liegen.

Für die Zeichnung: $q = 1 : 2$; $\omega = 45°$

Berechnen Sie sodann das Maß ε des Winkels DAS auf zwei Stellen nach dem Komma gerundet.
[Teilergebnis: $\varepsilon = 41{,}63°$]

3.2 Die Strecken $[P_nQ_n]$ mit $P_n \in [BS]$ und $Q_n \in [CS]$ verlaufen parallel zur Strecke [BC]. Der Punkt R liegt auf der Strecke [AS] mit $\overline{AR} = 4$ cm. Die Punkte P_n, Q_n und R sind die Eckpunkte von gleichschenkligen Dreiecken P_nQ_nR mit der Basis $[P_nQ_n]$ und dem Mittelpunkt M_n der Seite $[P_nQ_n]$. Die Dreiecke P_nQ_nR schließen mit der Seitenfläche BCS die Winkel SM_nR mit dem Maß φ ein.

Zeichnen Sie das Dreieck P_1Q_1R für $\varphi = 105°$ in das Schrägbild zu 3.1 ein.

3.3 Zeigen Sie, dass für die Streckenlängen $\overline{M_nS}$ und $\overline{P_nQ_n}$ in Abhängigkeit von φ auf zwei Stellen nach dem Komma gerundet gilt:

$$\overline{M_nS}\ (\varphi) = \frac{8{,}04 \cdot \sin(48{,}37° + \varphi)}{\sin \varphi}\ \text{cm}$$

$$\overline{P_nQ_n}\ (\varphi) = \frac{12{,}06 \cdot \sin(48{,}37° + \varphi)}{\sin \varphi}\ \text{cm}$$

3.4 Das Dreieck P_1Q_1S ist die Grundfläche der Pyramide P_1Q_1SR mit der Spitze R und der Pyramidenhöhe h.

Zeichnen Sie die Pyramidenhöhe h in das Schrägbild zu 3.1 ein und ermitteln Sie sodann durch Rechnung das Volumen der Pyramide P_1Q_1SR. (Auf zwei Stellen nach dem Komma runden.)
[Teilergebnis: $h = 6{,}01$ cm]

3.5 Zeigen Sie, dass für die Dreieckshöhe $\overline{M_nR}$ der Dreiecke P_nQ_nR in Abhängigkeit von φ gilt: $\overline{M_nR}\ (\varphi) = \frac{6{,}01}{\sin\varphi}$ cm.

Berechnen Sie den Wert für φ auf zwei Stellen nach dem Komma gerundet, so dass das Dreieck P_2Q_2R gleichseitig ist.

Abschlussprüfung Mathematik I 2005 B

1.0 Der Computer-Wissenschaftler Gordon Moore sagte voraus, dass sich die Speicherdichte (Einheit: Kilobyte pro cm^2) von Festplatten und anderen Speichermedien alle 1,5 Jahre verdoppeln wird. Anfang des Jahres 1970 betrug die Speicherdichte $\frac{1}{8}\ \frac{kB}{cm^2}$.
Das sogenannte Moore'sche Gesetz kann durch die Funktion f mit der Gleichung
$y = \frac{1}{8} \cdot 2^{\frac{x}{1,5}}$ mit $\mathbb{G} = \mathbb{R} \times \mathbb{R}$ dargestellt werden.
Dabei steht x für die Anzahl der seit Anfang 1970 vergangenen Jahre und y für die erreichte Speicherdichte in der Einheit $\frac{kB}{cm^2}$.

1.1 Tabellarisieren Sie die Funktion f für $x \in [0; 30]$ in Schritten von $\Delta x = 5$ auf zwei Stellen nach dem Komma gerundet und zeichnen Sie den Graphen zu f in ein Koordinatensystem.

Für die Zeichnung: Auf der x-Achse: 2 cm für 5 Jahre; $0 \leqq x \leqq 35$
Auf der y-Achse: 1 cm für 10000 $\frac{kB}{cm^2}$; $0 \leqq y \leqq 140000$

1.2 Auf einer 3,5-Zoll Diskette kann eine Datenmenge von 1440 kB gespeichert werden. Die Diskette enthält einen Kreisring mit dem Außendurchmesser 8,6 cm und dem Innendurchmesser 3 cm, auf dem die Daten beidseitig gespeichert werden.

Berechnen Sie die Speicherdichte $y_{Diskette}$ der Diskette in der Einheit $\frac{kB}{cm^2}$.
(Auf zwei Stellen nach dem Komma runden.)
Ermitteln Sie sodann, welches Jahr Moore für die Entwicklung einer solchen Diskette vorausgesagt hatte.
[Teilergebnis: $y_{Diskette} = 14{,}11$]

1.3 Eine Weiterentwicklung von Disketten ermöglichte eine Speicherdichte von $20000\ \frac{kB}{cm^2}$.
Bestimmen Sie mit Hilfe des Graphen zu 1.1, in welchem Jahr ein Speichermedium mit dieser Speicherdichte verwirklicht werden konnte.

1.4 Im Vergleich mit einer CD kann auf einer handelsüblichen und flächengleichen DVD die 6,7fache Datenmenge gespeichert werden.
Berechnen Sie auf zwei Stellen nach dem Komma gerundet, wie viele Jahre gemäß dem Moore'schen Gesetz zwischen der Einführung der CD und der DVD lagen.

1.5 Im Jahr 1999 konnte eine Speicherdichte von $1 \cdot 10^6\ \frac{kB}{cm^2}$ verwirklicht werden.
Berechnen Sie auf Ganze gerundet, um welchen Faktor diese Speicherdichte über dem von Moore vorausgesagten Wert liegt.

2.0 Die Punkte A (0 | 0) und B (5 | - 1) sind zusammen mit den Punkten C_n ($6 \cdot \cos\alpha + 4{,}5$ | $-3 \cdot \cos\alpha + 6$) mit $\alpha \in [0° ; 180°]$ Eckpunkte von Vierecken ABC_nD_n. Die Winkel D_nC_nB haben stets das Maß 90° und für die Strecken $[C_nD_n]$ gilt: $\overline{C_nD_n} = \frac{1}{2} \cdot \overline{BC_n}$

2.1 Berechnen Sie die Koordinaten der Eckpunkte C_1 für $\alpha = 45°$ und C_2 für $\alpha = 100°$ auf zwei Stellen nach dem Komma gerundet. Zeichnen Sie sodann die Vierecke ABC_1D_1 und ABC_2D_2 in ein Koordinatensystem.

Für die Zeichnung: Längeneinheit 1 cm; $-2 \leqq x \leqq 10$; $-2 \leqq y \leqq 8$

2.2 Berechnen Sie die Koordinaten der Eckpunkte D_n in Abhängigkeit von α und geben Sie die Gleichung des Trägergraphen t der Punkte D_n an.
[Teilergebnis: D_n ($7{,}5 \cdot \cos\alpha + 1$ | 5,75)]

2.3 Bei den Vierecken ABC_3D_3 und ABC_4D_4 sind die Seiten $[AD_3]$ bzw. $[AD_4]$ um 50% länger als die Seite [AB].
Berechnen Sie die zugehörigen Werte für α.
(Auf zwei Stellen nach dem Komma runden.)

2.4 Das Viereck ABC_5D_5 ist ein Trapez, wobei die Seite $[AD_5]$ parallel zur Seite $[BC_5]$ ist. Berechnen Sie den zugehörigen Wert für α auf zwei Stellen nach dem Komma gerundet.

2.5 Im Viereck ABC_6D_6 stehen die Seiten [AB] und $[BC_6]$ aufeinander senkrecht. Berechnen Sie auf zwei Stellen nach dem Komma gerundet den zugehörigen Wert für α.

3.0 Das Rechteck ABCD mit $\overline{AB} = 9$ cm und $\overline{AD} = 10$ cm ist die Grundfläche einer Pyramide ABCDS. Der Punkt E ist der Mittelpunkt der Grundkante [AD] und der Punkt F der Mittelpunkt der Grundkante [BC].

Die Spitze S liegt senkrecht über dem Punkt $P \in [EF]$ mit $\overline{EP} = 3$ cm, wobei $\overline{FS} = 12$ cm beträgt.

3.1 Zeichnen Sie ein Schrägbild der Pyramide ABCDS, wobei [EF] auf der Schrägbildachse liegen soll.
Für die Zeichnung: $q = 1 : 2$; $\omega = 45°$

3.2 Berechnen Sie die Länge der Strecke [ES] sowie das Maß γ des Winkels ESF. (Auf zwei Stellen nach dem Komma runden.)
[Ergebnis: $\overline{ES} = 10{,}82$ cm; $\gamma = 46{,}10°$]

3.3 Die Punkte $G_n \in [AS]$ und $H_n \in [DS]$ legen mit den Punkten B und C gleichschenklige Trapeze BCH_nG_n fest. Der Mittelpunkt M_n der Trapezseite $[G_nH_n]$ befindet sich auf der Strecke [SE].
Zeichnen Sie das Trapez BCH_1G_1 für $\overline{SM_1} = 7$ cm in das Schrägbild zu 3.1 ein.

3.4 Die Winkel FM_nS haben das Maß ε und es gilt: $\varepsilon \in [73{,}90°; 133{,}90°[$.
Berechnen Sie die Länge der Strecke $[M_nS]$ in Abhängigkeit vom Maß ε der Winkel FM_nS und ermitteln Sie sodann das Maß ε für $\overline{SM_1} = 7$ cm.
(Auf zwei Stellen nach dem Komma runden.)

[Teilergebnis: $\overline{M_nS}(\varepsilon) = \dfrac{12 \cdot \sin(\varepsilon + 46{,}10°)}{\sin \varepsilon}$ cm]

3.5 Zeichnen Sie das Trapez BCH_2G_2 für $\varepsilon = 115°$ in das Schrägbild zu 3.1 ein.
Das Trapez BCH_2G_2 ist die Grundfläche der Pyramide BCH_2G_2S mit der Spitze S und der Pyramidenhöhe h.

Zeichnen Sie die Pyramidenhöhe h in das Schrägbild zu 3.1 ein und ermitteln Sie sodann durch Rechnung das Volumen der Pyramide BCH_2G_2S. (Auf zwei Stellen nach dem Komma runden.)

Abschlussprüfung Mathematik I 2004 A

1.0 Ein Kondensator (Speicher für elektrische Energie) wird an einer Elektrizitätsquelle für Gleichspannung aufgeladen. Die Kondensatorspannung y V (Volt) wird in Abhängigkeit von der Zeit x s (Sekunden) für $x \geqq 0$ durch die Funktion f_1 mit der Gleichung $y = 7 - 7 \cdot 2{,}72^{-0{,}5\,x}$ mit $\mathbb{G} = \mathbb{R} \times \mathbb{R}$ beschrieben.

1.1 Tabellarisieren Sie die Funktion f_1 für $x \in [0; 6]$ in Schritten von $\Delta x = 1$ auf zwei Stellen nach dem Komma gerundet und zeichnen Sie sodann den Graphen zu f_1 in ein Koordinatensystem.

Für die Zeichnung: Auf der x-Achse: 1 cm für 1 s; $0 \leqq x \leqq 7$

Auf der y-Achse: 1 cm für 1 V; $0 \leqq y \leqq 9$

1.2 Die maximale Spannung am Kondensator nennt man Sättigungsspannung. Diese beträgt bei diesem Kondensator 7 V.
Berechnen Sie, auf wie viel Prozent der Sättigungsspannung die Kondensatorspannung nach 2,60 s angestiegen ist. (Auf zwei Stellen nach dem Komma runden.)

1.3 Berechnen Sie die Zeit, nach der die Kondensatorspannung auf 84% der Sättigungsspannung angestiegen ist. (Auf zwei Stellen nach dem Komma runden.)

1.4 Eine Sekunde nach dem Beginn der Aufladung des in 1.0 beschriebenen Kondensators wird ein zweiter Kondensator entladen. Der Zusammenhang zwischen der Zeit x s und der Spannung y V an diesem Kondensator wird durch die Funktion f_2 mit der Gleichung $y = 8{,}5 \cdot 2{,}72^{-0{,}5\,(x-1)}$ mit $\mathbb{G} = \mathbb{R} \times \mathbb{R}$ für $x \geqq 1$ beschrieben. Dabei steht x s für die Zeit ab dem Beginn der Aufladung des ersten Kondensators.

Tabellarisieren Sie die Funktion f_2 für $x \in [1; 6]$ in Schritten von $\Delta x = 1$ auf zwei Stellen nach dem Komma gerundet und zeichnen Sie den Graphen zu f_2 in das Koordinatensystem zu 1.1 ein.

1.5 Bestimmen Sie aus der Zeichnung auf Zehntel Sekunden genau, nach welchen Zeiten sich die Spannungen an beiden Kondensatoren um 4,0 V voneinander unterscheiden.

1.6 Berechnen Sie auf Hundertstel Sekunden gerundet die Zeit x s, nach der an beiden Kondensatoren die gleiche Spannung anliegt.

2.0 Die Punkte A(1 | - 1), B_n (3 + 4 · cosφ | 1 - 3 · $\sin^2$φ) mit φ ∈ [0° ; 123,27°[und C(5 | 1) sind Eckpunkte von Vierecken AB_nCD_n . Der Punkt S ist der Schnittpunkt der Diagonalen der Vierecke AB_nCD_n und zugleich der Mittelpunkt der Diagonale [AC]. Gleichzeitig teilt der Punkt S die Diagonalen $[B_nD_n]$ im Verhältnis $\overline{B_nS} : \overline{SD_n} = 1 : 3$.

2.1 Zeichnen Sie die Vierecke AB_1CD_1 für φ = 90° und AB_2CD_2 für φ = 60° in ein Koordinatensystem.
Für die Zeichnung: Längeneinheit 1 cm; $-4 \leqq x \leqq 7$; $-3 \leqq y \leqq 7$

2.2 Die Punkte B_n können auf die Punkte D_n abgebildet werden.
Berechnen Sie die Koordinaten der Punkte D_n in Abhängigkeit von φ. Zeigen Sie sodann rechnerisch, dass sich die Gleichung des Trägergraphen p der Punkte D_n in der Form $y = -\frac{1}{16} \cdot (x - 3)^2 + 6$ darstellen lässt.
[Teilergebnis: D_n (3 - 12 · cosφ | - 3 + 9 · $\sin^2$φ)]
Zeichnen Sie sodann den Trägergraphen p in das Koordinatensystem zu 2.1 ein.

2.3 Unter den Vierecken AB_nCD_n gibt es ein Drachenviereck AB_3CD_3.
Zeichnen Sie dieses Drachenviereck in das Koordinatensystem zu 2.1 ein.
Bestimmen Sie rechnerisch den zugehörigen Wert für φ sowie die Koordinaten des Punktes B_3.
(Auf zwei Stellen nach dem Komma runden.)

2.4 Zeigen Sie, dass sich der Flächeninhalt A(φ) der Vierecke AB_nCD_n in Abhängigkeit von φ wie folgt darstellen lässt:
A(φ) = (- 24 · $\cos^2$φ + 16 · cosφ + 16) FE.

2.5 Unter den Vierecken AB_nCD_n besitzt das Viereck AB_oCD_o den größten Flächeninhalt A_{max}.
Berechnen Sie diesen Flächeninhalt und den zugehörigen Wert von φ. (Auf zwei Stellen nach dem Komma runden.)

3.0 Das gleichseitige Dreieck PQR mit der Seitenlänge 9 cm ist die Grundfläche der Pyramide PQRS mit der Spitze S. Der Punkt F ist der Mittelpunkt der Strecke [QP]. Der Fußpunkt H der Pyramidenhöhe [SH] liegt auf der Geraden FR. Das Maß des Winkels RFS beträgt 120° und es gilt $\overline{FS} = 10$ cm.

3.1 Zeichnen Sie ein Schrägbild der Pyramide PQRS. Dabei soll die Strecke [FR] auf der Schrägbildachse liegen.
Für die Zeichnung: $q = 1 : 2$; $\omega = 45°$

Berechnen Sie sodann die Streckenlänge $\overline{RS}$ und das Maß γ des Winkels SRF. (Auf zwei Stellen nach dem Komma runden.)
[Teilergebnis: $\overline{RS} = 15{,}45$ cm; $\gamma = 34{,}09°$]

3.2 Punkte C_n auf der Seitenkante [RS] sind Spitzen von Pyramiden $PQRC_n$. Die Winkel FC_nR haben das Maß φ.
Zeichnen Sie in das Schrägbild zu 3.1 die Pyramide $PQRC_1$ für $\varphi = 65°$ ein.
Geben Sie das Intervall für φ an, sodass man Pyramiden $PQRC_n$ erhält. Berechnen Sie dazu die Intervallgrenzen auf zwei Stellen nach dem Komma gerundet.

3.3 Ermitteln Sie rechnerisch das Volumen $V(\varphi)$ der Pyramiden $PQRC_n$ in Abhängigkeit von φ. (Auf zwei Stellen nach dem Komma runden.)
[Teilergebnis: $\overline{C_nR}\,(\varphi) = \dfrac{7{,}79 \cdot \sin(\varphi + 34{,}09°)}{\sin\varphi}$ cm]

3.4 Das Maß α der Winkel PQC_n in den Dreiecken QPC_n hängt vom Maß φ der Winkel FC_nR ab.
Berechnen Sie die Länge der Strecken $[FC_n]$ in Abhängigkeit von φ und zeigen Sie, dass gilt: $\tan\alpha = \dfrac{0{,}97}{\sin\varphi}$. (Auf zwei Stellen nach dem Komma runden.)

3.5 Unter den Pyramiden $PQRC_n$ gibt es zwei Pyramiden $PQRC_2$ und $PQRC_3$, bei denen die Maße der Winkel QC_2P und QC_3P jeweils 90° betragen.
Ermitteln Sie rechnerisch das jeweils zugehörige Winkelmaß φ auf zwei Stellen nach dem Komma gerundet.

Abschlussprüfung Mathematik I 2004 B

1.0 Das Bruttoinlandsprodukt gibt den Wert der wirtschaftlichen Leistung eines Staates für ein Jahr an. Beträgt das Bruttoinlandsprodukt eines Staates am Ende eines Jahres y_o Billionen €, so lässt sich bei einer jährlichen Wachstumsrate von p% das Bruttoinlandsprodukt nach x Jahren in y Billionen € mit einer Gleichung der Form

$y = y_o \cdot \left(1 + \frac{p}{100}\right)^x$ berechnen.

1.1 Am Ende des Jahres 1999 betrug das Bruttoinlandsprodukt der Bundesrepublik Deutschland 1,92 Billionen €. Bei einer jährlichen Wachstumsrate von 2,5% kann das Bruttoinlandsprodukt der folgenden Jahre in Billionen € mit der Gleichung $y = 1{,}92 \cdot 1{,}025^{\,x}$ $(\mathbb{G} = \mathbb{R}_0^+ \times \mathbb{R}^+)$ berechnet werden. Diese Gleichung legt die Funktion f_1 fest.

Tabellarisieren Sie die Funktion f_1 für $x \in [0;\ 10]$ in Schritten von $\Delta x = 1$ auf zwei Stellen nach dem Komma gerundet und zeichnen Sie den Graphen zu f_1 in ein Diagramm.

Für die Zeichnung: Auf der x-Achse: 1 cm für 1 Jahr; $0 \leqq x \leqq 11$

Auf der y-Achse: 1 cm für 0,2 Billionen €; $0 \leqq y \leqq 2{,}60$

1.2 Berechnen Sie, in welchem Kalenderjahr das Bruttoinlandsprodukt der Bundesrepublik Deutschland bei einer jährlichen Wachstumsrate von 2,5% den Wert von 3 Billionen € übersteigen würde.

1.3 Am Ende des Jahres 1998 hatte Österreich ein Bruttoinlandsprodukt von 0,19 Billionen € bei einer jährlichen Wachstumsrate von 1,5%. Gleichzeitig hatte die Schweiz ein Bruttoinlandsprodukt von 0,25 Billionen € bei einer jährlichen Wachstumsrate von -0,2%.
Im wievielten Jahr haben beide Länder das gleiche Bruttoinlandsprodukt, wenn sich die jährlichen Wachstumsraten nicht ändern?

1.4 In Wirklichkeit ist in den drei Jahren nach 1999 das Bruttoinlandsprodukt der Bundesrepublik Deutschland von 1,92 Billionen € auf 2,10 Billionen € gestiegen. Berechnen Sie auf eine Stelle nach dem Komma gerundet mit Hilfe der Gleichung aus 1.0 die jährliche Wachstumsrate p%.

1.5 Im wievielten Jahr ist das Bruttoinlandsprodukt eines Staates um 10% gestiegen, wenn die Wachstumsrate 1,8% beträgt?

2.0 Der Punkt O (0 | 0) und Punkte Q_n $(x \mid \frac{1}{2}x + 3)$ auf der Geraden g mit der Gleichung $y = \frac{1}{2}x + 3$ ($\mathbb{G} = \mathbb{R} \times \mathbb{R}$) sind Eckpunkte von Dreiecken OP_nQ_n, für die $\sphericalangle P_nOQ_n = 45°$ und $\overline{OP_n} : \overline{OQ_n} = 2 : 3$ gilt.

2.1 Zeichnen Sie die Gerade g sowie die Dreiecke OP_1Q_1 für x = - 3 und OP_2Q_2 für x = 3 in ein Koordinatensystem.
Für die Zeichnung: Längeneinheit 1 cm; $-4 \leqq x \leqq 7$; $-3 \leqq y \leqq 7$

2.2 Die Punkte Q_n können auf die Punkte P_n abgebildet werden.
Zeigen Sie rechnerisch, dass für die Koordinaten der Punkte P_n in Abhängigkeit von der Abszisse x der Punkte Q_n gilt:

$$P_n\left(\frac{1}{2}\sqrt{2}\cdot x + \sqrt{2} \,\middle|\, -\frac{1}{6}\sqrt{2}\cdot x + \sqrt{2}\right).$$

2.3 Bestimmen Sie rechnerisch die Gleichung des Trägergraphen h der Punkte P_n. (Auf zwei Stellen nach dem Komma runden.)
[Ergebnis: h: y = - 0,34 x + 1,89]

2.4 Der Eckpunkt P_3 des Dreiecks OP_3Q_3 liegt im 1. Quadranten auf der Parabel p mit der Gleichung $y = \frac{1}{2}x^2 - 2x$ ($\mathbb{G} = \mathbb{R} \times \mathbb{R}$).

Zeichnen Sie die Parabel p sowie das Dreieck OP_3Q_3 in die Zeichnung zu 2.1 ein und berechnen Sie sodann das Maß β des Winkels Q_3P_3O. (Auf zwei Stellen nach dem Komma runden.)

2.5 Unter den Dreiecken OP_nQ_n hat das Dreieck OP_oQ_o den kleinstmöglichen Flächeninhalt.
Berechnen Sie die x-Koordinate des Punktes Q_o.

3.0 Das Rechteck ABCD mit $\overline{AB} = 8$ cm und $\overline{BC} = 10$ cm ist die Grundfläche der Pyramide ABCDS mit der Spitze S. Der Punkt E ist der Mittelpunkt der Seite [AD] und der Punkt F ist der Mittelpunkt der Seite [BC]. Der Fußpunkt P der Pyramidenhöhe liegt auf [EF]. Es gilt: $\overline{ES} = 7{,}5$ cm und $\overline{FS} = 9$ cm.

3.1 Zeichnen Sie ein Schrägbild der Pyramide ABCDS. Dabei soll [EF] auf der Schrägbildachse liegen.
Für die Zeichnung: $q = 1 : 2$; $\omega = 45°$

Berechnen Sie sodann das Maß ε des Winkels SFE sowie die Höhe $\overline{PS}$ der Pyramide ABCDS. (Auf zwei Stellen nach dem Komma runden.)
[Teilergebnis: $\varepsilon = 51{,}95°$; $\overline{PS} = 7{,}09$ cm]

3.2 Die Strecke [KM] mit $K \in [AB]$ und $M \in [DC]$ verläuft durch den Punkt P und ist parallel zur Strecke [BC]. Die Strecken $[R_nT_n]$ sind ebenfalls parallel zur Strecke [BC]. Sie schneiden die Strecke [FS] in den Punkten G_n und es gilt $R_n \in [BS]$ und $T_n \in [CS]$. Die Punkte K, R_n, T_n und M sind jeweils die Eckpunkte von gleichschenkligen Trapezen KR_nT_nM. Die Winkel FPG_n haben das Maß φ mit $0° < \varphi < 90°$.
Zeichnen Sie das Trapez KR_1T_1M für $\varphi = 20°$ in das Schrägbild zu 3.1 ein.

3.3 Zeigen Sie durch Rechnung, dass die Länge der Strecken $[PG_n]$ wie folgt in Abhängigkeit von φ auf zwei Stellen nach den Komma gerundet dargestellt werden kann:

$$\overline{PG_n}(\varphi) = \frac{4{,}37}{\sin(\varphi + 51{,}95°)} \text{ cm.}$$

3.4 Von allen Trapezen KR_nT_nM besitzt das Trapez KR_oT_oM die kürzeste Höhe $\overline{PG_o}$.
Berechnen Sie den Flächeninhalt des Trapezes KP_oT_oM. (Auf zwei Stellen nach dem Komma runden.)

3.5 Für die Trapeze KR_2T_2M und KR_3T_3M sind die Strecken $[PG_2]$ bzw. $[PG_3]$ jeweils 5 cm lang.
Berechnen Sie die zugehörigen Winkelmaße φ auf zwei Stellen nach dem Komma gerundet.

Abschlussprüfung 2003 Mathematik I A

1.0 Gewässerbiologen bestimmen das Maß für die Verschmutzung von Gewässern häufig über die Abnahme der Lichtintensität bei zunehmender Wassertiefe. Die Lichtintensität wird in der Einheit Lux angegeben. Messungen zeigen, dass die Abnahme der Lichtintensität durch eine Funktion mit der Gleichung $y = y_0 \cdot 10^{-k \cdot x}$ ($\mathbb{G} = \mathbb{R}_0^+ \times \mathbb{R}^+$; $y_0 \in \mathbb{R}^+$; $k \in \mathbb{R}^+$) dargestellt werden kann. Dabei bedeutet y_0 Lux die Lichtintensität an der Wasseroberfläche, k cm^{-1} den Absorptionskoeffizienten und y Lux die Lichtintensität in x cm Wassertiefe.

1.1 In einem Bergsee (k = 0,0104) wurde am leicht bewölkten 2. April mittags in 82 cm Wassertiefe eine Lichtintensität von 11 789 Lux gemessen.
Berechnen Sie y_0 auf Ganze gerundet und zeigen Sie damit, dass die Lichtintensität y Lux in Abhängigkeit von der Wassertiefe x cm in diesem Bergsee durch die Funktion f_1 mit der Gleichung $y = 84\,000 \cdot 10^{-0{,}0104 \cdot x}$ dargestellt werden kann.

1.2 Tabellarisieren Sie die Funktion f_1 für $x \in [0; 140]$ in Schritten von $\Delta x = 20$ auf Ganze gerundet und zeichnen Sie sodann den Graphen von f_1 in ein Koordinatensystem.

Für die Zeichnung: Auf der x-Achse: 1cm für 20 cm Wassertiefe; $0 \leqq x \leqq 160$
Auf der y-Achse: 1 cm für 10 000 Lux; $0 \leqq y \leqq 90\,000$

Entnehmen Sie dem Graphen den Wert für die Wassertiefe, in der die Lichtintensität um 59 000 Lux niedriger ist als an der Wasseroberfläche.

1.3 Ermitteln Sie durch Rechnung, in welcher Wassertiefe des Bergsees am 2. April mittags die Lichtintensität noch 15% der Lichtintensität an der Wasseroberfläche beträgt. (Auf Ganze runden.)

1.4 Berechnen Sie, um wie viel Prozent die Lichtintensität im Bergsee am 2. April mittags pro cm Wassertiefe abnimmt. (Auf eine Stelle nach dem Komma runden.)

1.5 In einem Waldsee ist die Abnahme der Lichtintensität mit zunehmender Wassertiefe höher als im Bergsee.
Berechnen Sie k für diesen Waldsee auf vier Stellen nach dem Komma gerundet, wenn sich die Lichtintensität alle 12 cm Wassertiefe um die Hälfte verringert.
[Ergebnis: k = 0,0251]

1.6 Am sonnigen 10. Juni mittags wurde an der Wasseroberfläche des Waldsees eine Lichtintensität von 105 000 Lux gemessen.
Geben Sie die Gleichung der Funktion f_2 an, die die Abnahme der Lichtintensität zu diesem Zeitpunkt im Waldsee beschreibt.
Berechnen Sie anschließend die Wassertiefe, in der sich am 2. April mittags im Bergsee und am 10. Juni mittags im Waldsee eine gleich hohe Lichtintensität ergibt. (Auf ganze Zentimeter runden.)

2.0 Punkte A_n (x | 0,5 x + 3,5) auf der Geraden g_1 mit der Gleichung y = 0,5x + 3,5 ($\mathbb{G}$ = IR x IR) und Punkte B_n auf der Geraden g_2 mit der Gleichung y = 2 x ($\mathbb{G}$ = IR x IR) sind Eckpunkte von gleichschenkligen Trapezen $A_nB_nC_nD_n$. Dabei ist die Abszisse der Punkte B_n jeweils um 4 größer als die Abszisse x der zugehörigen Punkte A_n. Die Winkel $B_nA_nD_n$ haben das Maß 60° und die Schenkel $[A_nD_n]$ und $[B_nC_n]$ sind jeweils halb so lang wie die Seiten $[A_nB_n]$.

2.1 Zeichnen Sie die Geraden g_1 und g_2 sowie die gleichschenkligen Trapeze $A_1B_1C_1D_1$ für x = - 6 und $A_2B_2C_2D_2$ für x = - 2 in ein Koordinatensystem.
Für die Zeichnung: Längeneinheit 1 cm; $-8 \leqq x \leqq 5$; $-6 \leqq y \leqq 8$

2.2 Begründen Sie, dass für alle Trapeze $A_nB_nC_nD_n$ gilt:
$$\overline{D_nC_n} = \frac{1}{2} \cdot \overline{A_nB_n}$$

2.3 Zeigen Sie, dass für die Punkte B_n in Abhängigkeit von der Abszisse x der Punkte A_n gilt. B_n (x + 4 | 2x + 8).

Die Pfeile $\overrightarrow{A_nB_n}$ kann man auf die Pfeile $\overrightarrow{A_nD_n}$ abbilden.
Berechnen Sie die Koordinaten der Punkte D_n in Abhängigkeit von der Abszisse x der Punkte A_n. (Auf zwei Stellen nach dem Komma runden.)
[Ergebnis: D_n (0,35 x - 0,95 | 0,88 x + 6,36)]

2.4 Berechnen Sie die Gleichung des Trägergraphen der Punkte D_n. (Auf zwei Stellen nach dem Komma runden.)

2.5 Die Gerade $[A_3B_3]$ schließt mit der x-Achse einen Winkel mit dem Maß $\sphericalangle$ (x-Achse; A_3B_3) = 50° ein.
Berechnen Sie die Koordinaten des Trapezeckpunktes B_3 auf zwei Stellen nach dem Komma gerundet.

3.0 Im gleichschenkligen Dreieck ABS ist M der Mittelpunkt der Basis [AB]. Das Dreieck ABS ist der Axialschnitt eines geraden Kreiskegels mit der Spitze S, dem Grundkreisradius $\overline{AM} = 4$ cm und der Kegelhöhe $\overline{MS} = 10$ cm.

3.1 Zeichnen Sie das Dreieck ABS und berechnen Sie das Maß φ des Öffnungswinkels ASB des Kegels auf zwei Stellen nach dem Komma gerundet.
[Teilergebnis: $\varphi = 43{,}60°$]

3.2 Der Punkt P auf der Strecke [AS] mit $\overline{SP} = 5$ cm, die Punkte Q_n auf [MS] und der Punkt R auf [BS] sind Eckpunkte von Drachenvierecken SPQ_nR mit SM als Symmetrieachse und dem Diagonalenschnittpunkt D. Die Winkel Q_nPS haben das Maß ε. Dabei soll stets $\overline{SQ_n} > \overline{SD}$ gelten.

Zeichnen Sie das Drachenviereck SPQ_1R für $\varepsilon = 110°$ und den Punkt D in die Zeichnung zu 3.1 ein.
Ermitteln Sie sodann das Intervall für ε, so dass Drachenvierecke SPQ_nR entstehen. (Auf zwei Stellen nach dem Komma runden.)
[Teilergebnis: $68{,}20° < \varepsilon \leqq 139{,}08°$]

3.3 Unter den Drachenvierecken SPQ_nR gibt es eine Raute SPQ_2R.
Ermitteln Sie das zugehörige Winkelmaß ε.

3.4 Berechnen Sie die Länge $\overline{SQ_n}(\varepsilon)$ der Strecken $[SQ_n]$ in Abhängigkeit von ε.
[Ergebnis: $\overline{SQ_n}(\varepsilon) = \dfrac{5 \cdot \sin\varepsilon}{\sin(\varepsilon + 21{,}80°)}$ cm]

3.5 Die Drachenvierecke SPQ_nR rotieren um MS als Rotationsachse.
Zeigen Sie, dass für das Volumen V(ε) der entstehenden Rotationskörper in Abhängigkeit von ε gilt: $V(\varepsilon) = \dfrac{18{,}11 \cdot \sin\varepsilon}{\sin(\varepsilon + 21{,}80°)}$ cm^3.
(Auf zwei Stellen nach dem Komma runden.)

3.6 Das Volumen des aus dem Drachenviereck SPQ_3R entstandenen Rotationskörpers ist um 85% kleiner als das Volumen des in 3.0 beschriebenen Kegels.
Berechnen Sie das zugehörige Maß ε.
(Auf zwei Stellen nach dem Komma runden.)

Abschlussprüfung 2003 Mathematik I B

1.0 Gegeben ist die Funktion f_1 mit der Gleichung $y = \log_3(x - 1) + 3$ ($\mathbb{G} = \mathbb{R} \times \mathbb{R}$).

1.1 Geben Sie die Definitionsmenge und die Wertemenge der Funktion f_1 an.

1.2 Tabellarisieren Sie die Funktion f_1 für $x \in \{1{,}1; 1{,}5; 2; 3; 4; 5; 6; 7; 8\}$ auf zwei Stellen nach dem Komma gerundet und zeichnen Sie den Graphen von f_1 in ein Koordinatensystem.

Für die Zeichnung: Längeneinheit 1 cm; $-1 \leqq x \leqq 12$; $-2 \leqq y \leqq 6$

1.3 Der Graph zu f_1 wird durch Spiegelung an der x-Achse und anschließend durch Parallelverschiebung mit dem Vektor $\vec{v} = \begin{pmatrix} -1 \\ 4 \end{pmatrix}$ auf den Graphen zu f_2 abgebildet.

Ermitteln Sie rechnerisch die Funktionsgleichung von f_2 und zeichnen Sie den Graphen zu f_2 in das Koordinatensystem zu 1.2 ein.

1.4 Die Punkte $A_n(x \mid -\log_3(x) + 1)$ auf dem Graphen zu f_2 und die Punkte D_n auf dem Graphen zu f_1 sind Eckpunkte von Parallelogrammen $A_nB_nC_nD_n$. Dabei ist die Abszisse jedes Punktes D_n stets um 2 größer als die Abszisse x des jeweils zugehörigen Punktes A_n. Die Seiten $[A_nB_n]$ verlaufen parallel zur x-Achse und es gilt: $\overline{A_nB_n} = 4$ LE.

Zeichnen Sie das Parallelogramm $A_1B_1C_1D_1$ für $x = 2$ und das Parallelogramm $A_2B_2C_2D_2$ für $x = 5$ in das Koordinatensystem zu 1.2 ein.

1.5 Geben Sie die Koordinaten der Punkte D_n in Abhängigkeit von der Abszisse x der Punkte A_n an.
Zeigen Sie sodann, dass man den Flächeninhalt A(x) der Parallelogramme $A_nB_nC_nD_n$ in Abhängigkeit von der Abszisse x der Punkte A_n wie folgt darstellen kann:
$A(x) = [\,4 \cdot \log_3(x^2 + x) + 8\,]$ FE

1.6 Unter den Parallelogrammen $A_nB_nC_nD_n$ gibt es ein Parallelogramm $A_3B_3C_3D_3$ mit einem Flächeninhalt von 20 FE.
Berechnen Sie die x-Koordinate des Punktes A_3 auf zwei Stellen nach dem Komma gerundet.

2.0 Die Punkte $B_n(x \mid 0{,}5x - 3)$ auf der Geraden g mit der Gleichung $y = 0{,}5x - 3$ ($\mathbb{G} = \mathbb{R} \times \mathbb{R}$) sind zusammen mit dem Punkt $A(-3 \mid -1)$ jeweils Eckpunkte von Dreiecken AB_nC_n. Die gemeinsame Winkelhalbierende w der Winkel B_nAC_n hat die Gleichung $y = \frac{1}{3}x$ ($\mathbb{G} = \mathbb{R} \times \mathbb{R}$).

Für die Langen der Dreiecksseiten $[AC_n]$ und $[AB_n]$ gilt stets: $\overline{AC_n} : \overline{AB_n} = 2 : 1$.

2.1 Zeichnen Sie die Gerade g, die Winkelhalbierende w sowie das Dreieck AB_1C_1 für $x = 1$ und das Dreieck AB_2C_2 für $x = 3$ in ein Koordinatensystem.

Für die Zeichnung: Längeneinheit 1 cm; $-4 \leqq x \leqq 9$; $-4 \leqq y \leqq 8$

2.2 Man erhält nur für $x \in]-2; 18[$ Dreiecke AB_nC_n.
Ermitteln Sie rechnerisch die Intervallgrenzen -2 und 18.

2.3 Die Pfeile $\overrightarrow{AB_n}$ kann man auf die Pfeile $\overrightarrow{AC_n}$ abbilden.
Ermitteln Sie rechnerisch die Koordinaten der Punkte C_n in Abhängigkeit von der Abszisse x der Punkte B_n. (Auf eine Stelle nach dem Komma runden.)
[Ergebnis: $C_n(2{,}2x - 0{,}6 \mid 0{,}4x + 5{,}8)$]

2.4 Unter den Dreiecken AB_nC_n gibt es ein rechtwinkliges Dreieck AB_3C_3 mit der Hypotenuse $[B_3C_3]$.
Berechnen Sie die x-Koordinate des Punktes B_3. (Auf eine Stelle nach dem Komma runden).

2.5 Der Punkt C_4 des Dreiecks AB_4C_4 liegt auf der y-Achse.
Berechnen Sie die y-Koordinate des Punktes C_4 auf eine Stelle nach dem Komma gerundet.

3.0 Der Dachraum eines Walmdaches ABCDEF hat das Rechteck ABCD mit $\overline{AB} = 12$ m und $\overline{BC} = 8$ m als Grundfläche.

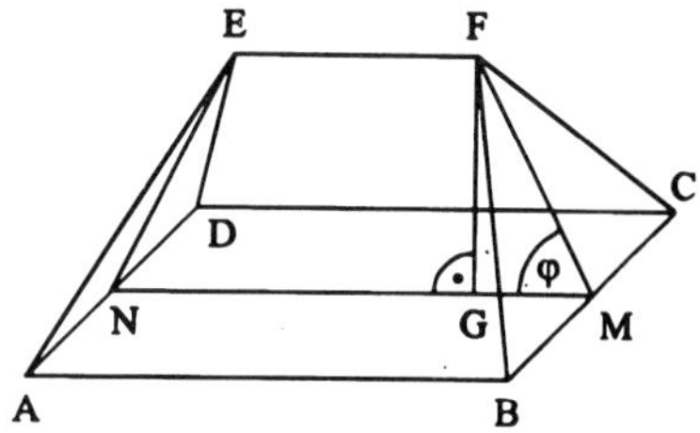

Die Punkte M und N sind die Mittelpunkte der Basen [BC] und [AD] der gleichschenkligen Dreiecke BCF bzw. ADE. Die Dachhöhe beträgt $\overline{GF} = 5$ m.
Das Maß $\varphi < 90°$ des Neigungswinkels der dreieckigen Dachflächen (Walme) gegen die Grundfläche bestimmt die Firstlänge $\overline{EF}$ mit [EF] || [MN].

3.1 Zeichnen Sie ein Schrägbild des Daches für $\varphi = 55°$ in einem geeigneten Maßstab mit MN als Schrägbildachse und geben Sie den gewählten Maßstab an.
Für die Zeichnung: $q = 1 : 2$; $\omega = 45°$

3.2 Ermitteln Sie das Intervall für φ, so dass Walmdächer entstehen. (Runden Sie gegebenenfalls auf zwei Stellen nach dem Komma.)

3.3 Stellen Sie die Firstlänge $\overline{EF}(\varphi)$ in Abhängigkeit von φ dar und berechnen Sie den Flächeninhalt A(φ) der gesamten Dachfläche in Abhängigkeit von φ auf zwei Stellen nach dem Komma gerundet.
[Teilergebnis: $\overline{EF}(\varphi) = \left(12 - \frac{10}{\tan\varphi}\right)$ m]

3.4 Berechnen Sie für $\varphi = 55°$ das Maß β des Neigungswinkels FBG der Kante [BF] zur Grundfläche. (Auf zwei Stellen nach dem Komma runden.)
[Ergebnis. $\beta = 43{,}23°$]

3.5 Mit $\varphi = 55°$ wird zur Verstärkung im Mittelpunkt P von [BF] ein Stützbalken von P nach $Q \in$ [BG] angebracht (siehe Skizze).

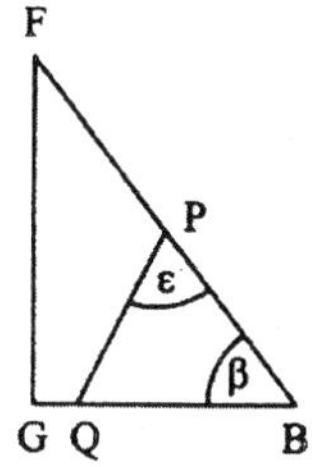

Berechnen Sie $\overline{PQ}$ in Abhängigkeit vom Maß ε des Winkels QPB auf zwei Stellen nach dem Komma gerundet.

Punkteverteilung Mathematik I

Tipp: Korrigieren und bewerten Sie Ihre Lösungen selbst!
Welche Punktezahl haben Sie erreicht? Tragen Sie Ihre Ergebnisse in die Tabelle ein und analysieren Sie ihre Lernfortschritte!

2009 - Aufgabe A

Nr.	1.1	1.2	2.1	2.2	2.3	2.4	3.1	3.2	3.3
Pkt.	2	3	2	2	2	3	1	2	2
Meine Punkte									

2009 - Aufgabe B

Nr.	1.1	1.2	1.3	1.4	1.5	1.6	2.1	2.2	2.3	2.4	2.5	2.6
Pkt.	2	3	2	5	2	3	2	1	5	3	2	4
Meine Punkte												

2008 - Pflichtaufgabe

Nr.	1.1	1.2	1.3	1.4	2.1	2.2	2.3	3.1	3.2	3.3
Pkt.	1	1	1	2	2	3	4	1	2	2
Meine Punkte										

2008 - Wahlteil A

Nr.	1.1	1.2	1.3	1.4	1.5	1.6	2.1	2.2	2.3	2.4	2.5	2.6
Pkt.	3	4	2	2	3	3	2	2	1	3	5	4
Meine Punkte												

2008 - Wahlteil B

Nr.	1.1	1.2	1.3	1.4	1.5	1.6	1.7	2.1	2.2	2.3	2.4	2.5	2.6
Pkt.	2	2	3	2	4	2	2	2	3	3	3	3	3
Meine Punkte													

2007 - Pflichtaufgabe

Nr.	1.1	1.2	2.1	2.2	2.3	2.4	2.5	3.1	3.2
Pkt.	3	2	1	1	2	1	4	1	4
Meine Punkte									

2007 - Wahlteil A

Nr.	1.1	1.2	1.3	1.4	1.5	1.6	2.1	2.2	2.3	2.4	2.5
Pkt.	3	2	2	3	3	4	3	2	4	3	5
Meine Punkte											

2007 - Wahlteil B

Nr.	1.1	1.2	1.3	1.4	1.5	1.6	2.1	2.2	2.3	2.4	2.5
Pkt.	2	2	3	3	3	4	3	3	3	4	4
Meine Punkte											

2006 - Pflichtaufgabe

Nr.	1.1	1.2	1.3	2.1	2.2	2.3	3.1	3.2
Pkt.	2	1	2	3	4	2	1	4
Meine Punkte								

2006 - Wahlteil A

Nr.	1.1	1.2	1.3	1.4	1.5	2.1	2.2	2.3	2.4	2.5
Pkt.	3	5	2	3	4	2	5	3	3	4
Meine Punkte										

2006 - Wahlteil B

Nr.	1.1	1.2	1.3	1.4	1.5	2.1	2.2	2.3	2.4	2.5	2.6
Pkt.	4	2	4	3	4	3	2	1	4	2	5
Meine Punkte											

2005 - Aufgabengruppe A

Nr.	1.1	1.2	1.3	1.4	1.5	1.6	2.1	2.2	2.3	2.4	2.5	2.6	3.1	3.2	3.3	3.4	3.5
Pkt.	2	2	4	3	2	2	2	5	2	2	2	4	3	1	4	3	4
Meine Punkte																	

2005 - Aufgabengruppe B

Nr.	1.1	1.2	1.3	1.4	1.5	2.1	2.2	2.3	2.4	2.5	3.1	3.2	3.3	3.4	3.5
Pkt.	2	4	2	4	3	3	4	4	4	2	2	3	1	4	5
Meine Punkte															

2004 - Aufgabengruppe A

Nr.	1.1	1.2	1.3	1.4	1.5	1.6	2.1	2.2	2.3	2.4	2.5	3.1	3.2	3.3	3.4	3.5
Pkt.	2	2	3	2	2	4	2	5	4	4	2	4	3	4	2	2
Meine Punkte																

2004 - Aufgabengruppe B

Nr.	1.1	1.2	1.3	1.4	1.5	2.1	2.2	2.3	2.4	2.5	3.1	3.2	3.3	3.4	3.5
Pkt.	2	3	4	3	3	3	3	2	6	3	4	1	2	5	3
Meine Punkte															

2003 - Aufgabengruppe A

Nr.	1.1	1.2	1.3	1.4	1.5	1.6	2.1	2.2	2.3	2.4	2.5	3.1	3.2	3.3	3.4	3.5	3.6
Pkt.	2	4	2	2	2	3	4	3	5	2	3	2	4	1	2	3	3
Meine Punkte																	

2003 - Aufgabengruppe B

Nr.	1.1	1.2	1.3	1.4	1.5	1.6	2.1	2.2	2.3	2.4	2.5	3.1	3.2	3.3	3.4	3.5
Pkt.	1	2	4	1	4	3	3	4	5	3	2	2	2	5	3	3
Meine Punkte																

Bewertungsschlüssel Mathematik I

Punkte	47 - 40	39 - 30	31 - 24	23 - 16	15 - 8	7 - 0
Note	1	2	3	4	5	6

Bewertungsschlüssel Mathematik I (ab Schuljahr 2005/2006)

Punkte	53 - 45	44,5 - 36	35,5 - 27	26,5 - 18	17,5 - 9	8,5 - 0
Note	1	2	3	4	5	6

Abweichungen zum angegebenen Bewertungsschlüssel sind möglich.

A 1.0 Ein Messbecher – mit einer Flüssigkeit gefüllt

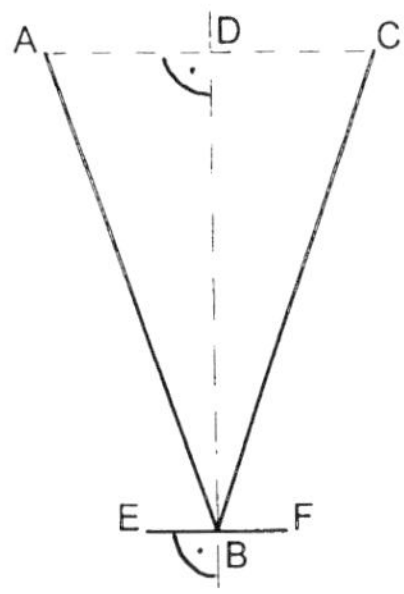

A 1.1 **Berechnen Sie das Maß des Winkels CBA.**

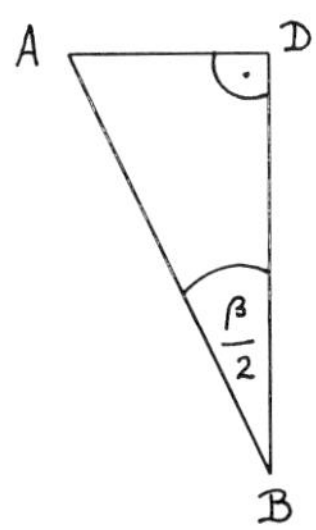

$\beta = \sphericalangle CBA$

$\frac{\beta}{2} = \sphericalangle DBA$

$\tan\frac{\beta}{2} = \frac{\overline{AD}}{\overline{BD}}$ $\qquad \frac{\beta}{2} \in]0°; 90°[$

$\tan\frac{\beta}{2} = \frac{69\,\text{mm}}{200\,\text{mm}}$

$\tan\frac{\beta}{2} = 0{,}345$

$\frac{\beta}{2} = 19°$

$\beta = < CBA = 38°$

Volumen des Messbechers:

$V = \frac{1}{3} \cdot r^2 \cdot \pi \cdot h$

$V = \frac{1}{3} \cdot \overline{AD}^2 \cdot \pi \cdot \overline{BD}$

$V = \frac{1}{3} \cdot \overline{AD}^2 \cdot \pi \cdot 200\text{ mm}$

Füllmenge:

$V_o = 1\ \ell$

$V_o = 1\,000\text{ cm}^3 = 1\,000\,000\text{ mm}^3 = 10^6\text{ mm}^3$

Gleichsetzen: $\frac{1}{3} \cdot \overline{AD}^2 \cdot \pi \cdot 200\text{ mm} = 1\,000\,000\text{ mm}^3$

$$\Leftrightarrow \quad \frac{1}{3} \cdot \overline{AD}^2 \cdot \pi \cdot 200 = 10^6\text{ mm}^2$$

$$\Leftrightarrow \quad \overline{AD}^2 = \frac{3 \cdot 10^6}{\pi \cdot 200}\text{ mm}^2$$

$$\Leftrightarrow \quad \overline{AD}^2 = 4775\text{ mm}^2$$

$$\Leftrightarrow \quad \overline{AD} = 69\text{ mm}$$

A 1.2 **Berechnen Sie auf Millimeter gerundet, bis zu welcher Höhe der Messbecher gefüllt ist, wenn er einen halben Liter Flüssigkeit enthält.**

Berechnung von $\overline{A'D'}$ mit dem Vierstreckensatz:

$$\frac{\overline{AD}}{\overline{A'D'}} = \frac{\overline{BD}}{\overline{BD'}}$$

$$\overline{A'D'} = \frac{\overline{AD}}{\overline{BD}} \cdot \overline{BD'}$$

$$\overline{A'D'} = \frac{69\text{ mm}}{200\text{ mm}} \cdot \overline{BD'}$$

$$\overline{A'D'} = \frac{69}{200} \cdot \overline{BD'}$$

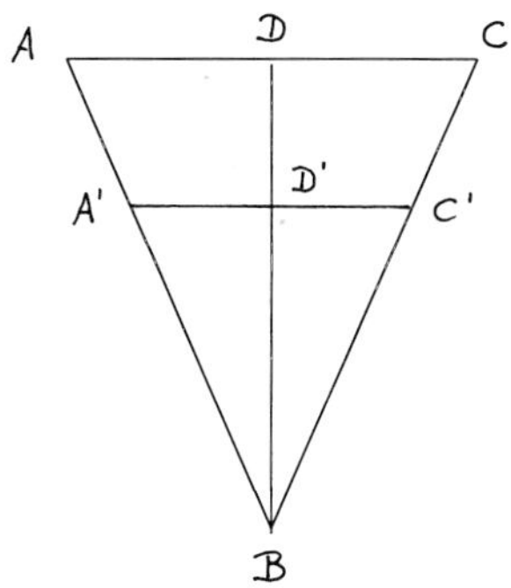

Für das Volumen gilt:

$$V = \frac{1}{3} \cdot \overline{A'D'}^2 \cdot \pi \cdot \overline{BD'}$$

$$V = \frac{1}{3} \cdot \left(\frac{69}{200} \cdot \overline{BD'} \right)^2 \cdot \pi \cdot \overline{BD'}$$

$$V = \frac{1}{3} \cdot \left(\frac{69}{200}\right)^2 \cdot \overline{BD'}^2 \cdot \pi \cdot \overline{BD'}$$

$$V = \frac{1}{3} \cdot \left(\frac{69}{200}\right)^2 \cdot \pi \cdot \overline{BD'}^3$$

Für die Füllmenge gilt:

$$V' = 0{,}5\ \ell$$

$$V' = 500\text{ cm}^3 = 500\,000\text{ mm}^3$$

Gleichsetzen: $\frac{1}{3} \cdot \left(\frac{69}{200}\right)^2 \cdot \pi \cdot \overline{BD'}^3 = 500\,000 \text{ mm}^3$

$$\Leftrightarrow \quad \overline{BD'}^3 = \frac{3 \cdot 500000}{\pi} \cdot \left(\frac{200}{69}\right)^2 \text{ mm}^3$$

$$\Leftrightarrow \quad \overline{BD'}^3 = 4011467 \text{ mm}^3$$

$$\Leftrightarrow \quad \overline{BD'} = 159 \text{ mm}$$

Enthält der Messerbecher einen halben Liter Flüssigkeit, so ist er bis zu einer Höhe von 159 mm gefüllt.

A 2.0 Die Pfeile $\overrightarrow{OP_n}(\varphi) = \begin{pmatrix} 2\cos\varphi - 2 \\ 0{,}5 \cdot \sin\varphi \end{pmatrix}$ und $\overrightarrow{OR_n}(\varphi) = \begin{pmatrix} 3\cos\varphi \\ -3 \cdot \sin\varphi \end{pmatrix}$ mit O (0 | 0)
spannen für $\varphi \in \,]37°\,;\,180°[$ Parallelogramme $OP_nQ_nR_n$ auf.

A 2.1 **Berechnen Sie die Koordinaten der Pfeile.**

$\varphi = 65°$:	$\overrightarrow{OP_1} = \begin{pmatrix} -1{,}15 \\ 0{,}45 \end{pmatrix}$	$\overrightarrow{OR_1} = \begin{pmatrix} 1{,}27 \\ -2{,}72 \end{pmatrix}$
$\varphi = 150°$:	$\overrightarrow{OP_2} = \begin{pmatrix} -3{,}73 \\ 0{,}25 \end{pmatrix}$	$\overrightarrow{OR_2} = \begin{pmatrix} -2{,}60 \\ -1{,}5 \end{pmatrix}$

Einzeichnen der Parallelogramme $OP_1Q_1R_1$ und $OP_2Q_2R_2$

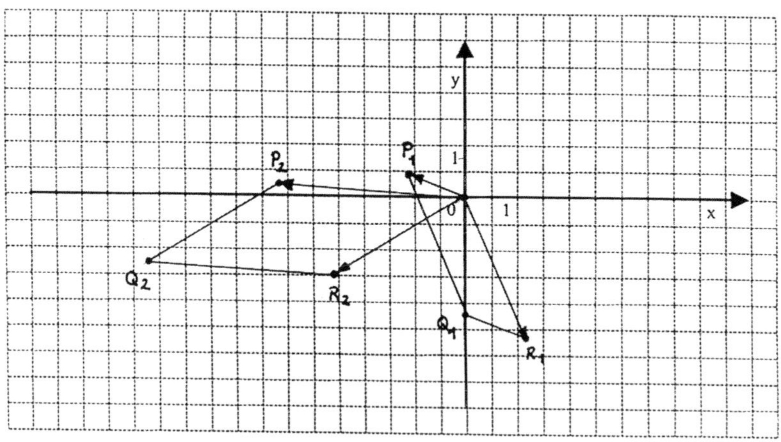

A 2.2 **Zeigen Sie rechnerisch, dass für die Länge der Strecken $[OP_n]$ in Abhängigkeit von φ gilt:** $\overline{OP_n}(\varphi) = \sqrt{3{,}75 \cdot \cos^2\varphi - 8 \cdot \cos\varphi + 4{,}25}$ LE

$\varphi \in]37°; 180°[$

Länge der Pfeile $\overrightarrow{OP_n}(\varphi)$: $\overline{OP_n} = \sqrt{x^2 + y^2}$ LE

$$\overline{OP_n}(\varphi) = \sqrt{(2\cos\varphi - 2)^2 + (0{,}5\sin\varphi)^2} \text{ LE}$$

$$\overline{OP_n}(\varphi) = \sqrt{4\cos^2\varphi - 8\cos\varphi + 4 + 0{,}25\sin^2\varphi} \text{ LE}$$

$\sin^2\varphi + \cos^2\varphi = 1$ $\quad$ $\overline{OP_n}(\varphi) = \sqrt{4\cos^2\varphi - 8\cos\varphi + 4 + 0{,}25(1 - \cos^2\varphi)}$ LE

$\sin^2\varphi = 1 - \cos^2\varphi$ $\quad$ $\overline{OP_n}(\varphi) = \sqrt{4\cos^2\varphi - 8\cos\varphi + 4 + 0{,}25 - 0{,}25\cos^2\varphi}$ LE

$$\overline{OP_n}(\varphi) = \sqrt{3{,}75\cos^2\varphi - 8\cos\varphi + 4{,}25} \text{ LE}$$

A 2.3 **Begründen Sie, dass die Punkte R_n auf einer Kreislinie um den Mittelpunkt O mit dem Radius r = 3 LE liegen.**

Länge der Pfeile $\overrightarrow{OR_n}(\varphi)$: $\overline{OR_n}(\varphi) = \sqrt{x^2 + y^2}$ LE

$$\overline{OR_n}(\varphi) = \sqrt{(3\cos\varphi)^2 + (-3\sin\varphi)^2} \text{ LE}$$

$$\overline{OR_n}(\varphi) = \sqrt{9\cos^2\varphi + 9\sin^2\varphi} \text{ LE}$$

$$\overline{OR_n}(\varphi) = \sqrt{9(\cos^2\varphi + \sin^2\varphi)} \text{ LE}$$

$$\overline{OR_n}(\varphi) = \sqrt{9} \text{ LE}$$

$$\overline{OR_n}(\varphi) = 3 \text{ LE}$$

Begründung: Unabhängig von φ gilt für alle $\varphi \in]37°; 180°[$ also: $\overline{OR_n} = 3$ LE
Somit haben alle Punkte R_n die gleiche Entfernung 3 LE zum Punkt O.
Alle Punkte R_n liegen auf einer Kreislinie um den Mittelpunkt O mit dem Radius r = 3 LE.

A 2.4 **Berechnen Sie das zugehörige Winkelmaß φ für die Raute $OP_3Q_3R_3$.**

Eine Raute hat vier gleich lange Vierecksseiten:

Es gilt: $\overline{OP_3} = \overline{OR_3}$ $\qquad\qquad$ $\varphi \in]\,37°\,;\,180°\,[$

$$\sqrt{3{,}75\cos^2\varphi - 8\cos\varphi + 4{,}25}\ \text{LE} = 3\ \text{LE}$$

$$\Leftrightarrow \quad 3{,}75\cos^2\varphi - 8\cos\varphi + 4{,}25 = 9$$

$$\Leftrightarrow \quad 3{,}75\cos^2\varphi - 8\cos\varphi - 4{,}75 = 0$$

Mit x = cos φ gilt:

$$\Leftrightarrow \quad 3{,}75\,x^2 - 8\,x - 4{,}75 = 0$$

$a = 3{,}75$	$D = b^2 - 4 \cdot a \cdot c$
$b = -8$	$D = (-8)^2 - 4 \cdot 3{,}75 \cdot (-4{,}75)$
$c = -4{,}75$	$D = 135{,}25$

$$x_{1,2} = \frac{-b \pm \sqrt{D}}{2 \cdot a}$$

$$\Leftrightarrow \quad x_{1,2} = \frac{-(-8) \pm \sqrt{135{,}25}}{2 \cdot 3{,}75}$$

$$\Leftrightarrow \quad x_{1,2} = \frac{8 \pm \sqrt{135{,}25}}{7{,}5}$$

$$\Leftrightarrow \quad x_1 = -0{,}48 \qquad (\vee \quad x_2 = 2{,}62\,)$$

Mit cos φ = - 0,48 gilt: $\quad \varphi = 118{,}69°$ $\qquad$ $\mathbb{L} = \{118{,}69°\}$

Abweichungen durch Runden möglich: $\mathbb{L} = \{118{,}94°\}$

A 3.0 Wachstum von Schimmelpilzen

Platte A	Platte B
100 cm^2	100 cm^2

A 3.1 **Berechnen Sie, wie groß der Inhalt der von Schimmelpilz befallenen Fläche bei der Platte A am Ende des 6. Versuchstages war.**

Fläche (zu Versuchsbeginn):	100 cm^2
Vergrößerte Fläche:	A cm^2
Zeitdauer:	x Tage
Vergrößerungsrate:	p %

Funktionsgleichung: $A = A_0 \cdot \left(1 + \frac{26}{100}\right)^x$ $\qquad \mathbb{G} = \mathrm{IR}_0^+$

Einsetzen: Für x = 6 gilt

$$A = 100\ cm^2 \cdot \left(1 + \frac{26}{100}\right)^6$$
$$A = 100\ cm^2 \cdot 1{,}26^6$$
$$A = 400\ cm^2$$

Der Inhalt der von Schimmelpilz befallenen Fläche war bei der Platte A am Ende des 6. Versuchstages 400 cm^2 groß.

A 3.2 **Ermitteln Sie rechnerisch, am wievielten Versuchstag der Inhalt der von Schimmelpilz befallenen Fläche einen Quadratmeter erreicht hatte.**

$$A = 1\ m^2 = (100\ cm)^2 = 10\,000\ cm^2$$

$$A = 100\ cm^2 \cdot \left(1 + \frac{26}{100}\right)^x \wedge A = 10\,000\ cm^2$$

Gleichsetzen: $100 \cdot \left(1 + \frac{26}{100}\right)^x = 10\,000$ $\qquad \mathbb{G} = \mathrm{IR}_0^+$

<=> $1{,}26^x = 100$

<=> $x = \log_{1{,}26} 100$

<=> $x = 19{,}93$

$\mathbb{L} = \{19{,}93\}$

Am 20. Versuchstag hatte die befallene Fläche einen Quadratmeter erreicht.

A 3.3 **Bei der Platte B wurde am Ende des 13. Versuchstages ein Quadratmeter Fläche erreicht. Berechnen Sie den betreffenden Prozentsatz.**

Fläche (zu Versuchsbeginn):	$100\ cm^2$
Vergrößerte Fläche:	$10\,000\ cm^2$
Zeitdauer:	13 Tage
Vergrößerungsrate:	p %
Funktionsgleichung:	$A = A_o \cdot \left(1 + \frac{p}{100}\right)^x$

Einsetzen: $10\,000 = 100 \cdot \left(1 + \frac{p}{100}\right)^{13}$ $\qquad p \in \mathbb{R}$

$\Leftrightarrow \quad 100 = \left(1 + \frac{p}{100}\right)^{13}$

$\Leftrightarrow \quad \pm \sqrt[13]{100} = 1 + \frac{p}{100}$

$\Leftrightarrow \quad \frac{p}{100} = \sqrt[13]{100} - 1 \quad | \cdot 100$

$\Leftrightarrow \quad p = 100 \cdot (\sqrt[13]{100} - 1)$

$\Leftrightarrow \quad p = 43$

$\mathbb{L} = \{43\}$

oder: Mit $a = \left(1 + \frac{p}{100}\right)$ gilt für $a > 1;\ a \in \mathbb{R}$ $\qquad 10\,000 = 100 \cdot a^{13}$

$\Leftrightarrow \quad a = \sqrt[13]{100}$

$\Leftrightarrow \quad a = 1{,}43$

Der gesuchte Prozentsatz beträgt 43 %.

Lösungsmuster Mathematik I 2009 - Aufgabe B1

(Wahlteil)

B 1.0 Gegeben: f mit $y = \log_2 (x + 8) + 1$ $\mathbb{G} = \mathbb{R} \times \mathbb{R}$

B 1.1 Definitionsmenge: $\mathbb{D}(x) = \{ x \mid x > -8\}$ $x \in \mathbb{R}$
Wertemenge: $\mathbb{W} = \mathbb{R}$
Gleichung der Asymptote h: $x = -8$

B 1.2 Tabelle:

x	- 7,7	- 7,6	- 7	- 6	- 5	- 4	- 2	0	2	4
$\log_2 (x + 8) + 1$	- 0,74	- 0,32	1	2	2,58	3	3,58	4	4,32	4,58

Einzeichnen des Graphen zu f

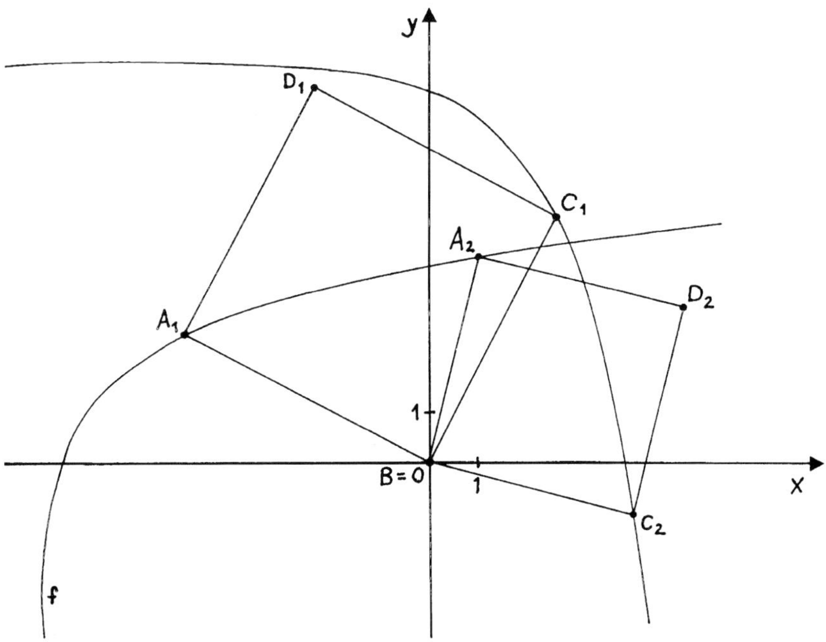

B 1.3 Einzeichnen der Quadrate $A_1BC_1D_1$ für x = - 5 und $A_2BC_2D_2$ für x = 1 (siehe 1.2)

B 1.4 **Abbildung der Pfeile $\overrightarrow{BA_n}$ durch Drehung um B mit dem Drehwinkel $\alpha = -90^\circ$ auf die Pfeile $\overrightarrow{BC_n}$.**

$$\overrightarrow{BA_n} \xrightarrow{B;\, \alpha = -90^\circ} \overrightarrow{BC_n}$$

Mit A_n (x | $\log_2$ (x + 8) + 1) und B (0 | 0) gilt für die Koordinaten der Pfeile $\overrightarrow{BA_n}$: $\overrightarrow{BA_n} = \begin{pmatrix} x - 0 \\ \log_2(x+8)+1-0 \end{pmatrix} = \begin{pmatrix} x \\ \log_2(x+8)+1 \end{pmatrix}$

$$\overrightarrow{BC_n} = \begin{pmatrix} \cos\alpha & -\sin\alpha \\ \sin\alpha & \cos\alpha \end{pmatrix} \odot \overrightarrow{BA_n} \qquad \mathbb{G} = \mathrm{IR} \times \mathrm{IR}\ ;\ x > -8;\ x \in \mathrm{IR}$$

$$\Leftrightarrow \begin{pmatrix} x' \\ y' \end{pmatrix} = \begin{pmatrix} \cos(-90^\circ) & -\sin(-90^\circ) \\ \sin(-90^\circ) & \cos(-90^\circ) \end{pmatrix} \odot \begin{pmatrix} x \\ \log_2(x+8)+1 \end{pmatrix}$$

$$\Leftrightarrow \begin{pmatrix} x' \\ y' \end{pmatrix} = \begin{pmatrix} 0 & 1 \\ -1 & 0 \end{pmatrix} \odot \begin{pmatrix} x \\ \log_2(x+8)+1 \end{pmatrix}$$

$$\Leftrightarrow \begin{pmatrix} x' \\ y' \end{pmatrix} = \begin{pmatrix} \log_2(x+8)+1 \\ -x \end{pmatrix}$$

Koordinaten der Punkte C_n C_n ($\log_2$ (x + 8) + 1 | - x)

Zeigen Sie, dass der Trägergraph t der Punkte C_n die Gleichung $y = -2^{x-1} + 8$ besitzt.

$$\left| \begin{array}{l} x' = \log_2(x+8)+1 \\ \wedge\ y' = -x \end{array} \right. \qquad \mathbb{G} = \mathrm{IR} \times \mathrm{IR};\ x > -8;\ x \in \mathrm{IR}$$

$$\begin{aligned} x' &= \log_2(x+8)+1 \\ x' - 1 &= \log_2(x+8) \\ x + 8 &= 2^{x'-1} \\ x &= 2^{x'-1} - 8 \end{aligned}$$

$$\Leftrightarrow \left| \begin{array}{l} x = 2^{x'-1} - 8 \\ \wedge\ y' = -x \end{array} \right.$$

Einsetzen: $\Leftrightarrow\ y' = -(2^{x'-1} - 8)$

$\Leftrightarrow\ y' = -2^{x'-1} + 8$

Gleichung des Trägergraphen: g mit $y = -2^{x-1} + 8$ ($\mathbb{G}$ = IR x IR)

Einzeichnen des Trägergraphen t der Punkte C_n (siehe 1.2)

B 1.5 **Für das Quadrat $A_3BC_3D_3$ gilt: $A_3(-4 \mid 3)$. Berechnen Sie die Koordinaten des Punktes D_3.**

Der Punkt $A_3(-4 \mid 3)$ hat die x-Koordinate – 4.

Für den zugehörigen Punkt C_3 gilt dann: $C_3(\log_2(-4+8)+1 \mid -(-4))$
$C_3(3 \mid 4)$

Berechnung der Koordinaten des Punktes D_3 mit einer Pfeilkette:

$$\overrightarrow{OD_3} = \overrightarrow{OA_3} \oplus \overrightarrow{A_3D_3}$$
$$\overrightarrow{OD_3} = \overrightarrow{OA_3} \oplus \overrightarrow{BC_3}$$
$$\overrightarrow{OD_3} = \begin{pmatrix} -4 \\ 3 \end{pmatrix} \oplus \begin{pmatrix} 3-0 \\ 4-0 \end{pmatrix}$$
$$\overrightarrow{OD_3} = \begin{pmatrix} -1 \\ 7 \end{pmatrix}$$

Koordinaten des Punktes D_3: $D_3(-1 \mid 7)$

B 1.6 **Der Punkt D_4 liegt auf der Winkelhalbierenden des II. Quadranten. Ermitteln Sie rechnerisch die x-Koordinate des Punktes A_4.**

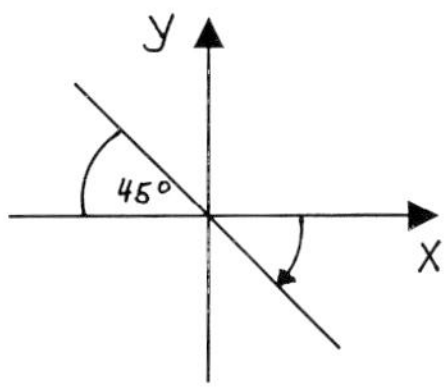

Der Neigungswinkel der Winkelhalbierenden beträgt – 45°

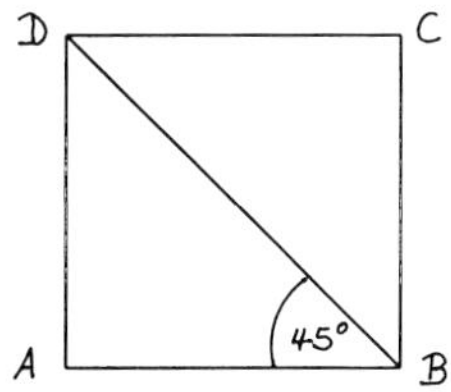

Im Quadrat schließen eine Diagonale mit der Quadratseite ein 45°-Winkel ein.

Für $A_3(x \mid \log_2(x+8)+1)$ gilt: Der Punkt A_3 liegt auf der x-Achse.

$$\log_2(x+8)+1 = 0 \qquad x > -8;\ x \in \mathbb{R}$$

$$\Leftrightarrow \quad \log_2(x+8) = -1$$

$$\Leftrightarrow \quad x + 8 = 2^{-1}$$

$$\Leftrightarrow \quad x + 8 = 0{,}5$$

$$\Leftrightarrow \quad x = -7{,}5$$

$$\mathbb{L} = \{-7{,}5\}$$

B 2.1 Zeichnen des Schrägbildes der Prismas ABCDEF

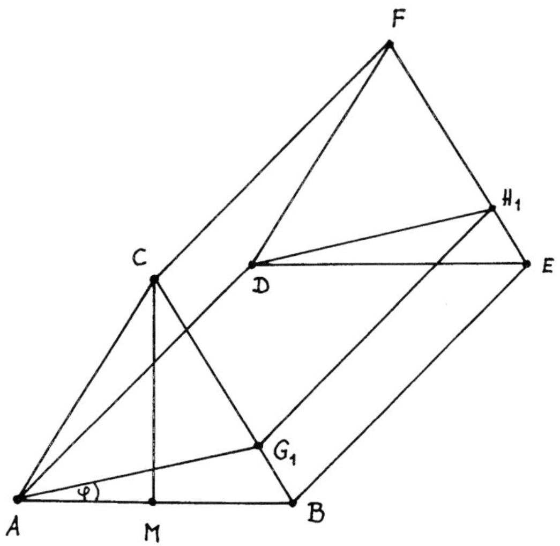

Berechnen Sie das Maß des Winkels CBA.

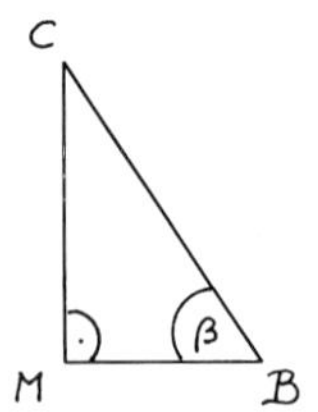

$\overline{MB} = 0{,}5 \cdot 5\text{ cm} = 2{,}5\text{ cm}$

$\beta = \sphericalangle CBA$

$\tan\beta = \dfrac{\overline{MC}}{\overline{MB}}$ $\quad\beta \in\,]0^\circ; 90^\circ[$

$\tan\beta = \dfrac{4\text{cm}}{2{,}5\text{cm}}$

$\tan\beta = 1{,}6$

$\beta = 57{,}99°$

B 2.2 Einzeichnen des Rechtecks AG_1H_1D (siehe 2.1)

$$\overline{BG_1} = \frac{1}{4} \cdot \overline{BC}$$

$$\overline{BG_1} = \frac{1}{4} \cdot \sqrt{22{,}25}\ \text{cm}$$

$$\overline{BG_1} = 1{,}18\ \text{cm}$$

Berechnung der Länge der Strecke [BC].

Satz des Pythagoras im Dreieck MBC:

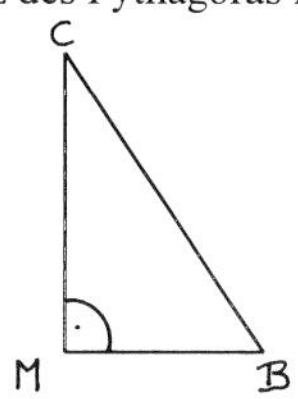

$$\overline{BC}^2 = \overline{MB}^2 + \overline{MC}^2$$

$$\overline{BC} = \sqrt{2{,}5^2 + 4^2}\ \text{cm}$$

$$\overline{BC} = \sqrt{22{,}25}\ \text{cm}$$

$$\overline{BC} = 4{,}72\ \text{cm}$$

B 2.3 **Berechnen Sie den Flächeninhalt A der Rechtecke AG_nH_nD in Abhängigkeit von φ.**

$\varphi \in [0°; 57{,}99°]$

Sinussatz im Dreieck ABG_n:

$\varepsilon = \sphericalangle AG_nB$

$\varepsilon = 180° - (\varphi + \beta)$

$\varepsilon = 180° - (\varphi + 57{,}99°)$

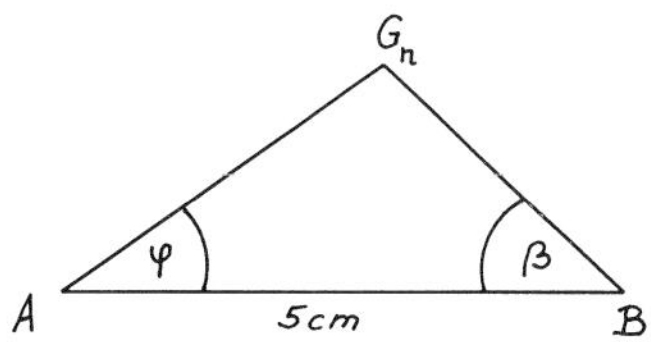

$$\frac{\overline{AG_n}}{\sin\beta} = \frac{\overline{AB}}{\sin(180° - (\varphi + \beta))}$$

$$\frac{\overline{AG_n}}{\sin\beta} = \frac{\overline{AB}}{\sin(\varphi + \beta)}$$

$$\overline{AG_n}(\varphi) = \frac{\overline{AB}}{\sin(\varphi + \beta)} \cdot \sin\beta$$

$$\overline{AG_n}(\varphi) = \frac{5\,\text{cm}}{\sin(\varphi + 57{,}99°)} \cdot \sin 57{,}99°$$

$$\overline{AG_n}(\varphi) = \frac{4{,}24}{\sin(\varphi + 57{,}99°)}\ \text{cm}$$

Für den Flächeninhalt der Rechtecke AG_nH_nD gilt:

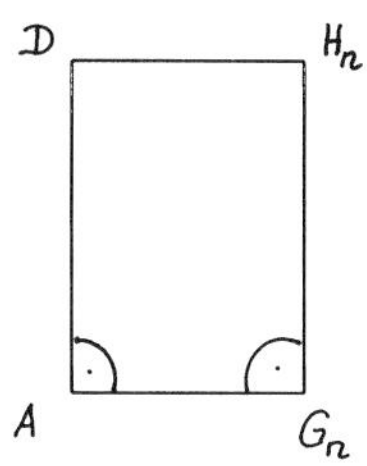

$$A(\varphi) = \overline{AG_n}(\varphi) \cdot \overline{AD}$$

$$A(\varphi) = \frac{4{,}24}{\sin(\varphi + 57{,}99°)}\ \text{cm} \cdot 12\ \text{cm}$$

$$A(\varphi) = \frac{50{,}88}{\sin(\varphi + 57{,}99°)}\ \text{cm}^2$$

Ermitteln Sie sodann den minimalen und den maximalen Flächeninhalt mit dem jeweils zugehörigen Winkelmaß φ.

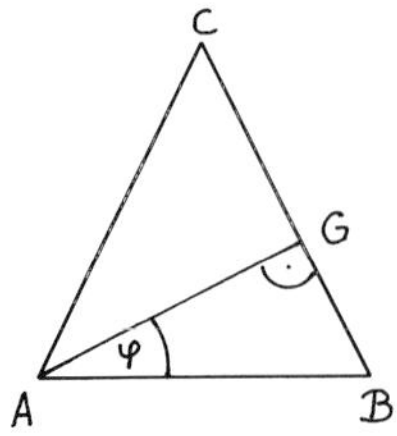

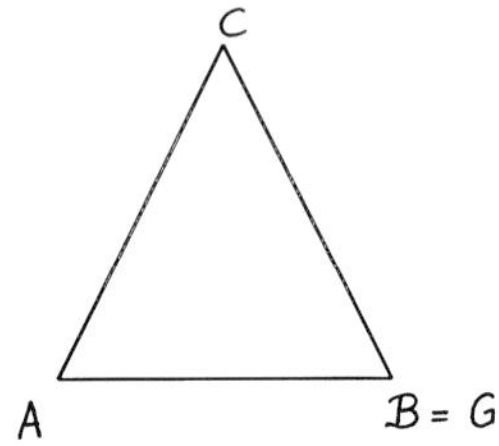

Minimaler Flächeninhalt:	Maximaler Flächeninhalt:
Für $\varphi = 32{,}01°$ erhält man A_{min}	Für $\varphi = 0°$ erhält man A_{max}
$A_{min} = \dfrac{50{,}88}{\sin(32{,}01° + 57{,}99°)}\ cm^2$	$A_{max} = \dfrac{50{,}88}{\sin(0° + 57{,}99°)}\ cm^2$
$A_{min} = 50{,}88\ cm^2$	$A_{max} = 60{,}00\ cm^2$

B 2.4 **Die Rechtecke AG_2H_2D und AG_3H_3D haben jeweils den Flächeninhalt 53 cm². Berechnen Sie die zugehörigen Winkelmaß φ.**

$\varphi \in [0°; 57{,}99°]$

$$A(\varphi) = \frac{50{,}88}{\sin(\varphi + 57{,}99°)}\ cm^2$$

$$A = 53\ cm^2$$

Gleichsetzen: $\dfrac{50{,}88}{\sin(\varphi + 57{,}99°)} = 53$

<=> $\sin(\varphi + 57{,}99°) = \dfrac{50{,}88}{53}$

<=> $\sin(\varphi + 57{,}99°) = 0{,}96$

<=> $\varphi + 57{,}99° = 73{,}74° \ \vee\ \varphi + 57{,}99° = 106{,}26°$

<=> $\varphi = 15{,}75° \ \vee\ \varphi = 48{,}27°$

$\mathbb{L} = \{15{,}75°; 48{,}27°\}$

B 2.5 **Ermitteln Sie rechnerisch das Volumen V der Prismen ABG_nDEH_n in Abhängigkeit von φ.**

$\varphi \in [0°; 57{,}99°]$

Für das Volumen V der Prismen ABG_nDEH_n gilt:

$$V = A_G \cdot h$$
$$V(\varphi) = (\frac{1}{2} \cdot \overline{AB} \cdot \overline{AG_n}) \cdot \overline{AD}$$
$$V(\varphi) = (\frac{1}{2} \cdot 5\text{ cm} \cdot \frac{4{,}24}{\sin(\varphi + 57{,}99°)}\text{ cm}) \cdot 12\text{ cm}$$
$$V(\varphi) = 30 \cdot \frac{4{,}24}{\sin(\varphi + 57{,}99°)}\text{ cm}^3$$
$$V(\varphi) = \frac{127{,}20 \cdot \sin\varphi}{\sin(\varphi + 57{,}99°)}\text{ cm}^3$$

B 2.6 **Das Volumen des Prismas ABG_4DEH_4 beträgt 20% des Volumens des Prismas ABCDEF. Berechnen Sie das zugehörige Winkelmaß φ.**

Für das Volumen V des Prismas ABCDEF gilt:

$$V = A_G \cdot h$$
$$V = (\frac{1}{2} \cdot \overline{AB} \cdot \overline{MC}) \cdot \overline{AD}$$
$$V = (\frac{1}{2} \cdot 5\text{ cm} \cdot 4\text{ cm}) \cdot 12\text{ cm}$$
$$V = 120\text{ cm}^3$$

Für das Volumen V des Prismas ABG_4DEH_4 gilt:

$$V' = 20\,\% \cdot V$$
$$V' = 0{,}2 \cdot 120\text{ cm}^3$$
$$V' = 24\text{ cm}^3$$

Gleichsetzen: $\frac{127,20 \cdot \sin\varphi}{\sin(\varphi + 57,99°)} \text{cm}^3 = 24 \text{ cm}^3$ $\varphi \in [0°; 57,99°]$

<=> $127,20 \cdot \sin\varphi = 24 \cdot \sin(\varphi + 57,99°) \quad | : 24$

<=> $\frac{127,20}{24} \cdot \sin\varphi = \sin(\varphi + 57,99°)$

<=> $5,3 \cdot \sin\varphi = \sin(\varphi + 57,99°)$

<=> $5,3 \cdot \sin\varphi = \sin\varphi \cdot \cos 57,99° + \cos\varphi \cdot \sin 57,99°$

<=> $5,3 \cdot \sin\varphi = \sin\varphi \cdot 0,53 + \cos\varphi \cdot 0,85$

<=> $4,77 \cdot \sin\varphi = 0,85 \cdot \cos\varphi \quad | : \cos\varphi \neq 0$

<=> $\frac{\sin\varphi}{\cos\varphi} = \frac{0,85}{0,4,77}$

<=> $\tan\varphi = 0,178$

<=> $\varphi = 10,10° \quad (\vee\ \varphi = 190,10°)$

$\mathbb{L} = \{10,10°\}$

Lösungsmuster Mathematik I 2008 - Aufgabe P1

(Pflichtteil)

P 1.0 Sprunghöhe eines Gummiballs

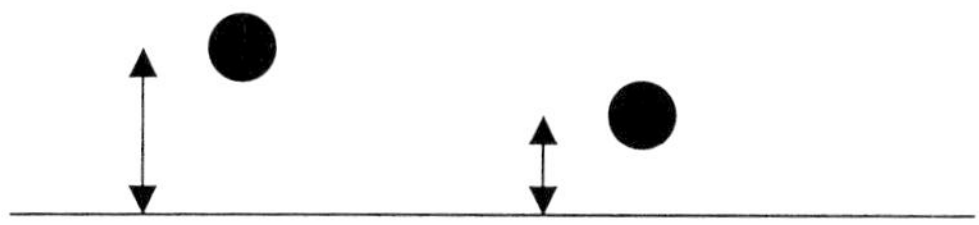

P 1.1 **Um wie viel Prozent nimmt die maximale Sprunghöhe nach jedem Aufprall ab?**

Anzahl der Bodenkontakte	0	1	2	3
Maximale Sprunghöhe in cm	100,0	80,0	64,0	51,2

Aus der Tabelle folgt:

Abnahme der Sprunghöhe nach jedem Aufprall in %	$\frac{100{,}0-80{,}0}{100{,}0}\cdot 100\%$ $= 20\ \%$	$\frac{80{,}0-64{,}0}{80{,}0}\cdot 100\%$ $= 20\ \%$	$\frac{64{,}0-51{,}2}{64{,}0}\cdot 100\%$ $= 20\ \%$

Die maximale Sprunghöhe nimmt nach jedem Aufprall um 20 % ab.

P 1.2 **Geben Sie die Funktionsgleichung an.**

Anzahl der Bodenkontakte: x
Maximale Sprunghöhe: y cm
Prozentuale Abnahme der Sprunghöhe: p = 20
Funktionsgleichung: f mit $y = y_o \cdot k^x$

Einsetzen in die Funktionsgleichung:

$$y = y_o \cdot \left(1 - \frac{p}{100}\right)^x$$

$$y = 100{,}0 \cdot \left(1 - \frac{20}{100}\right)^x$$

$$y = 100{,}0 \cdot 0{,}8^x \qquad \mathbb{G} = \mathbb{R}_0^+ \times \mathbb{R}_0^+$$

P 1.3 **Bestimmen Sie die Anzahl der Bodenkontakte, nach der die maximale Sprunghöhe erstmals weniger als 30,0 cm beträgt.**

Gleichsetzen: $y = 100{,}0 \cdot 0{,}8^x \quad \wedge \quad y = 30{,}0$

$$100{,}0 \cdot 0{,}8^x = 30{,}0 \qquad \mathbb{G} = \mathbb{R}_0^+$$

$$\Leftrightarrow \quad 0{,}8^x = \frac{30{,}0}{100{,}0}$$

$$\Leftrightarrow \quad 0{,}8^x = 0{,}30$$

$$\Leftrightarrow \quad x = \log_{0,8} 0{,}30$$

$$\Leftrightarrow \quad x = 5{,}4$$

$$\mathbb{L} = \{5{,}4\}$$

Nach dem sechsten Bodenkontakt beträgt die maximale Sprunghöhe erstmals weniger als 30,0 cm.

P 1.4 **Berechnen Sie, welche Gesamtstrecke der Ball zurückgelegt hat, wenn er nach dem vierten Bodenkontakt gerade die maximale Sprunghöhe erreicht.**

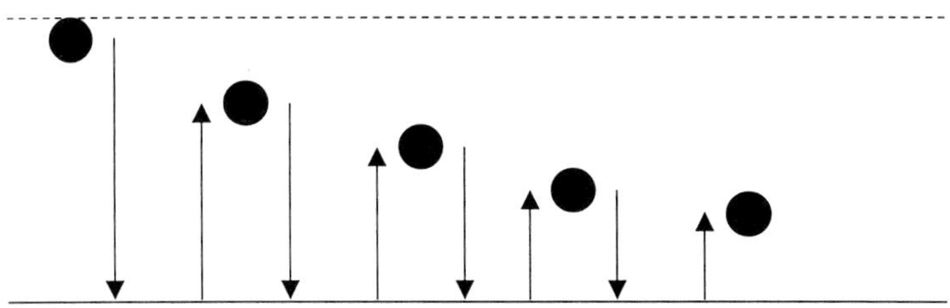

Maximale Sprunghöhe nach dem 4. Aufprall: $x = 4$

$$y = 100{,}0 \cdot 0{,}8^4$$

$$y = 41{,}0$$

Gesamtstrecke: $s = (100{,}0 + 2 \cdot 80{,}0 + 2 \cdot 64{,}0 + 2 \cdot 51{,}2 + 41{,}0)\text{ cm}$

$s = 531{,}4\text{ cm}$

Lösungsmuster Mathematik I 2008 - Aufgabe P2

(Pflichtteil)

P 2.0 Koordinatensystem :

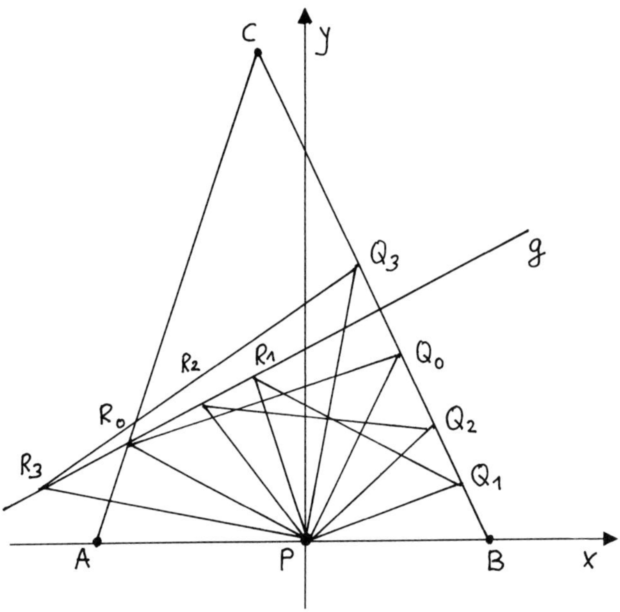

P 2.1 Einzeichnen der Dreiecke PQ_1R_1 mit Q_1 (3 | y_1), PQ_2R_2 mit Q_2 (2,5 | y_2) und PQ_3R_3 mit Q_3 (1 | y_3)

P 2.2 Einzeichnen des Trägergraphen g der Punkte R_n (siehe P 2.0)

Ermitteln Sie die Gleichung des Trägergraphen g der Punkte R_n .

Pfeilkoordinaten: $\overrightarrow{BC} = \begin{pmatrix} -1-3{,}5 \\ 9-0 \end{pmatrix} = \begin{pmatrix} -4{,}5 \\ 9 \end{pmatrix}$

Für die Steigung der Geraden BC gilt: $m = \frac{\Delta y}{\Delta x}$

$$m = \frac{9}{-4{,}5} = -2$$

$$y = -2 \cdot x + t$$

C (- 1 | 9) ∈ BC: $9 = -2 \cdot (-1) + t$

$$t = 7$$

BC mit $y = -2 \cdot x + 7 \quad (\mathbb{G} = \mathbb{R} \times \mathbb{R})$

Abbildung der Geraden BC durch Drehung um P mit dem Drehwinkel $\varphi = 90^{\circ}$ auf die Bildgerade g.

$$BC \xmapsto{P;\ \varphi = 90^{\circ}} g$$

$\mathbb{G} = \mathbb{R} \times \mathbb{R}$; $x \in \mathbb{R}$

$$\begin{pmatrix} x' \\ y' \end{pmatrix} = \begin{pmatrix} \cos 90^{\circ} & -\sin 90^{\circ} \\ \sin 90^{\circ} & \cos 90^{\circ} \end{pmatrix} \odot \begin{pmatrix} x \\ -2x + 7 \end{pmatrix}$$

$$\Leftrightarrow \begin{pmatrix} x' \\ y' \end{pmatrix} = \begin{pmatrix} 0 & -1 \\ 1 & 0 \end{pmatrix} \odot \begin{pmatrix} x \\ -2x + 7 \end{pmatrix}$$

$$\Leftrightarrow \begin{pmatrix} x' \\ y' \end{pmatrix} = \begin{pmatrix} -(-2x + 7) \\ x \end{pmatrix}$$

$$\Leftrightarrow \begin{pmatrix} x' \\ y' \end{pmatrix} = \begin{pmatrix} 2x - 7 \\ x \end{pmatrix}$$

Berechnung der Gleichung des Trägergraphen g der Punkte R_n mit dem Parameterverfahren

$$\Leftrightarrow \left| \begin{array}{l} x' = 2 \cdot x - 7 \\ \wedge\ y' = x \end{array} \right.$$

$\mathbb{G} = \mathbb{R} \times \mathbb{R}$; $x \in \mathbb{R}$

$$x' = 2 \cdot x - 7$$

$$x' + 7 = 2 \cdot x \quad | :2$$

$$x = 0{,}5 \cdot x' + 3{,}5$$

$$\Leftrightarrow \left| \begin{array}{l} x = 0{,}5 \cdot x' + 3{,}5 \\ \wedge\ y' = x \end{array} \right.$$

Einsetzen: $\Leftrightarrow y' = 0{,}5 \cdot x' + 3{,}5$

Gleichung des Trägergraphen: g mit $y = 0{,}5 \cdot x + 3{,}5 \quad (\mathbb{G} = \mathbb{R} \times \mathbb{R})$

P 2.3 Einzeichnen des Dreiecks PQ_oR_o (siehe P 2.0)

Hinweis: Die Eckpunkte Q_o und R_o liegen auf den Seiten des Dreiecks ABC.
$Q_o \in [BC]$; $R_o \in [AC]$

Pfeilkoordinaten: $\overrightarrow{AC} = \begin{pmatrix} -1-(-4) \\ 9-0 \end{pmatrix} = \begin{pmatrix} 3 \\ 9 \end{pmatrix}$

Für die Steigung der Geraden AC gilt: $m = \frac{\Delta y}{\Delta x}$

$m = \frac{9}{3} = 3$

$y = 3 \cdot x + t$

A (- 4 | 0) ∈ AC: $0 = 3 \cdot (-4) + t$

$t = 12$

AC mit $y = 3 \cdot x + 12 \quad (\mathbb{G} = \mathbb{R} \times \mathbb{R})$

Der Punkt R_o ist der Schnittpunkt der Geraden AC mit dem Trägergraphen g.

$$\begin{array}{l|l} \text{I.} & y = 3 \cdot x + 12 \\ \text{II.} & \wedge \; y = 0{,}5 \cdot x + 3{,}5 \end{array}$$

Gleichsetzen: $\Rightarrow \; 3 \cdot x + 12 = 0{,}5 \cdot x + 3{,}5$

$\Leftrightarrow \; 2{,}5 \cdot x = -8{,}5$

$\Leftrightarrow \; x = -3{,}4$

x in I: $y = 3 \cdot (-3{,}4) + 12$

$y = 1{,}8$ $\quad \mathbb{L} = \{(-3{,}4 \mid 1{,}8)\}$

Koordinaten des Punktes R_o: $R_o(-3{,}4 \mid 1{,}8)$

Lösungsmuster Mathematik I 2008 - Aufgabe P3

(Pflichtteil)

P 3.1 **Begründen Sie: Der Abstand des Punktes B_0 von der Geraden AC beträgt 5 cm.**

Für $\alpha = 90°$ ist das zugehörige Dreieck AB_0C gleichschenklig-rechtwinklig!

Es gilt: $\gamma = \sphericalangle B_0CA = 45°$

$$\beta = 180° - (\alpha + \gamma)$$
$$\beta = 180° - (90° + 45°)$$
$$\beta = 45°$$

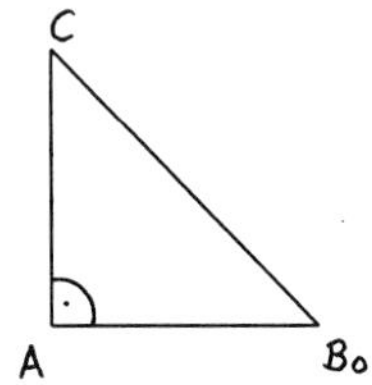

Für die gleichen Schenkellängen gilt: $\overline{AB_0} = \overline{AC} = 5$ cm

Daraus folgt: Der Abstand des Punktes B_0 beträgt 5 cm: $d(B_0 ; AC) = 5$ cm

P 3.2 **Berechnen Sie den Abstand der Punkte B_n von der Geraden AC in Abhängigkeit von α.**

$\alpha \in]0°; 90°[$

$0 \text{ cm} < d(\alpha) < 5 \text{ cm}$

$$\tan\alpha = \frac{\overline{DB_n}}{\overline{AD}}$$

$$\tan\alpha = \frac{d(\alpha)}{5\text{cm} - d(\alpha)}$$

$<=>$ $d(\alpha) = \tan\alpha \cdot (5 \text{ cm} - d(\alpha))$

$<=>$ $d(\alpha) = 5 \cdot \tan\alpha \text{ cm} - \tan\alpha \cdot d(\alpha)$

$<=>$ $d(\alpha) \cdot (1 + \tan\alpha) = 5 \cdot \tan\alpha \text{ cm}$

$<=>$ $d(\alpha) = \dfrac{5 \cdot \tan\alpha}{1 + \tan\alpha} \text{ cm}$

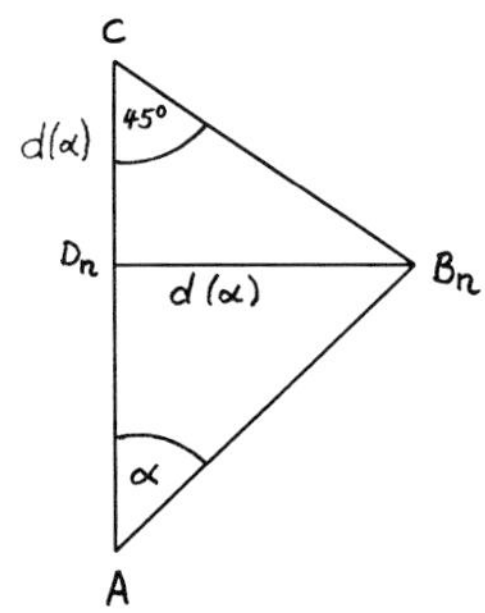

P 3.3 **Berechnen Sie das Volumen V des entstehenden Rotationskörpers für $\alpha = 72°$.**

Der entstehende Rotationskörper ist ein Doppelkegel mit dem gemeinsamen Radius r und der Höhe h.

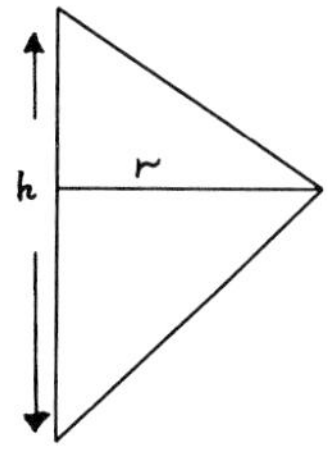

$$V = V_{\text{oberer Kegel}} + V_{\text{unterer Kegel}}$$

$$V = \frac{1}{3} \cdot r^2 \cdot \pi \cdot h_{\text{oberer Kegel}} + \frac{1}{3} \cdot r^2 \cdot \pi \cdot h_{\text{unterer Kegel}}$$

$$V = \frac{1}{3} \cdot r^2 \cdot \pi \cdot (h_{\text{oberer Kegel}} + h_{\text{unterer Kegel}})$$

$$V = \frac{1}{3} \cdot r^2 \cdot \pi \cdot h_{\text{Doppelkegel}}$$

Für den Radius r gilt: $r = d(72°) = \frac{5 \cdot \tan 72°}{1 + \tan 72°}$ cm

Für die Höhe h gilt: $h = \overline{AC} = 5$ cm

Für das Volumen V gilt: $V = \frac{1}{3} \cdot \left(\frac{5 \cdot \tan 72°}{1 + \tan 72°}\right)^2 \cdot \pi \cdot 5 \text{ cm}^3$

$V = 74{,}57 \text{ cm}^3$

Lösungsmuster Mathematik I 2008 - Aufgabe A1

(Wahlteil)

A 1.0 Gegeben: f mit $y = 2 \cdot \log_3 (x + 1) - 2$ $\mathbb{G} = \mathbb{R} \times \mathbb{R}$

A 1.1 Definitionsmenge: $\mathbb{D}(x) = \{ x \mid x > -1\}$
Wertemenge: $\mathbb{W} = \mathbb{R}$
Gleichung der Asymptote h: $x = -1$

Einzeichnen des Graphen zu f

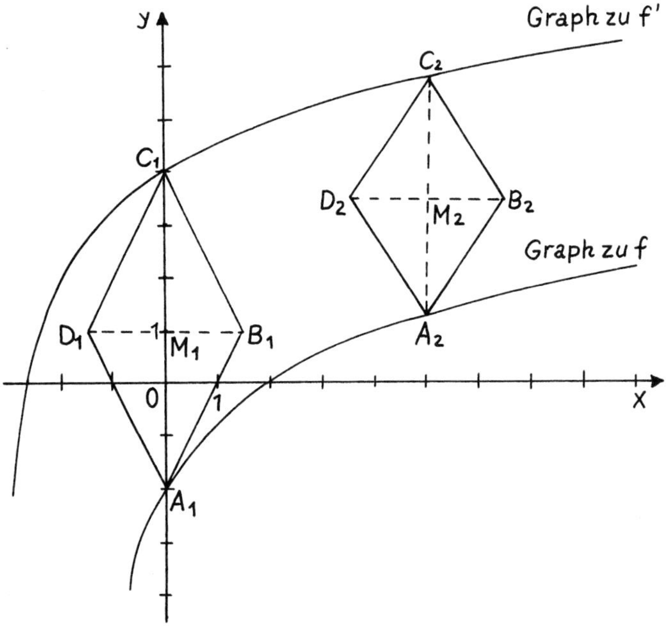

A 1.2 **Abbildung von f durch Parallelverschiebung mit $\vec{v}$ auf f'**

Es gilt: P (x | y) $\in$ f
P' (0 | 4) $\in$ f'

$$\overrightarrow{OP'} = \overrightarrow{OP} \oplus \vec{v}$$

$$\begin{pmatrix} x' \\ y' \end{pmatrix} = \begin{pmatrix} x \\ y \end{pmatrix} \oplus \vec{v}$$

$$\begin{pmatrix} 0 \\ 4 \end{pmatrix} = \begin{pmatrix} x \\ 2 \cdot \log_3 (x+1) - 2 \end{pmatrix} \oplus \begin{pmatrix} a \\ 4 \end{pmatrix}$$

$$\Leftrightarrow \left| \begin{array}{l} 0 = x + a \\ \wedge\ 4 = 2 \cdot \log_3 (x+1) - 2 + 4 \end{array} \right.$$ x > - 1; x $\in$ IR; a $\in$ IR

$$\Leftrightarrow \left| \begin{array}{l} x = -a \\ \wedge\ 0 = 2 \cdot \log_3 (x+1) - 2 \end{array} \right.$$

x = - a einsetzen:

$$\Leftrightarrow 0 = 2 \cdot \log_3 (-a+1) - 2$$
$$\Leftrightarrow 2 = 2 \cdot \log_3 (-a+1)$$
$$\Leftrightarrow 1 = \log_3 (-a+1)$$
$$\Leftrightarrow -a+1 = 3^1$$
$$\Leftrightarrow -a = 3 - 1$$
$$\Leftrightarrow a = -2 \qquad \mathbb{L} = \{-2\}$$

Für den Vektor $\vec{v}$ gilt: $\vec{v} = \begin{pmatrix} -2 \\ 4 \end{pmatrix}$

Berechnung der Gleichung der Funktion f'

$$\begin{pmatrix} x' \\ y' \end{pmatrix} = \begin{pmatrix} x \\ y \end{pmatrix} \oplus \vec{v}$$ $\mathbb{G}$ = IR x IR ; x > - 1; x $\in$ IR

$$\begin{pmatrix} x' \\ y' \end{pmatrix} = \begin{pmatrix} x \\ 2 \cdot \log_3 (x+1) - 2 \end{pmatrix} \oplus \begin{pmatrix} -2 \\ 4 \end{pmatrix}$$

$$\Leftrightarrow \left| \begin{array}{l} x' = x - 2 \\ \wedge\ y' = 2 \cdot \log_3 (x+1) - 2 + 4 \end{array} \right.$$

$$\Leftrightarrow \left| \begin{array}{l} x = x' + 2 \\ \wedge\ y' = 2 \cdot \log_3 (x+1) + 2 \end{array} \right.$$

Einsetzen: $\Leftrightarrow$ $y' = 2 \cdot \log_3 (x' + 2 + 1) + 2$

$\Leftrightarrow$ $y' = 2 \cdot \log_3 (x' + 3) + 2$

Gleichung der Funktion f' : f' mit $y = 2 \cdot \log_3 (x + 3) + 2$ $\mathbb{G} = \mathbb{R} \times \mathbb{R}$

Einzeichnen des Graphen zu f' (siehe A 1.1)

A 1.3 Einzeichnen der Rauten $A_1B_1C_1D_1$ für $x = 0$ und $A_2B_2C_2D_2$ für $x = 5$ (siehe A 1.1)

A 1.4 **Koordinaten der Diagonalenschnittpunkte M_n der Rauten $A_nB_nC_nD_n$ in Abhängigkeit von der Abszisse x der Punkte A_n und C_n**

Für den Mittelpunkt M einer Strecke [AC] gilt: $M\left(\frac{x_A + x_C}{2} \middle| \frac{y_A + y_C}{2}\right)$

hier: $A_n (x \mid 2 \cdot \log_3 (x + 1) - 2)$ $x > -1; x \in \mathbb{R}$

$C_n (x \mid 2 \cdot \log_3 (x + 3) + 2)$

$$M_n\left(\frac{x + x}{2} \middle| \frac{2 \cdot \log_3 (x + 1) - 2 + 2 \cdot \log_3 (x + 3) + 2}{2}\right)$$

$$M_n\left(\frac{2 \cdot x}{2} \middle| \frac{2 \cdot \log_3 (x + 1) + 2 \cdot \log_3 (x + 3)}{2}\right)$$

$$M_n\left(x \middle| \frac{2 \cdot [\log_3 (x + 1) + \log_3 (x + 3)]}{2}\right)$$

$$M_n (x \mid \log_3 (x + 1)(x + 3))$$

$$M_n (x \mid \log_3 (x^2 + 4x + 3))$$

A 1.5 **Der Diagonalenschnittpunkt M_3 der Raute $A_3B_3C_3D_3$ liegt auf der x- Achse. Berechnen Sie die Koordinaten des Punktes C_3**

Liegt ein Punkt auf der x-Achse, so gilt für seine y-Koordinate: $y = 0$

$M_n (x \mid \log_3 (x^2 + 4x + 3))$: $\log_3 (x^2 + 4x + 3) = 0$

$\Leftrightarrow$ $x^2 + 4x + 3 = 3^0$

$\Leftrightarrow$ $x^2 + 4x + 3 = 1$

$\Leftrightarrow$ $x^2 + 4x + 2 = 0$

p = 4
$\frac{p}{2} = 2$
q = 2

$D = (\frac{p}{2})^2 - q$
$D = 2^2 - 2$
D = 2

$$x_{1,2} = -\frac{p}{2} \pm \sqrt{D}$$

$\Leftrightarrow \quad x_{1,2} = -2 \pm \sqrt{2}$

$\Leftrightarrow \quad x_1 = -3{,}41 \quad \vee \quad x_2 = -0{,}59$

Für $x > -1$; $x \in \mathbb{R}$ gilt: $\quad \mathbb{L} = \{-0{,}59\}$

Koordinaten des Eckpunktes C_3: $C_3\,(x \mid 2 \cdot \log_3(x+3) + 2)$

$C_3\,(-0{,}59 \mid 2 \cdot \log_3(-0{,}59+3) + 2)$

$C_3\,(-0{,}59 \mid 3{,}60)$

A 1.6 **Die Raute $A_4B_4C_4D_4$ hat den Flächeninhalt 10 FE. Berechnen Sie die x-Koordinate des Punktes C_4**

Berechnung der Streckenlängen $\overline{A_nC_n}(x)$ in Abhängigkeit von x:

$\overline{A_nC_n}(x) = [2 \cdot \log_3(x+3) + 2 \quad - (2 \cdot \log_3(x+1) - 2)\,]$ LE $\qquad x > -1;\, x \in \mathbb{R}$

$\overline{A_nC_n}(x) = [2 \cdot \log_3(x+3) + 2 \quad - 2 \cdot \log_3(x+1) + 2\,]$ LE

$\overline{A_nC_n}(x) = [2 \cdot \log_3(x+3) - 2 \cdot \log_3(x+1) + 4\,]$ LE

$\overline{A_nC_n}(x) = [2 \cdot (\log_3(x+3) - \log_3(x+1)) + 4\,]$ LE

$\overline{A_nC_n}(x) = [2 \cdot \log_3 \frac{x+3}{x+1} + 4\,]$ LE

Berechnung des Flächeninhaltes der Rauten $A_nB_nC_nD_n$ in Abhängigkeit von x:

$A(x) = \frac{1}{2} \cdot e \cdot f$

$A(x) = \frac{1}{2} \cdot \overline{A_nC_n}(x) \cdot \overline{B_nD_n}$ $\qquad x > -1;\, x \in \mathbb{R}$

$A(x) = \frac{1}{2} \cdot [\,2 \cdot \log_3 \frac{x+3}{x+1} + 4\,]$ LE $\cdot$ 3 LE

$A(x) = [\,\log_3 \frac{x+3}{x+1} + 2\,] \cdot 3$ FE

$A(x) = (\,3 \cdot \log_3 \frac{x+3}{x+1} + 6\,)$ FE

$A(x) = (\,6 + 3 \cdot \log_3 \frac{x+3}{x+1}\,)$ FE

Berechnung der Koordinaten des Punktes C_4

Gleichsetzen: $A(x) = \left(6 + 3 \cdot \log_3 \frac{x+3}{x+1}\right)$ FE $\wedge$ $A = 10$ FE

$x > -1;\ x \in \mathbb{R}$

$$6 + 3 \cdot \log_3 \frac{x+3}{x+1} = 10$$

$$\Leftrightarrow \quad 3 \cdot \log_3 \frac{x+3}{x+1} = 4$$

$$\Leftrightarrow \quad \log_3 \frac{x+3}{x+1} = \frac{4}{3}$$

$$\Leftrightarrow \quad \frac{x+3}{x+1} = 3^{\frac{4}{3}}$$

$$\Leftrightarrow \quad x + 3 = 3^{\frac{4}{3}} \cdot (x + 1)$$

$$\Leftrightarrow \quad x + 3 = 4{,}33 \cdot (x + 1)$$

$$\Leftrightarrow \quad x + 3 = 4{,}33 \cdot x + 4{,}33$$

$$\Leftrightarrow \quad x - 4{,}33 \cdot x = 4{,}33$$

$$\Leftrightarrow \quad x = -0{,}40$$

$$\mathbb{L} = \{-0{,}40\}$$

Lösungsmuster Mathematik I 2008 - Aufgabe A2

(Wahlteil)

A 2.1 Zeichnen des Schrägbildes der Pyramide ABCDS

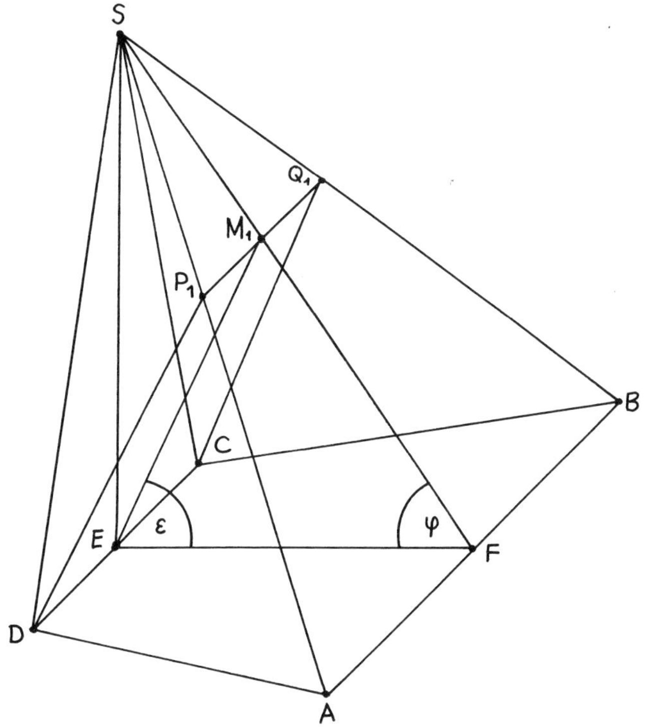

A 2.2 **Berechnen Sie das Maß φ des Winkels SFE.**

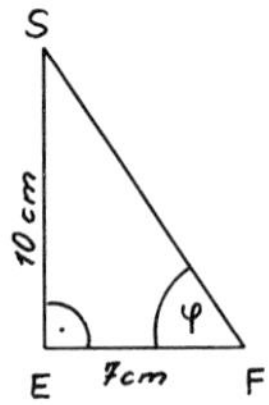

$$\tan \varphi = \frac{\overline{ES}}{\overline{EF}} \qquad \varphi \in \,]0^\circ; 90^\circ[$$

$$\tan \varphi = \frac{10\,cm}{7\,cm}$$

$$\tan \varphi = 1{,}43$$

$$\varphi = 55{,}01^\circ$$

Berechnen Sie die Länge der Strecke [SF].

Satz des Pythagoras im Dreieck EFS:

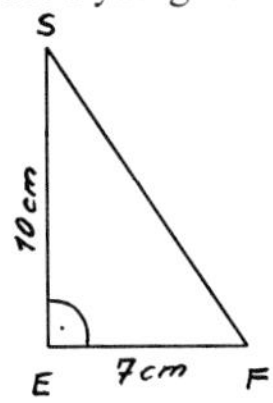

$$\overline{FS}^2 = \overline{ES}^2 + \overline{EF}^2$$

$$\overline{FS} = \sqrt{10^2 + 7^2}\ cm$$

$$\overline{FS} = \sqrt{149}\ cm$$

$$\overline{FS} = 12{,}21\ cm$$

A 2.3 Einzeichnen des Trapezes DCQ_1P_1 für $\varepsilon = 65^\circ$ (siehe 2.1)

A 2.4 **Berechnung der Länge der Strecken [SM_n] in Abhängigkeit von ε**

$$\varepsilon \in [0^\circ; 90^\circ[$$

Sinussatz im Dreieck EM_nS:

$\beta = \sphericalangle EM_nF$

$\beta = 180^\circ - (\varepsilon + \varphi)$

$\beta = 180^\circ - (\varepsilon + 55{,}01^\circ)$

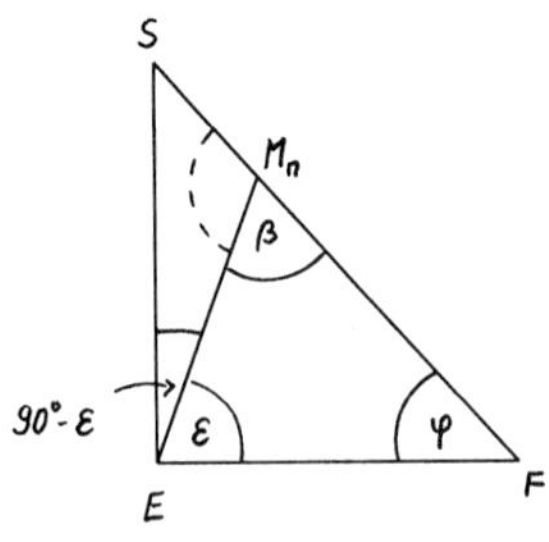

$$\frac{\overline{SM_n}}{\sin(90^\circ - \varepsilon)} = \frac{\overline{ES}}{\sin(180^\circ - \beta)}$$

$$\frac{\overline{SM_n}}{\cos \varepsilon} = \frac{\overline{ES}}{\sin(180^\circ - (180^\circ - (\varepsilon + 55{,}01^\circ)))}$$

$$\frac{\overline{SM_n}}{\cos \varepsilon} = \frac{\overline{ES}}{\sin(\varepsilon + 55{,}01^\circ)}$$

$$\overline{SM_n} = \frac{\overline{ES}}{\sin(\varepsilon + 55{,}01^\circ)} \cdot \cos \varepsilon$$

$$\overline{SM_n}\,(\varepsilon) = \frac{10\,cm}{\sin(\varepsilon + 55{,}01^\circ)} \cdot \cos \varepsilon$$

$$\overline{SM_n}\,(\varepsilon) = \frac{10 \cdot \cos\varepsilon}{\sin(55{,}01^\circ + \varepsilon)}\ cm$$

A 2.5 **Das Trapez DCQ_2P_2 ist ein Rechteck. Berechnen Sie das zugehörige Winkelmaß ε.**

Berechnung von $\overline{P_nQ_n}$ mit dem Vierstreckensatz:

$$\frac{\overline{P_nQ_n}}{\overline{AB}} = \frac{\overline{SM_n}}{\overline{SF}}$$

$$\overline{P_nQ_n} = \overline{SM_n} \cdot \frac{\overline{AB}}{\overline{SF}}$$

$$\overline{P_nQ_n}\,(\varepsilon) = \frac{10 \cdot \cos\varepsilon}{\sin(55{,}01° + \varepsilon)}\,\text{cm} \cdot \frac{16\,\text{cm}}{12{,}21\,\text{cm}}$$

$$\overline{P_nQ_n}\,(\varepsilon) = \frac{13{,}10 \cdot \cos\varepsilon}{\sin(55{,}01° + \varepsilon)}\,\text{cm}$$

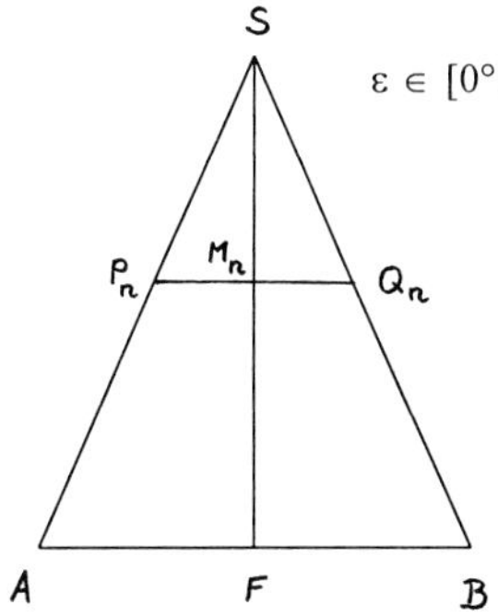

$\varepsilon \in [0°; 90°[$

Für das Rechteck DCQ_2P_2 gilt:

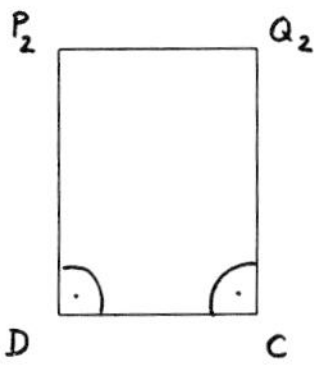

$$\overline{P_2Q_2} = \overline{CD} = 9\text{ cm}$$

$$\overline{P_nQ_n}\,(\varepsilon) = \frac{13{,}10 \cdot \cos\varepsilon}{\sin(55{,}01° + \varepsilon)}\,\text{cm}$$

Gleichsetzen: $\dfrac{13{,}10 \cdot \cos\varepsilon}{\sin(55{,}01° + \varepsilon)} = 9$ $\qquad \varepsilon \in [0°; 90°[$

<=> $13{,}10 \cdot \cos\varepsilon = 9 \cdot \sin(55{,}01° + \varepsilon) \quad | :9$

<=> $1{,}46 \cdot \cos\varepsilon = \sin(55{,}01° + \varepsilon)$

<=> $1{,}46 \cdot \cos\varepsilon = \sin 55{,}01° \cdot \cos\varepsilon + \cos 55{,}01° \cdot \sin\varepsilon$

<=> $1{,}46 \cdot \cos\varepsilon = 0{,}82 \cdot \cos\varepsilon + 0{,}57 \cdot \sin\varepsilon$

<=> $0{,}64 \cdot \cos\varepsilon = 0{,}57 \cdot \sin\varepsilon \quad | : \cos\varepsilon \neq 0$

<=> $\dfrac{\sin\varepsilon}{\cos\varepsilon} = \dfrac{0{,}64}{0{,}57}$

<=> $\tan\varepsilon = 1{,}12$

<=> $\varepsilon = 48{,}31° \quad (\vee\ \varepsilon = 228{,}31°)$

$\mathbb{L} = \{\,48{,}31°\,\}$

A 2.6 **Unter den Höhen $[EM_n]$ der Trapeze DCQ_nP_n hat die Höhe $[EM_o]$ des Trapezes DCQ_oP_o die minimale Länge. Berechnen Sie das zugehörige Winkelmaß ε.**

Für das Trapez DCQ_oP_o
mit der minimalen Länge
für die Höhe $[EM_o]$ gilt:
$[EM_o] \perp [SF]$

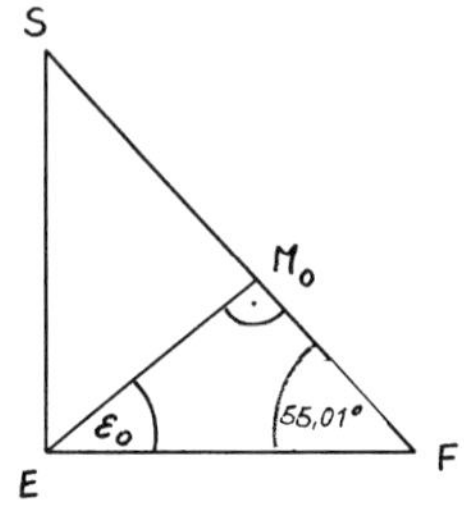

Die minimale Länge ergibt sich für
$\varepsilon + 55{,}01^\circ = 90^\circ$
$\varepsilon = 34{,}99^\circ$

Mit $\overline{P_nQ_n}(\varepsilon) = \dfrac{13{,}10 \cdot \cos\varepsilon}{\sin(55{,}01^\circ + \varepsilon)}$ cm und $\varepsilon = 34{,}99^\circ$ gilt für $\overline{P_oQ_o}$:

$$\overline{P_oQ_o} = \frac{13{,}10 \cdot \cos 34{,}99^\circ}{\sin(55{,}01^\circ + 34{,}99^\circ)} \text{ cm}$$

$$\overline{P_oQ_o} = 10{,}73 \text{ cm}$$

Im rechtwinkligen Dreieck EFM_o gilt:

$$\cos\varepsilon = \frac{\overline{EM_o}}{\overline{EF}}$$

$$\overline{EM_o} = \overline{EF} \cdot \cos\varepsilon$$

$$\overline{EM_o} = 7 \text{ cm} \cdot \cos 34{,}99^\circ \text{ cm}$$

$$\overline{EM_o} = 5{,}73 \text{ cm}$$

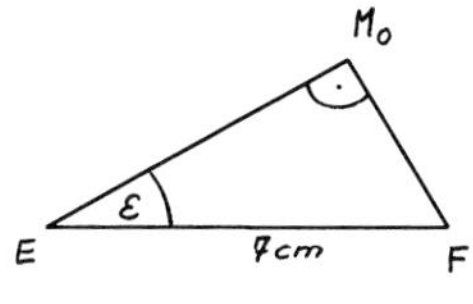

Satz des Pythagoras im Dreieck EM_oS:

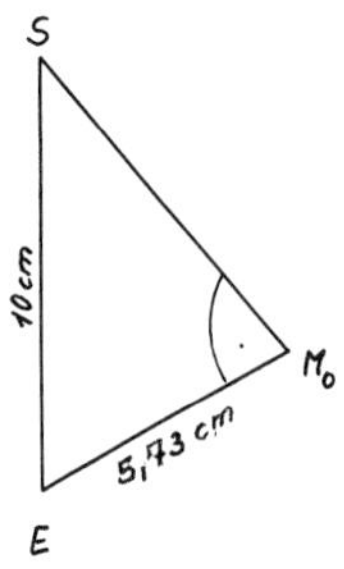

$$\overline{ES}^2 = \overline{EM_o}^2 + \overline{SM_o}^2$$

$$\overline{SM_o}^2 = \overline{ES}^2 - \overline{EM_o}^2$$

$$\overline{SM_o}^2 = (10 \text{ cm})^2 - (5{,}73 \text{ cm})^2$$

$$\overline{SM_o} = 8{,}19 \text{ cm}$$

In welchem Verhältnis wird das das Volumen der Pyramide ABCDS durch die von den Eckpunkten des Trapezes DCQ_oP_o festgelegte Ebene geteilt?

Für das Volumen V der Pyramide ABCDS gilt:

$$V = \frac{1}{3} \cdot A_G \cdot h$$

$$V = \frac{1}{3} \cdot m \cdot h_{Trapez} \cdot h$$

$$V = \frac{1}{3} \cdot \left(\frac{\overline{AB} + \overline{CD}}{2}\right) \cdot \overline{EF} \cdot \overline{ES}$$

$$V = \frac{1}{3} \cdot \left(\frac{16\,cm + 9\,cm}{2}\right) \cdot 7cm \cdot 10\,cm$$

$$V = 291{,}67\ cm^3$$

Für das Volumen V_o der Pyramide DCQ_oP_oS gilt:

$$V_o = \frac{1}{3} \cdot A_G \cdot h$$

$$V_o = \frac{1}{3} \cdot m_o \cdot h_{o,\ Trapez} \cdot h_o$$

$$V_o = \frac{1}{3} \cdot \left(\frac{\overline{P_oQ_o} + \overline{CD}}{2}\right) \cdot \overline{EM_o} \cdot \overline{SM_o}$$

$$V_o = \frac{1}{3} \cdot \left(\frac{10{,}73\,cm + 9\,cm}{2}\right) \cdot 5{,}73cm \cdot 8{,}19\,cm$$

$$V_o = 154{,}32\ cm^3$$

Für die Volumendifferenz gilt: $V - V_o = 291{,}67\ cm^3 - 154{,}32\ cm^3$

$\Delta V = 137{,}35\ cm^3$

Für die Verhältnis gilt: $\frac{\Delta V}{V_o} = \frac{137{,}35}{154{,}32} = 0{,}89 = 89\ \%$

Lösungsmuster Mathematik I 2008 - Aufgabe B1

(Wahlteil)

B 1.0 Gegeben: f mit $y = -\left(\frac{1}{2}\right)^{x+4} + 2$ $\mathbb{G} = \mathbb{R} \times \mathbb{R}$

B 1.1 Definitionsmenge: $\mathbb{D}(x) = \mathbb{R}$
Wertemenge: $\mathbb{W} = \{ y \mid y < 2\}$ $y \in \mathbb{R}$
Gleichung der Asymptote h: $y = 2$

B 1.2 Tabelle:

x	- 7	- 6	- 5	- 4	- 3	- 2	- 1	0	1	2
$-\left(\frac{1}{2}\right)^{x+4} + 2$	- 6	- 2	0	1	1,5	1,75	1,88	1,94	1,97	1,98

Zeichnen des Graphen zu f

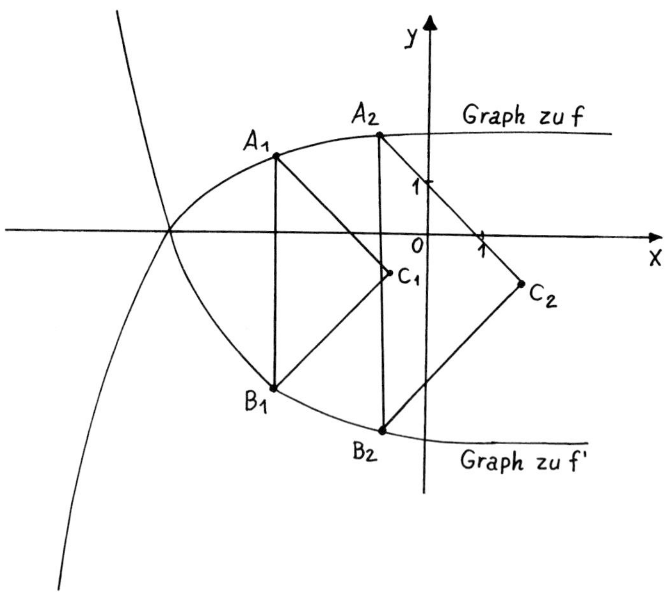

B 1.3 **Abbildung von f durch orthogonale Affinität an der x-Achse mit k = - 2 auf f'**

Der Graph der Funktion f wird durch orthogonale Affinität mit der x-Achse als Affinitätsachse und dem Affinitätsmaßstab k = -2 auf den Graphen der Funktion f ' abgebildet.

$$\begin{pmatrix} x' \\ y' \end{pmatrix} = \begin{pmatrix} 1 & 0 \\ 0 & k \end{pmatrix} \odot \begin{pmatrix} x \\ y \end{pmatrix} \quad \text{mit } y = -\left(\frac{1}{2}\right)^{x+4} + 2$$

$$\begin{pmatrix} x' \\ y' \end{pmatrix} = \begin{pmatrix} 1 & 0 \\ 0 & -2 \end{pmatrix} \odot \begin{pmatrix} x \\ -\left(\frac{1}{2}\right)^{x+4} + 2 \end{pmatrix}$$

$$\Leftrightarrow \quad x' = x \quad \wedge \quad y' = -2 \cdot \left[-\left(\frac{1}{2}\right)^{x+4} + 2 \right] \qquad \mathbb{G} = \mathbb{R} \times \mathbb{R}, \quad x \in \mathbb{R}$$

$$\Leftrightarrow \quad x' = x \quad \wedge \quad y' = \left(\frac{1}{2}\right)^{-1} \cdot \left(\frac{1}{2}\right)^{x+4} - 4$$

Einsetzen: $\Leftrightarrow \quad y' = \left(\frac{1}{2}\right)^{x'+3} - 4$

$$f' \text{ mit } y = \left(\frac{1}{2}\right)^{x+3} - 4 \qquad \mathbb{G} = \mathbb{R} \times \mathbb{R}$$

Einzeichnen des Graphen zu f ' (siehe 1.2)

B 1.4 Einzeichnen der Dreiecke $A_1B_1C_1$ für x = -3 und $A_2B_2C_2$ für x = - 1 (siehe 1.2)

B 1.5 **Berechnung der Streckenlängen $\overline{A_nB_n}$ (x) in Abhängigkeit von der Abszisse x der Punkte A_n und B_n.**

$$\overline{A_nB_n}(x) = \left[-\left(\frac{1}{2}\right)^{x+4} + 2 - \left(\left(\frac{1}{2}\right)^{x+3} - 4 \right) \right] \text{LE} \qquad x > -5;\ x \in \mathbb{R}$$

$$\overline{A_nB_n}(x) = \left[-\left(\frac{1}{2}\right)^{x} \cdot \left(\frac{1}{2}\right)^{4} + 2 - \left(\left(\frac{1}{2}\right)^{x} \cdot \left(\frac{1}{2}\right)^{3} - 4 \right) \right] \text{LE}$$

$$\overline{A_nB_n}\ (x) = \left[-\left(\frac{1}{2}\right)^x \cdot \frac{1}{16} + 2 - \left(\left(\frac{1}{2}\right)^x \cdot \frac{1}{8} - 4\right) \right] \text{LE}$$

$$\overline{A_nB_n}\ (x) = \left[-\left(\frac{1}{2}\right)^x \cdot \frac{1}{16} - \left(\frac{1}{2}\right)^x \cdot \frac{1}{8} + 6 \right] \text{LE}$$

$$\overline{A_nB_n}\ (x) = \left[-\frac{1}{16} \cdot \left(\frac{1}{2}\right)^x - \frac{1}{8} \cdot \left(\frac{1}{2}\right)^x + 6 \right] \text{LE}$$

$$\overline{A_nB_n}\ (x) = \left[-\frac{3}{16} \cdot \left(\frac{1}{2}\right)^x + 6 \right] \text{LE}$$

Berechnung des Flächeninhaltes A der Dreiecke $A_nB_nC_n$ in Abhängigkeit von der Abszisse x der Punkte A_n und B_n

Es gilt beim gleichschenklig-rechtwinkligen Dreieck: $0{,}5\,\overline{A_nB_n} = \overline{D_nC_n}$

Für den Flächeninhalt der Dreiecke gilt: $A = \frac{1}{2} \cdot \overline{A_nB_n} \cdot \overline{D_nC_n}$

$A = \overline{D_nC_n} \cdot \overline{D_nC_n}$ oder

$A = [\frac{1}{2} \cdot \overline{A_nB_n}]^2$

$x > -5;\ x \in \mathbb{R}$

$$A(x) = \left[\frac{1}{2} \cdot \left(-\frac{3}{16} \cdot \left(\frac{1}{2}\right)^x + 6 \right) \right]^2 \text{FE}$$

$$A(x) = \left[-\frac{3}{32} \cdot \left(\frac{1}{2}\right)^x + 3 \right]^2 \text{FE}$$

$$A(x) = \left[-3 \cdot \frac{1}{32} \cdot \left(\frac{1}{2}\right)^x + 3 \right]^2 \text{FE}$$

$$A(x) = \left[-3 \cdot \left(\frac{1}{2}\right)^5 \cdot \left(\frac{1}{2}\right)^x + 3 \right]^2 \text{FE}$$

$$A(x) = \left[-3 \cdot \left(\frac{1}{2}\right)^{x+5} + 3 \right]^2 \text{FE}$$

B 1.6 **Das Dreieck $A_3B_3C_3$ hat den Flächeninhalt 2,25 FE. Berechnen Sie die Koordinaten des Punktes B_3.**

Gleichsetzen: $A(x) = \left[-3 \cdot \left(\frac{1}{2}\right)^{x+5} + 3 \right]^2$ FE

$\wedge\ A = 2{,}25$ FE

$x > -5;\ x \in \mathbb{R}$

$$\left[-3 \cdot \left(\frac{1}{2}\right)^{x+5} + 3 \right]^2 = 2{,}25 \quad | \sqrt{\ }$$

$$\Leftrightarrow \quad -3 \cdot \left(\frac{1}{2}\right)^{x+5} + 3 = 1{,}5 \quad \vee \quad -3 \cdot \left(\frac{1}{2}\right)^{x+5} + 3 = -1{,}5$$

$$\Leftrightarrow \quad -3 \cdot \left(\frac{1}{2}\right)^{x+5} = -1{,}5 \quad \vee \quad -3 \cdot \left(\frac{1}{2}\right)^{x+5} = -4{,}5$$

$$\Leftrightarrow \quad \left(\frac{1}{2}\right)^{x+5} = 0{,}5 \quad \vee \quad \left(\frac{1}{2}\right)^{x+5} = 1{,}5$$

$$\Leftrightarrow \quad x + 5 = \log_{0,5} 0{,}5 \quad \vee \quad x + 5 = \log_{0,5} 1{,}5$$

$$\Leftrightarrow \quad x = -4 \quad (\vee \quad x = -5{,}58)$$

$\mathbb{L} = \{-4\}$

Koordinaten des Punktes B_3: $B_3 \left(-4 \;\middle|\; \left(\frac{1}{2}\right)^{-4+3} - 4 \right)$

$B_3 (-4 \mid -2)$

B 1.7 **Begründen Sie, dass die y-Koordinate der Punkte C_n nicht den Wert - 1 annehmen kann.**

Da die Punkte A_n und B_n dieselbe Abszisse x besitzen, stimmt die y-Koordinate der Punkte C_n mit der y-Koordinate der Mittelpunkte M_n der Hypotenusen $[A_nB_n]$ überein.

x-Koordinate der Mittelpunkte M_n: $x_M = \frac{x + x}{2} = x$

y-Koordinate der Mittelpunkte M_n: $y_M = \frac{y_{A_n} + y_{B_n}}{2}$

$y_M = \frac{y_{A_n} + y_{B_n}}{2}$

$y_M = 0{,}5\,(y_{A_n} + y_{B_n})$

$$y_M = 0{,}5 \left[-\left(\frac{1}{2}\right)^{x+4} + 2 + \left(\left(\frac{1}{2}\right)^{x+3} - 4\right) \right] \qquad x > -5;\ x \in \mathbb{R}$$

$$y_M = 0{,}5 \left[-\left(\frac{1}{2}\right)^{x+4} + \left(\frac{1}{2}\right)^{x+3} - 2 \right]$$

$$y_M = 0{,}5 \left[-\left(\frac{1}{2}\right)^{x} \cdot \left(\frac{1}{2}\right)^{4} + \left(\frac{1}{2}\right)^{x} \cdot \left(\frac{1}{2}\right)^{3} - 2 \right]$$

$$y_M = 0{,}5 \left[-\left(\frac{1}{2}\right)^{x} \cdot \frac{1}{16} + \left(\frac{1}{2}\right)^{x} \cdot \frac{1}{8} - 2 \right]$$

$$y_M = 0{,}5 \left[-\frac{1}{16} \cdot \left(\frac{1}{2}\right)^{x} + \frac{2}{16} \cdot \left(\frac{1}{2}\right)^{x} - 2 \right]$$

$$y_M = 0{,}5 \left[\frac{1}{16} \cdot \left(\frac{1}{2}\right)^{x} - 2 \right]$$

$$y_M = \frac{1}{32} \cdot \left(\frac{1}{2}\right)^{x} - 1$$

$$y_M = \left(\frac{1}{2}\right)^{5} \cdot \left(\frac{1}{2}\right)^{x} - 1$$

$$y_M = \left(\frac{1}{2}\right)^{x+5} - 1$$

Gleichsetzen: $\left(\frac{1}{2}\right)^{x+5} - 1 = -1 \qquad x > -5;\ x \in \mathbb{R}$

$$\Longleftrightarrow \quad \left(\frac{1}{2}\right)^{x+5} = 0$$

$$\Longleftrightarrow \quad x + 5 = \log_{\frac{1}{2}} 0$$

$$\mathbb{L} = \emptyset$$

B 2.1 Zeichnen des Schrägbildes der Pyramide ABCDS

Es gilt: $\overline{AC} = 14$ cm
$\overline{BD} = 10$ cm
$\overline{MS} = 5$ cm

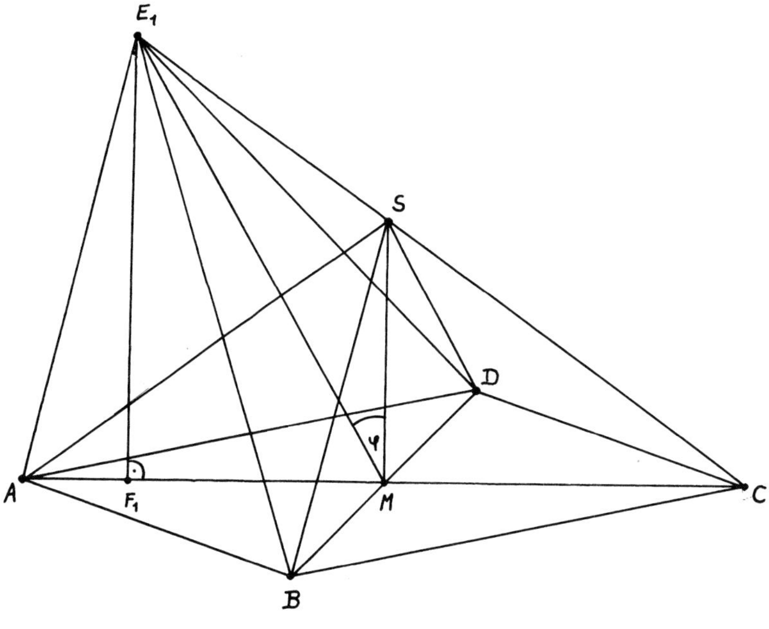

B 2.2 Einzeichnen der Pyramide $ABCDE_1$ für $\varphi = 30°$ und der Höhe $[E_1F_1]$ (siehe 2.1)

Für alle Pyramiden $ABCDE_n$ gilt: $\varphi \in]0°;54{,}46°[$.

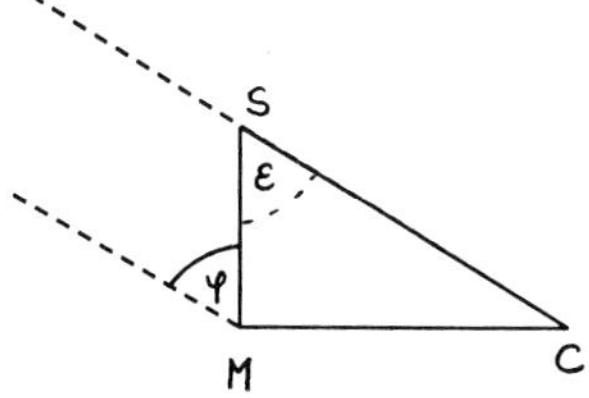

Begründung für die obere Intervallgrenze:

Wäre φ genauso groß wie das Maß des Winkels MSC, so würde man eine Parallele zur Geraden CS erhalten!

$\varepsilon = \sphericalangle MSC$

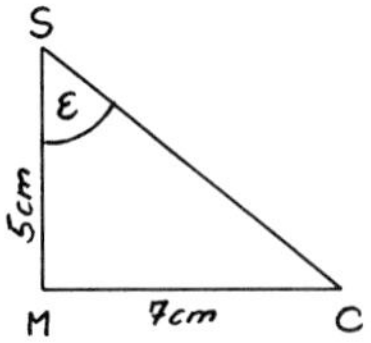

$\tan\varepsilon = \frac{\overline{MC}}{\overline{MS}}$ $\qquad \varepsilon \in]0^\circ; 90^\circ[$

$\tan\varepsilon = \frac{7\,cm}{5\,cm}$

$\tan\varepsilon = 1{,}4$

$\varepsilon = 54{,}46^\circ$

Für die Winkel SME_n gilt: $\varphi < 54{,}46^\circ$

B 2.3 **Berechnung der Länge der Strecken $[ME_n]$ in Abhängigkeit von φ**

$\varphi \in [0^\circ; 54{,}46^\circ[$

$\sphericalangle E_nSM = 180^\circ - \varepsilon = 125{,}54^\circ$

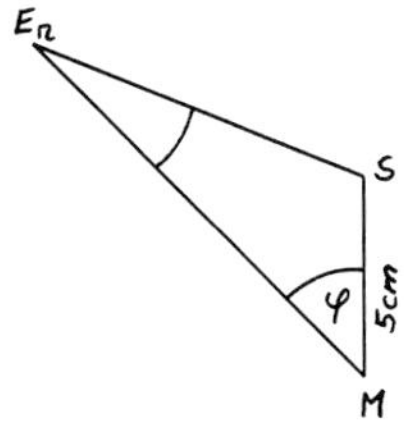

$$\frac{\overline{ME_n}}{\sin 125{,}54^\circ} = \frac{\overline{MS}}{\sin(180^\circ - (125{,}54^\circ + \varphi))}$$

$$\overline{ME_n} = \frac{\overline{MS}}{\sin(125{,}54^\circ + \varphi)} \cdot \sin 125{,}54^\circ$$

$$\overline{ME_n}(\varphi) = \frac{5\,cm}{\sin(125{,}54^\circ + \varphi)} \cdot \sin 125{,}54^\circ$$

$$\overline{ME_n}(\varphi) = \frac{4{,}07}{\sin(125{,}54^\circ + \varphi)}\ cm$$

B 2.4 **Berechnung der Länge der Höhen $[E_nF_n]$ der Pyramiden $ABCDE_n$ in Abhängigkeit von φ.**

$\varphi \in]0^\circ; 54{,}46^\circ[$

$$\sin(90^\circ - \varphi) = \frac{\overline{E_nF_n}(\varphi)}{\overline{ME_n}(\varphi)}$$

$$\overline{E_nF_n}(\varphi) = \overline{ME_n}(\varphi) \cdot \sin(90^\circ - \varphi)$$

$$\overline{E_nF_n}(\varphi) = \overline{ME_n}(\varphi) \cdot \cos\varphi$$

$$\overline{E_nF_n}(\varphi) = \frac{4{,}07}{\sin(125{,}54^\circ + \varphi)}\ cm \cdot \cos\varphi$$

$$\overline{E_nF_n}(\varphi) = \frac{4{,}07 \cdot \cos\varphi}{\sin(125{,}54^\circ + \varphi)}\ cm$$

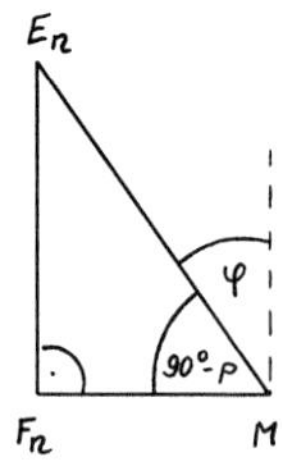

Ermittlung des Volumens V der Pyramiden $ABCDE_n$ in Abhängigkeit von φ

Für das Volumen gilt:

$$\varphi \in\ ]0°; 54{,}46°[$$

$$V = \frac{1}{3} \cdot A_G \cdot h$$

$$V(\varphi) = \frac{1}{3} \cdot \left(\frac{1}{2} \cdot \overline{AC} \cdot \overline{BD} \right) \cdot \overline{E_nF_n}(\varphi)$$

$$V(\varphi) = \frac{1}{3} \cdot \left(\frac{1}{2} \cdot (14\text{ cm} \cdot 10\text{ cm}) \right) \cdot \frac{4{,}07 \cdot \cos\varphi}{\sin(125{,}54° + \varphi)}\text{ cm}$$

$$V(\varphi) = \frac{1}{3} \cdot 70\text{ cm}^2 \cdot \frac{4{,}07 \cdot \cos\varphi}{\sin(125{,}54° + \varphi)}\text{ cm}$$

$$V(\varphi) = \frac{94{,}97 \cdot \cos\varphi}{\sin(125{,}54° + \varphi)}\text{ cm}^3$$

B 2.5 **Die Pyramide $ABCDE_2$ hat das Volumen 210 cm³.**
Berechnung des zugehörigen Winkelmaßes φ.

Gleichsetzen: $V = 210\text{ cm}^3 \wedge V(\varphi) = \frac{94{,}97 \cdot \cos\varphi}{\sin(125{,}54° + \varphi)}\text{ cm}^3$

$$\varphi \in\ ]0°; 54{,}46°[$$

$$\frac{94{,}97 \cdot \cos\varphi}{\sin(125{,}54° + \varphi)} = 210$$

<=> $94{,}97 \cdot \cos\varphi = 210 \cdot \sin(125{,}54° + \varphi) \quad | :210$

<=> $0{,}45 \cdot \cos\varphi = \sin(125{,}54° + \varphi)$

<=> $0{,}45 \cdot \cos\varphi = \sin 125{,}54° \cdot \cos\varphi + \cos 125{,}54° \cdot \sin\varphi$

<=> $0{,}45 \cdot \cos\varphi = 0{,}81 \cdot \cos\varphi - 0{,}58 \cdot \sin\varphi$

<=> $0{,}58 \cdot \sin\varphi = 0{,}81 \cdot \cos\varphi - 0{,}45 \cdot \cos\varphi$

<=> $0{,}58 \cdot \sin\varphi = 0{,}36 \cdot \cos\varphi \ | : \cos\varphi \neq 0$

<=> $\frac{\sin\varphi}{\cos\varphi} = \frac{0{,}36}{0{,}58}$

<=> $\tan\varphi = 0{,}62$

<=> $\varphi = 31{,}80° \quad (\vee\ \varphi = 211{,}80°)$

$$\mathbb{L} = \{ 31{,}80° \}$$

B 2.6 **Die Spitze E_0 der Pyramide $ABCDE_0$ liegt senkrecht über dem Punkt A. Berechnung des Maßes φ des Winkels SME_0**

$\varphi \in [25{,}91° ; 145{,}91°[$

Im rechtwinkligen Dreieck ACE_0 gilt:

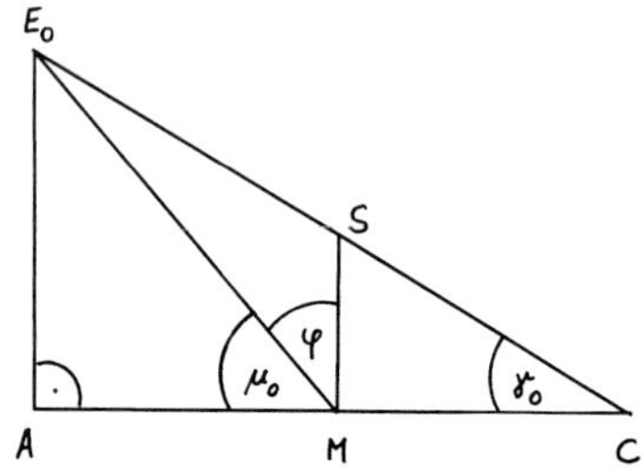

$$\tan \gamma_0 = \frac{\overline{AE_0}}{\overline{AC}}$$

$$\overline{AE_0} = \overline{AC} \cdot \tan \gamma_0$$

$$\overline{AE_0} = 14\text{ cm} \cdot \sin 35{,}54°\text{ cm}$$

$$\overline{AE_0} = 10{,}00\text{ cm}$$

Im rechtwinkligen Dreieck AME_0 gilt:

$\mu_0 \in]55{,}01°; 90°[$

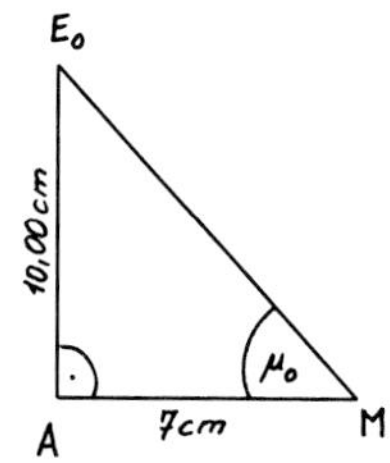

$$\tan \mu_0 = \frac{\overline{AE_0}}{\overline{AM}}$$

$$\tan \mu_0 = \frac{10{,}00\text{ cm}}{7\text{ cm}} \quad (= 0{,}1{,}43)$$

$$\mu_0 = 55{,}01°$$

Es gilt: $\mu_0 = \sphericalangle E_0MA = 55{,}01°$
$\varphi = \sphericalangle AE_0M$

$$\varphi = 90° - \mu_0$$

$$\varphi = 90° - 55{,}01°$$

$$\varphi = 34{,}99°$$

Lösungsmuster Mathematik I 2007 - Aufgabe P1

(Pflichtteil)

P 1.0 Autoverkauf

P 1.1 **Ermittlung der Funktionsgleichung für den Restwert y € nach x Jahren**

Neupreis:	42500 €
Verkaufspreis:	5823 €
Zeitdauer:	x Jahre
Jährlicher Wertverlust:	22 % des Restwertes
Einsetzen in:	f mit $y = y_o \cdot \left(1 - \frac{p}{100}\right)^x$
Funktionsgleichung:	f mit $y = 42500 \cdot \left(1 - \frac{22}{100}\right)^x$ $\quad \mathbb{G} = \mathbb{R} \times \mathbb{R}$

Wie alt ist das Auto beim Verkauf?

Gleichsetzen: $y = 42500 \cdot \left(1 - \frac{22}{100}\right)^x \wedge y = 5823$

$$42500 \cdot \left(1 - \frac{22}{100}\right)^x = 5823 \qquad \mathbb{G} = \mathbb{R}$$

$$\Leftrightarrow \left(1 - \frac{22}{100}\right)^x = \frac{5823}{42500}$$

$$\Leftrightarrow \left(\frac{78}{100}\right)^x = \frac{5823}{42500}$$

$$\Leftrightarrow 0{,}78^x = \frac{5823}{42500}$$

$$\Leftrightarrow x = \log_{0,78}\left(\frac{5823}{42500}\right)$$

$$\Leftrightarrow x = 8$$

$$\mathbb{L} = \{8\}$$

Das Auto ist beim Verkauf 8 Jahre alt.

P 1.2 **Wie viel Prozent des Neuwertes hat das Auto nach 3 Jahren verloren?**

Prozentverlust: $PV = 1 - \left(1 - \frac{22}{100}\right)^3 = 1 - 0{,}78^3 = 0{,}53$

Nach drei Jahren hat das Auto 53% des Neuwertes verloren.

Lösungsmuster Mathematik I 2007 - Aufgabe P2

(Pflichtteil)

P 2.1 **Zeigen Sie, dass für die Höhe der Pyramide gilt: $\overline{MS} = 6\sqrt{3}$ cm?**

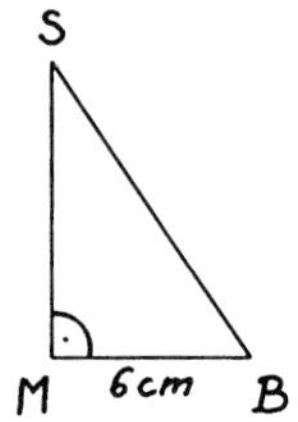

$\tan\varepsilon = \dfrac{\overline{MS}}{\overline{MB}}$ $\varepsilon \in \,]0°;90°[$

$\overline{MS} = \overline{MB} \cdot \tan\varepsilon$

$\overline{MS} = 6\text{ cm} \cdot \tan 60°$

$\overline{MS} = 6\sqrt{3}\text{ cm}$

P 2.2 Zeichnen der Pyramide AB_1CP_1 für $\varphi = 20°$ (siehe 2.0)

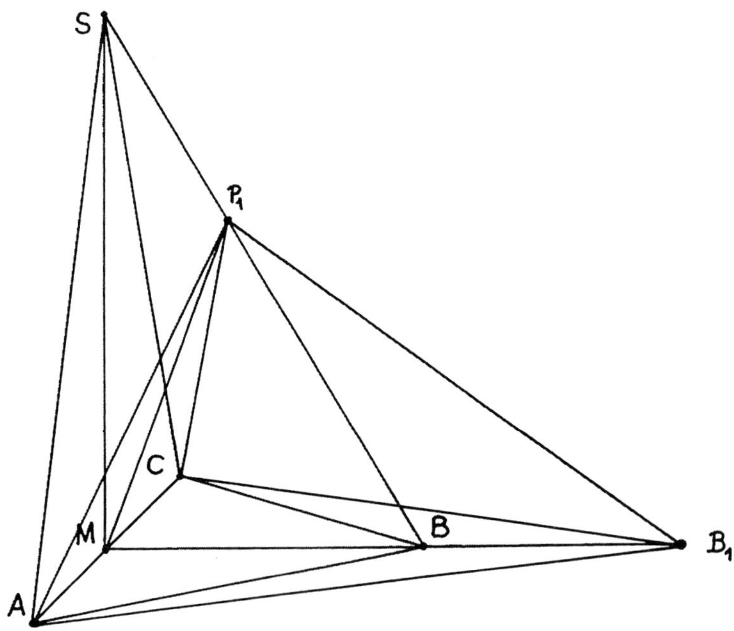

P 2.3 **Berechnung des Intervalls für x**

Satz des Pythagoras im Dreieck MBS:

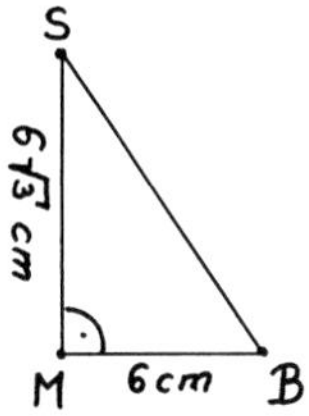

$$\overline{BS}^2 = \overline{MB}^2 + \overline{MS}^2$$

$$\overline{BS} = \sqrt{6^2 + (6\sqrt{3})^2}\ \text{cm}$$

$$\overline{BS} = \sqrt{144}\ \text{cm}$$

$$\overline{BS} = 12\ \text{cm}$$

Intervall: $x \in [\,6\,; 6 + 12\,[$

$x \in [\,6\,; 18\,[$

P 2.4 **Berechnung der Streckenlänge $\overline{P_nS}$ (φ) in Abhängigkeit von φ.**

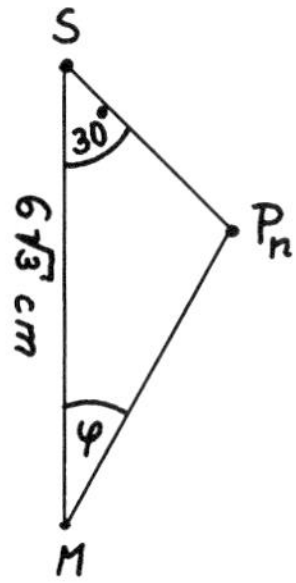

$\varphi \in [0°; 90°\,[$

$$\frac{\overline{P_nS}}{\sin\varphi} = \frac{\overline{MS}}{\sin(180^\circ - (\varphi + 30^\circ))}$$

$$\overline{P_nS} = \frac{\overline{MS}}{\sin(\varphi + 30^\circ)} \cdot \sin\varphi$$

$$\overline{P_nS}\ (\varphi) = \frac{6\sqrt{3}\ \text{cm}}{\sin\ (\varphi+30^\circ)} \cdot \sin\varphi$$

$$\overline{P_nS}\ (\varphi) = \frac{6\sqrt{3}\ \cdot \sin\varphi}{\sin\ (\varphi+30^\circ)}\ \text{cm}$$

P 2.5 **Ermitteln des Flächeninhalts der Grundfläche der Pyramide**

Flächeninhalt des Dreiecks AB_2C: $A = \frac{1}{2} \cdot \overline{AC} \cdot \overline{MB_n}$ $\qquad \varphi \in [0°; 90°\,[$

$$A(\varphi) = \frac{1}{2} \cdot 8\ \text{cm} \cdot \left(6 + \frac{6\sqrt{3}\ \cdot \sin\varphi}{\sin\ (\varphi+30^\circ)}\right)\text{cm}$$

$$A(\varphi) = 4 \cdot \left(6 + \frac{6\sqrt{3}\ \cdot \sin\varphi}{\sin\ (\varphi+30^\circ)}\right)\text{cm}^2$$

A 1.6 **Berechnung der Zeit, nach welcher beide Personen die gleiche Masse Farbstoff in der Bauchspeicheldrüse haben.**

1. Person (aus 1.1) $y = 0,50 \cdot \left(1 - \frac{4}{100}\right)^x$ $\mathbb{G} = \mathbb{R}_0^+ \times \mathbb{R}^+$

2. Person (aus (1.5) $y = 0,30 \cdot \left(1 - \frac{2}{100}\right)^x$ $\mathbb{G} = \mathbb{R}_0^+ \times \mathbb{R}^+$

Gleichsetzen: $0,50 \cdot \left(1 - \frac{4}{100}\right)^x = 0,30 \cdot \left(1 - \frac{2}{100}\right)^x$

$\Leftrightarrow \quad 0,50 \cdot 0,96^x = 0,30 \cdot 0,98^x$

$\Leftrightarrow \quad \frac{0,96^x}{0,98^x} = \frac{0,30}{0,50}$

$\Leftrightarrow \quad \left(\frac{0,96}{0,98}\right)^x = 0,6$

$\Leftrightarrow \quad x = \log_{\frac{0,96}{0,98}}(0,6)$

$\Leftrightarrow \quad x = \log_{0,98}(0,6)$

$\Leftrightarrow \quad x = 25$ $\mathbb{L} = \{25\}$

Nach 25 Minuten haben die beiden Personen die gleiche Menge Farbstoff in ihrer Bauchspeicheldrüse.

P 2.3 **Berechnung des Intervalls für x**

Satz des Pythagoras im Dreieck MBS:

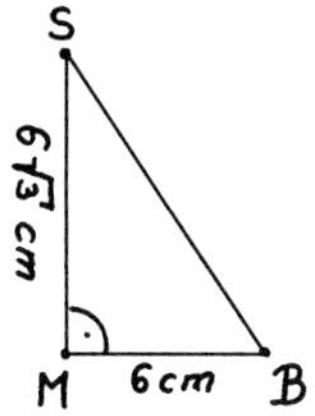

$$\overline{BS}^2 = \overline{MB}^2 + \overline{MS}^2$$
$$\overline{BS} = \sqrt{6^2 + (6\sqrt{3})^2}\ \text{cm}$$
$$\overline{BS} = \sqrt{144}\ \text{cm}$$
$$\overline{BS} = 12\ \text{cm}$$

Intervall: $x \in [\,6\,;\,6 + 12\,[$

$x \in [\,6\,;\,18\,[$

P 2.4 **Berechnung der Streckenlänge $\overline{P_nS}$ (φ) in Abhängigkeit von φ.**

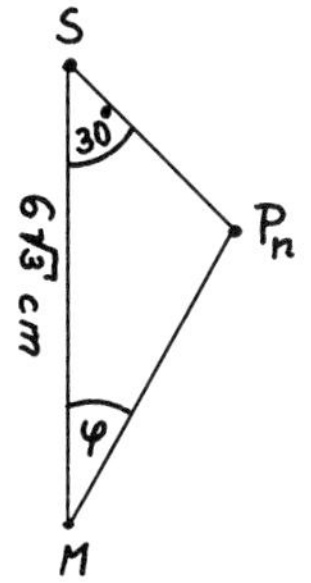

$\varphi \in [0°; 90°\,[$

$$\frac{\overline{P_nS}}{\sin\varphi} = \frac{\overline{MS}}{\sin(180^o - (\varphi + 30°))}$$

$$\overline{P_nS} = \frac{\overline{MS}}{\sin(\varphi + 30°)} \cdot \sin\varphi$$

$$\overline{P_nS}\ (\varphi) = \frac{6\sqrt{3}\ \text{cm}}{\sin\ (\varphi + 30°)} \cdot \sin\varphi$$

$$\overline{P_nS}\ (\varphi) = \frac{6\sqrt{3}\ \cdot \sin\varphi}{\sin\ (\varphi + 30°)}\ \text{cm}$$

P 2.5 **Ermitteln des Flächeninhalts der Grundfläche der Pyramide**

Flächeninhalt des Dreiecks AB_2C: $A = \frac{1}{2} \cdot \overline{AC} \cdot \overline{MB_n}$ $\qquad \varphi \in [0°; 90°\,[$

$$A(\varphi) = \frac{1}{2} \cdot 8\ \text{cm} \cdot \left(6 + \frac{6\sqrt{3}\ \cdot \sin\varphi}{\sin\ (\varphi + 30°)}\right)\text{cm}$$

$$A(\varphi) = 4 \cdot \left(6 + \frac{6\sqrt{3}\ \cdot \sin\varphi}{\sin\ (\varphi + 30°)}\right)\text{cm}^2$$

Ermitteln Sie das Maß φ, so dass die Grundfläche der Pyramide einen Flächeninhalt von 50 cm² hat.

Gleichsetzen: $A = 50\ cm^2 \wedge A(\varphi) = 4 \cdot \left(6 + \dfrac{6\sqrt{3} \cdot \sin\varphi}{\sin(\varphi + 30°)}\right) cm^2$

$\varphi \in [0°; 90°[$

$$4 \cdot \left(6 + \frac{6\sqrt{3} \cdot \sin\varphi}{\sin(\varphi + 30°)}\right) = 50$$

$$\Leftrightarrow \quad 6 + \frac{6\sqrt{3} \cdot \sin\varphi}{\sin(\varphi + 30°)} = 12{,}5$$

$$\Leftrightarrow \quad \frac{6\sqrt{3} \cdot \sin\varphi}{\sin(\varphi + 30°)} = 6{,}5$$

$$\Leftrightarrow \quad 6\sqrt{3} \cdot \sin\varphi = 6{,}5 \cdot \sin(\varphi + 30°) \quad |: 6{,}5$$

$$\Leftrightarrow \quad \frac{6\sqrt{3}}{6{,}5} \cdot \sin\varphi = \sin(\varphi + 30°)$$

$$\Leftrightarrow \quad \frac{6\sqrt{3}}{6{,}5} \cdot \sin\varphi = \sin\varphi \cdot \cos 30° + \cos\varphi \cdot \sin 30°$$

$$\Leftrightarrow \quad \frac{6\sqrt{3}}{6{,}5} \cdot \sin\varphi - 0{,}5\sqrt{3} \cdot \sin\varphi = 0{,}5 \cdot \cos\varphi$$

$$\Leftrightarrow \quad \left(\frac{6\sqrt{3}}{6{,}5} - 0{,}5\sqrt{3}\right) \cdot \sin\varphi = 0{,}5 \cdot \cos\varphi$$

$$\Leftrightarrow \quad 0{,}73 \cdot \sin\varphi = 0{,}5 \cdot \cos\varphi \quad |: \cos\varphi \neq 0$$

$$\Leftrightarrow \quad \frac{\sin\varphi}{\cos\varphi} = \frac{0{,}5}{0{,}73}$$

$$\Leftrightarrow \quad \tan\varphi = 0{,}68$$

$$\Leftrightarrow \quad \varphi = 34{,}31° \quad (\vee\ \varphi = 214{,}31°)$$

$$\mathbb{L} = \{34{,}31°\}$$

Lösungsmuster Mathematik I 2007 - Aufgabe P3

(Pflichtteil)

P 3.1 Einzeichnen des Dreiecks $A_2B_2C_2$ für x = 4 (siehe P 3.0)

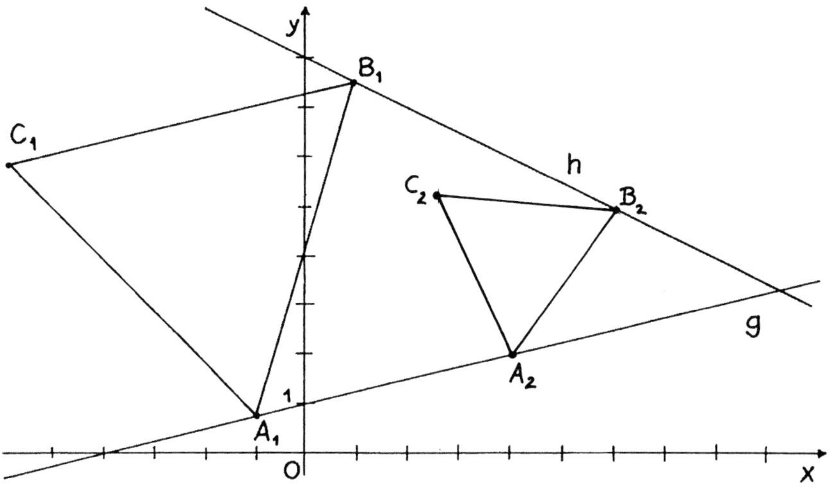

P 3.2 **Ermitteln Sie rechnerisch die Koordinaten der Punkte C_n in Abhängigkeit von der Abszisse x der Punkte A_n.**

$$\overrightarrow{A_nB_n} \xmapsto{A_n;\ \alpha = 60^o} \overrightarrow{A_nC_n}$$

B_n (x' | - 0,5 x' + 8) mit x' = x + 2 gilt:

B_n (x + 2 | - 0,5 (x + 2) + 8)

B_n (x + 2 | - 0,5 x -1 + 8)

B_n (x + 2 | - 0,5 x + 7)

Mit A_n (x | 0,25 x + 1) und B_n (x + 2 | - 0,5 x + 7) gilt für die Koordinaten der Pfeile $\overrightarrow{A_nB_n}$:

$$\overrightarrow{A_nB_n} = \begin{pmatrix} x + 2 - x \\ -0{,}5x + 7 - (0{,}25\,x + 1) \end{pmatrix}$$

$$\overrightarrow{A_nB_n} = \begin{pmatrix} 2 \\ -0{,}75x + 6 \end{pmatrix}$$

Abbildungsgleichung:

$\mathbb{G} = \mathbb{R} \times \mathbb{R}\,;\ x \in \mathbb{R}$

$$\Leftrightarrow \quad \begin{pmatrix} x' \\ y' \end{pmatrix} = \begin{pmatrix} \cos 60^\circ & -\sin 60^\circ \\ \sin 60^\circ & \cos 60^\circ \end{pmatrix} \odot \begin{pmatrix} 2 \\ -0{,}75x + 6 \end{pmatrix}$$

$$\Leftrightarrow \quad \begin{pmatrix} x' \\ y' \end{pmatrix} = \begin{pmatrix} 0{,}5 & -0{,}5\sqrt{3} \\ 0{,}5\sqrt{3} & 0{,}5 \end{pmatrix} \odot \begin{pmatrix} 2 \\ -0{,}75x + 6 \end{pmatrix}$$

$$\Leftrightarrow \quad \begin{array}{|l} x' = 0{,}5 \cdot 2 + (-0{,}5\sqrt{3}) \cdot (-0{,}75\,x + 6) \\ \wedge\ y' = 0{,}5\sqrt{3} \cdot 2 + 0{,}5 \cdot (-0{,}75\,x + 6) \end{array}$$

$$\Leftrightarrow \quad \begin{array}{|l} x' = 1 + 0{,}375\sqrt{3}\,x - 3\sqrt{3} \\ \wedge\ y' = \sqrt{3} - 0{,}375\,x + 3 \end{array}$$

$$\Leftrightarrow \quad \begin{array}{|l} x' = 0{,}65 \cdot x - 4{,}20 \\ \wedge\ y' = -0{,}375\,x + 4{,}73 \end{array}$$

$$\overrightarrow{A_nC_n} = \begin{pmatrix} 0{,}65\,x - 4{,}20 \\ -0{,}375x + 4{,}73 \end{pmatrix}$$

Lösung mit einer Pfeilkette:

$$\overrightarrow{OC_n} = \overrightarrow{OA_n} \oplus \overrightarrow{A_nC_n}$$

$$\overrightarrow{OC_n} = \begin{pmatrix} x \\ 0{,}25x + 1 \end{pmatrix} \oplus \begin{pmatrix} 0{,}65\,x - 4{,}20 \\ -0{,}375x + 4{,}73 \end{pmatrix}$$

$$\overrightarrow{OC_n} = \begin{pmatrix} 1{,}65x - 4{,}20 \\ -0{,}125x + 5{,}73 \end{pmatrix}$$

Koordinaten der Punkte C_n: C_n (1,65 x - 4,20 | - 0,125x + 5,73)

Lösungsmuster Mathematik I 2007 - Aufgabe A1

(Wahlteil)

A 1.0 Abbau eines Farbstoffes in der Bauchspeicheldrüse

Verabreichter Farbstoff:	a g
Noch vorhandener Farbstoff:	y g
Zeitdauer:	x min
Ausscheidungsrate:	p %

Funktionsgleichung: $y = a \cdot \left(1 - \frac{p}{100}\right)^x$

A 1.1 **Ermittlung der Funktionsgleichung**

Verabreichter Farbstoff:	0,50 g
Noch vorhandener Farbstoff:	0,50 g - 0,40 g = 0,10 g
Zeitdauer:	40 min
Ausscheidungsrate:	p % = ?

Einsetzen: $y = a \cdot \left(1 - \frac{p}{100}\right)^x$ $\quad p \in]0\,;100[\,;\, p \in \mathbb{R}$

$0{,}10 = 0{,}50 \cdot \left(1 - \frac{p}{100}\right)^{40}$

<=> $0{,}2 = \left(1 - \frac{p}{100}\right)^{40}$

<=> $\pm \sqrt[40]{0{,}2} = 1 - \frac{p}{100}$

<=> $\frac{p}{100} = 1 \pm \sqrt[40]{0{,}2}$ $\quad | \cdot 100$

<=> $p = 100 \cdot (1 \pm \sqrt[40]{0{,}2})$

<=> $p = 100 \cdot (1 \pm 0{,}96)$

<=> $p = 4{,}00 \quad (\vee\ p = 196)$

$\mathbb{L} = \{4\}$

Funktionsgleichung: f_1 mit $y = 0{,}50 \cdot \left(1 - \frac{4}{100}\right)^x$ $\qquad \mathbb{G} = \mathbb{R}_0^+ \times \mathbb{R}^+$

A 1.2 Tabelle:

x	0	10	20	30	40	50	60	70	80
$0{,}50 \cdot \left(1 - \frac{4}{100}\right)^x$	0,50	0,33	0,22	0,15	0,10	0,06	0,04	0,03	0,02

Einzeichnen des Graphen zu f_1

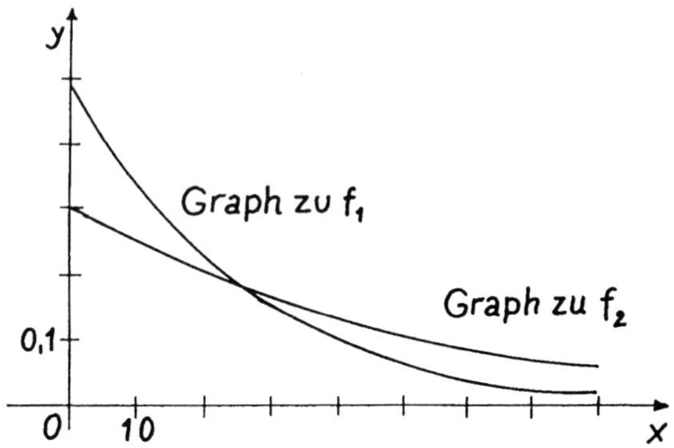

A 1.3 **Berechnung der ausgeschiedenen Masse**

Verabreichter Farbstoff:	0,80 g
Zeitdauer:	50 min
Ausscheidungsrate:	p = 4

Einsetzen: $$y = 0{,}80 \cdot \left(1 - \frac{4}{100}\right)^{50}$$ $\mathbb{G} = \mathbb{R}^+$

$$y = 0{,}10$$

Nach 50 Minuten sind noch 0,10 g Farbstoff vorhanden,
d.h. es wurden 0,80 g – 0,10 g = 0,70 g ausgeschieden.

A 1.4 **Berechnung der Zeit, nach der 75% des Farbstoffes ausgeschieden sind.**

Verabreichter Farbstoff:	100 % von a:	1 a
Noch vorhandener Farbstoff:	25% von a:	0,25 a
Zeitdauer:	x = ?	
Ausscheidungsrate:	p = 4	

$$y = a \cdot \left(1 - \frac{p}{100}\right)^x$$

Einsetzen: $0{,}25\, a = a \cdot \left(1 - \frac{4}{100}\right)^x$ $\mathbb{G} = \mathbb{R}_0^+$

$$\Leftrightarrow \quad 0{,}25 = \left(1 - \frac{4}{100}\right)^x$$

$$\Leftrightarrow \quad 0{,}25 = 0{,}96^{\,x}$$

$$\Leftrightarrow \quad x = \log_{0{,}96}(0{,}25)$$

$$\Leftrightarrow \quad x = 34$$

$$\mathbb{L} = \{34\}$$

Nach 34 Minuten sollten bei einem gesunden Menschen 75 % des verabreichten Farbstoffes wieder ausgeschieden sein.

A 1.5 **Ermittlung der Funktionsgleichung f_2**

Verabreichter Farbstoff:	0,30 g
Noch vorhandener Farbstoff:	0,18 g
Zeitdauer:	25 min
Ausscheidungsrate:	p % = ?

Einsetzen: $y = a \cdot \left(1 - \frac{p}{100}\right)^x$ $p \in \,]0\,;100[\,;\ p \in \mathbb{R}$

$$0{,}18 = 0{,}30 \cdot \left(1 - \frac{p}{100}\right)^{25}$$

$$\Leftrightarrow \quad 0{,}6 = \left(1 - \frac{p}{100}\right)^{25}$$

$$\Leftrightarrow \quad 0{,}98 = 1 - \frac{p}{100}$$

$$\Leftrightarrow \quad \frac{p}{100} = 1 - 0{,}98$$

$$\Leftrightarrow \quad \frac{p}{100} = 0{,}02 \qquad | \cdot 100$$

$$\Leftrightarrow \quad p = 2$$

$$\mathbb{L} = \{2\}$$

Funktionsgleichung: f_2 mit $y = 0{,}30 \cdot \left(1 - \frac{2}{100}\right)^x$ $\mathbb{G} = \mathbb{R}_0^+ \times \mathbb{R}^+$

A 1.6 **Berechnung der Zeit, nach welcher beide Personen die gleiche Masse Farbstoff in der Bauchspeicheldrüse haben.**

1. Person (aus 1.1) $y = 0{,}50 \cdot \left(1 - \frac{4}{100}\right)^x$ $\mathbb{G} = \mathbb{R}_0^+ \times \mathbb{R}^+$

2. Person (aus (1.5) $y = 0{,}30 \cdot \left(1 - \frac{2}{100}\right)^x$ $\mathbb{G} = \mathbb{R}_0^+ \times \mathbb{R}^+$

Gleichsetzen: $0{,}50 \cdot \left(1 - \frac{4}{100}\right)^x = 0{,}30 \cdot \left(1 - \frac{2}{100}\right)^x$

<=> $0{,}50 \cdot 0{,}96^x = 0{,}30 \cdot 0{,}98^x$

<=> $\frac{0{,}96^x}{0{,}98^x} = \frac{0{,}30}{0{,}50}$

<=> $\left(\frac{0{,}96}{0{,}98}\right)^x = 0{,}6$

<=> $x = \log_{\frac{0{,}96}{0{,}98}} (0{,}6)$

<=> $x = \log_{0{,}98} (0{,}6)$

<=> $x = 25$ $\mathbb{L} = \{25\}$

Nach 25 Minuten haben die beiden Personen die gleiche Menge Farbstoff in ihrer Bauchspeicheldrüse.

Lösungsmuster Mathematik I 2007 - Aufgabe A2

(Wahlteil)

A 2.1 Einzeichnen der Geraden g sowie der Drachenvierecke $AB_1C_1D_1$ und $AB_2C_2D_2$

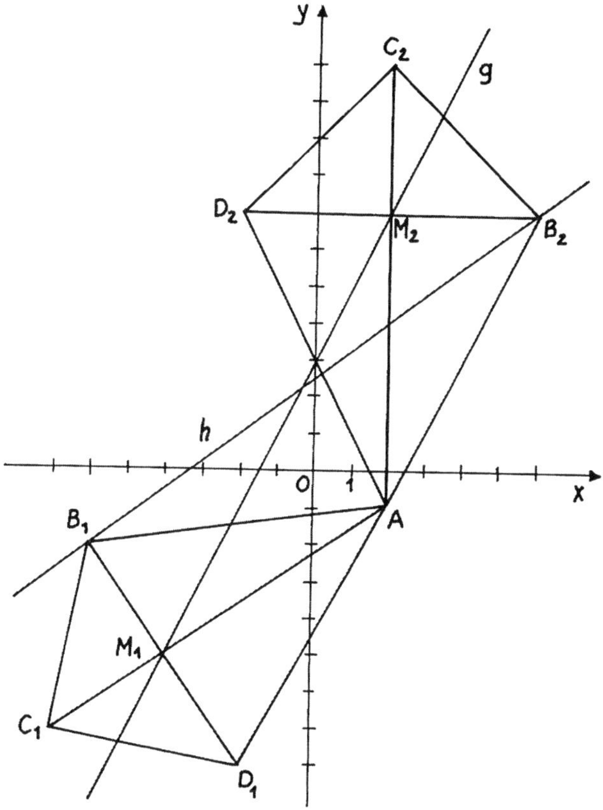

A 2.2 **Berechnung des Winkels $\alpha = \sphericalangle B_nAD_n$ im rechtwinkligen Dreieck B_nM_nA.**

$\overline{AM_n} : \overline{M_nC_n} = 2 : 1$

Die Dreiecks sind rechtwinklig und gleichschenklig: $\overline{M_nC_n} = \overline{M_nB_n}$

$\overline{M_nB_n} : \overline{AM_n} = 1 : 2$

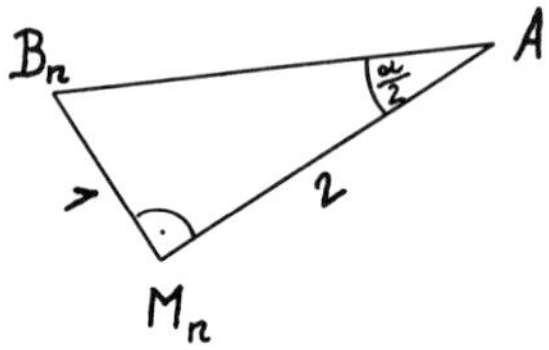

$$\tan\frac{\alpha}{2} = \frac{\overline{B_nM_n}}{\overline{AM_n}} \qquad \alpha \in \left]0^\circ; 180^\circ\right[$$

$$\tan\frac{\alpha}{2} = \frac{1}{2}$$

$$\frac{\alpha}{2} = 26{,}565^\circ$$

$$\alpha = 53{,}13^\circ$$

A 2.3 **Abbildung der Pfeile $\overrightarrow{M_nA}$ durch Drehung um M_n mit dem Drehwinkel $\alpha = 90^\circ$ auf die Pfeile $\overrightarrow{M_nA^*}$.**

$$\overrightarrow{M_nA} \xrightarrow{M_n;\ \alpha = 90^\circ} \overrightarrow{M_nA^*}$$

Mit $M_n\,(x \mid 2x + 3)$ und $A\,(2 \mid -1)$ gilt für die Koordinaten der Pfeile $\overrightarrow{M_nA}$

$$\overrightarrow{M_nA} = \begin{pmatrix} 2 - x \\ -1 - (2x + 3) \end{pmatrix}$$

$$\overrightarrow{M_nA} = \begin{pmatrix} 2 - x \\ -2x - 4 \end{pmatrix}$$

$$\overrightarrow{AM_n^*} = \begin{pmatrix} \cos\alpha & -\sin\alpha \\ \sin\alpha & \cos\alpha \end{pmatrix} \odot \overrightarrow{M_nA} \qquad \mathbb{G} = \mathbb{R} \times \mathbb{R}\ ;\ x \in \mathbb{R}$$

$$\Leftrightarrow \quad \begin{pmatrix} x' \\ y' \end{pmatrix} = \begin{pmatrix} \cos 90^\circ & -\sin 90^\circ \\ \sin 90^\circ & \cos 90^\circ \end{pmatrix} \odot \begin{pmatrix} 2 - x \\ -2x - 4 \end{pmatrix}$$

$$\Leftrightarrow \quad \begin{pmatrix} x' \\ y' \end{pmatrix} = \begin{pmatrix} 0 & -1 \\ 1 & 0 \end{pmatrix} \odot \begin{pmatrix} 2 - x \\ -2x - 4 \end{pmatrix}$$

$$\Leftrightarrow \quad \begin{pmatrix} x' \\ y' \end{pmatrix} = \begin{pmatrix} 2x + 4 \\ 2 - x \end{pmatrix}$$

$$\overrightarrow{M_nA^*} = \begin{pmatrix} 2x + 4 \\ 2 - x \end{pmatrix}$$

Abbildung der Pfeile $\overrightarrow{M_nA^*}$ durch zentrische Streckung am Zentrum M_n mit $k = 0{,}5$ auf die Pfeile $\overrightarrow{M_nB_n}$.

$$\overrightarrow{M_nA^*} \xmapsto{M_n;\, k = 0{,}5} \overrightarrow{M_nB_n}$$

$$\begin{pmatrix} x'' \\ y'' \end{pmatrix} = 0{,}5 \cdot \begin{pmatrix} x' \\ y' \end{pmatrix}$$

$$\begin{pmatrix} x'' \\ y'' \end{pmatrix} = 0{,}5 \cdot \begin{pmatrix} 2x + 4 \\ 2 - x \end{pmatrix}$$

$$\begin{pmatrix} x'' \\ y'' \end{pmatrix} = \begin{pmatrix} x + 2 \\ 1 - 0{,}5x \end{pmatrix} \quad ; \quad \overrightarrow{M_nB_n} = \begin{pmatrix} x + 2 \\ 1 - 0{,}5x \end{pmatrix}$$

Berechnung der Koordinaten der Punkte B_n in Abhängigkeit von x

Lösung mit einer Pfeilkette: $\mathbb{G} = \mathbb{R} \times \mathbb{R}$; $x \in \mathbb{R}$

$$\overrightarrow{OB_n} = \overrightarrow{OM_n} \oplus \overrightarrow{M_nB_n}$$

$$\overrightarrow{OB_n} = \begin{pmatrix} x \\ 2x + 3 \end{pmatrix} \oplus \begin{pmatrix} x + 2 \\ 1 - 0{,}5x \end{pmatrix}$$

$$\overrightarrow{OB_n} = \begin{pmatrix} 2x + 2 \\ 1{,}5x + 4 \end{pmatrix}$$

Koordinaten der Punkte B_n: $B_n\,(2x + 2 \mid 1{,}5x + 4)$

A 2.4 **Berechnung der Gleichung des Trägergraphen h der Punkte B_n mit dem Parameterverfahren**

$\mathbb{G} = \mathbb{R} \times \mathbb{R}$; $x \in \mathbb{R}$

$$\Leftrightarrow \left|\begin{array}{l} x_B = 2 \cdot x + 2 \\ \wedge\ y_B = 1{,}5 \cdot x + 4 \end{array}\right.$$

$x_B = 2 \cdot x + 2$

$x_B - 2 = 2 \cdot x \quad | :2$

$x = 0{,}5 \cdot x_B - 1$

$$\Leftrightarrow \left|\begin{array}{l} x = 0{,}5 \cdot x_B - 1 \\ \wedge\ y_B = 1{,}5 \cdot x + 4 \end{array}\right.$$

Einsetzen:
$\Leftrightarrow y_B = 1{,}5 \cdot x + 4$
$\Leftrightarrow y_B = 1{,}5 \cdot (0{,}5 \cdot x_B - 1) + 4$
$\Leftrightarrow y_B = 0{,}75 \cdot x_B - 1{,}5 + 4$
$\Leftrightarrow y_B = 0{,}75 \cdot x_B + 2{,}5$

Gleichung des Trägergraphen: h mit $y = 0{,}75 \cdot x + 2{,}5$ $(\mathbb{G} = \mathbb{R} \times \mathbb{R})$

Einzeichnen des Trägergraphen h der Punkte B_n (siehe A 2.1)

A 2.5 **Berechnung der Koordinaten des Punktes M_3 für das flächenkleinste Drachenviereck**

Pfeile: $\overrightarrow{M_nA} = \begin{pmatrix} 2 - x \\ -2x - 4 \end{pmatrix}$

Für die Steigung der Geraden g mit y = 2 x + 3 gilt:

$m = 2 \Rightarrow \overrightarrow{v_g} = \begin{pmatrix} 1 \\ 2 \end{pmatrix}$

Lösung mit dem Skalarprodukt: $\overrightarrow{M_nA} \perp \overrightarrow{v_g} \Leftrightarrow \overrightarrow{M_nA} \odot \overrightarrow{v_g} = 0$

$\mathbb{G} = \mathbb{R}$

$$\begin{pmatrix} 2 - x \\ -2x - 4 \end{pmatrix} \odot \begin{pmatrix} 1 \\ 2 \end{pmatrix} = 0$$

$$\Leftrightarrow \quad (2 - x) \cdot 1 + (-2x - 4) \cdot 2 = 0$$

$$\Leftrightarrow \quad 2 - x - 4x - 8 = 0$$

$$\Leftrightarrow \quad -5x = 6$$

$$\Leftrightarrow \quad x = -1{,}2$$

$$\mathbb{L} = \{-1{,}2\}$$

Durch Einsetzen von x = - 1,2 in M_n (x | 2 x + 3) erhält man die Koordinaten von M_3:

$$M_3(-1{,}2 \mid 2 \cdot (-1{,}2) + 3)$$

$$M_3(-1{,}2 \mid 0{,}6)$$

Berechnung des minimalen Flächeninhaltes der Drachenvierecke $AB_nC_nD_n$

$e = \overline{AC_3} = 1{,}5 \cdot \overline{AM_3}$

$\overline{M_3B_3} = 0{,}5 \cdot \overline{AM_3}$

$f = \overline{B_3D_3} = 2 \cdot \overline{M_3B_3} = 2 \cdot 0{,}5 \cdot \overline{AM_3} = \overline{AM_3}$

$A_{\Delta AB_nC_nD_n} = 0{,}5 \cdot e \cdot f$

$A_{\Delta AB_nC_nD_n} = 0{,}5 \cdot 1{,}5 \cdot \overline{AM_3} \cdot \overline{AM_3}$

$A_{\Delta AB_nC_nD_n} = 0{,}75 \cdot \overline{AM_3}^{\,2}$

$A_{min} = 0{,}75 \cdot \sqrt{12{,}8}^{\,2}$ FE

$A_{min} = 9{,}6$ FE

$\overrightarrow{AM_3} = \begin{pmatrix} -1{,}2 - 2 \\ 0{,}6 + 1 \end{pmatrix} = \begin{pmatrix} -3{,}2 \\ 1{,}6 \end{pmatrix}$

$\overline{AM_3} = \sqrt{(-3{,}2)^2 + 1{,}6^2}^{\,2}$ LE

$\overline{AM_3} = \sqrt{12{,}8}$ LE

Lösungsmuster Mathematik I 2007 - Aufgabe B1

(Wahlteil)

B 1.0 Die Beschleunigungsphase einer Rakete

Geschwindigkeit der Rakete: $x\ \frac{km}{s}$

Startmasse der Rakete: y_o t

Masse der Rakete: y t

Ausströmungsgeschwindigkeit des verbrannten Treibstoffes $k\ \frac{km}{s}$

Funktionsgleichung: $y = y_o \cdot 0{,}37^{\frac{x}{k}}$ $\mathbb{G} = \mathbb{R}_0^+ \times \mathbb{R}^+$

B 1.1 **Ermittlung der Funktionsgleichung**

Geschwindigkeit der Rakete: $9{,}5\ \frac{km}{s}$

Startmasse der Rakete: 22,0 t

Masse der Rakete: 4,0 t

Einsetzen in die Funktionsgleichung: $4{,}0 = 22{,}0 \cdot 0{,}37^{\frac{9{,}5}{k}}$ $k \in \mathbb{R}^+$

$$\Leftrightarrow \quad \frac{4}{22} = 0{,}37^{\frac{9{,}5}{k}}$$

$$\Leftrightarrow \quad \frac{9{,}5}{k} = \log_{0{,}37} \frac{4}{22}$$

$$\Leftrightarrow \quad k = 9{,}5 : \log_{0{,}37} \frac{4}{22}$$

$$\Leftrightarrow \quad k = 5{,}54$$

$\mathbb{L} = \{5{,}54\}$

Funktionsgleichung: $y = 22{,}0 \cdot 0{,}37^{\frac{x}{5{,}54}}$ $\mathbb{G} = \mathbb{R}_0^+ \times \mathbb{R}^+$

B 1.2 Tabelle:

x	0	1	2	3	4	5	6	7	8	9
$22{,}0 \cdot 0{,}37^{\frac{x}{5{,}54}}$	22	18,4	15,4	12,8	10,7	9,0	7,5	6,3	5,2	4,4

Einzeichnen des Graphen zu f

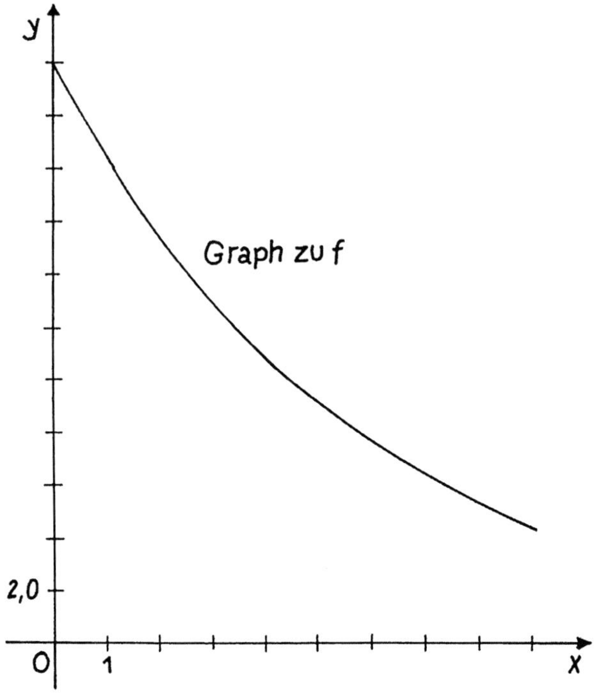

B 1.3 **Berechnung der Masse des verbrannten Treibstoffes**

Geschwindigkeit der Rakete: $11{,}2 \ \frac{km}{s}$

Startmasse der Rakete: 22,0 t
Masse der Rakete: ?

18 % höhere Geschwindigkeit ...

$v = 1{,}18 \cdot 9{,}5 \ \frac{km}{s}$

$v = 11{,}2 \ \frac{km}{s}$

Einsetzen von x = 11,2: $y = 22{,}0 \cdot 0{,}37^{\frac{11{,}2}{5{,}54}}$ $\quad \mathbb{G} = \mathbb{R}^+$

$y = 2{,}9$

Bis zum Erreichen der Geschwindigkeit sind noch 2,9 t Treibstoff vorhanden, d.h. es wurden 22,0 t – 2,9 t = 19,1 t Treibstoff ausgeschieden.

B 1.4 **Berechnung der prozentualen Zunahme der Geschwindigkeit der Rakete**

Bei einer Masse von 4,0 t: Geschwindigkeit der Rakete: 9,5 $\frac{km}{s}$

Bei einer Masse von 3,0 t: Geschwindigkeit der Rakete: 11,1 $\frac{km}{s}$

$$3{,}0 = 22{,}0 \cdot 0{,}37^{\frac{x}{5{,}54}} \qquad \mathbb{G} = \mathbb{R}_0^+$$

$$\Leftrightarrow \quad \frac{3{,}0}{22{,}0} = 0{,}37^{\frac{x}{5{,}54}}$$

$$\Leftrightarrow \quad \frac{x}{5{,}54} = \log_{0{,}37}\left(\frac{3{,}0}{22{,}0}\right)$$

$$\Leftrightarrow \quad x = 5{,}54 \cdot \log_{0{,}37}\left(\frac{3{,}0}{22{,}0}\right)$$

$$\Leftrightarrow \quad x = 11{,}1 \qquad \mathbb{L} = \{11{,}1\}$$

Prozentuale Zunahme der Geschwindigkeit: $\frac{11{,}1}{9{,}5} = 1{,}17$

Die Geschwindigkeit der Rakete nimmt um 17 % zu.

B 1.5 **Berechnung der Geschwindigkeit der Rakete.**

Geschwindigkeit der Rakete: ? $\frac{km}{s}$

Startmasse der Rakete: 22,0 t

Masse der Rakete: 22,0 t - 10,0 t = 12,0 t

Ausströmungsgeschwindigkeit des verbrannten Treibstoffes: 5,54 $\frac{km}{s}$

$$12{,}0 = 22{,}0 \cdot 0{,}37^{\frac{x}{5{,}54}} \qquad \mathbb{G} = \mathbb{R}_0^+$$

$$\Leftrightarrow \quad \frac{12{,}0}{22{,}0} = 0{,}37^{\frac{x}{5{,}54}}$$

$$\Leftrightarrow \quad \frac{x}{5{,}54} = \log_{0{,}37}\left(\frac{12{,}0}{22{,}0}\right)$$

$$\Leftrightarrow \quad x = 5{,}54 \cdot \log_{0{,}37}\left(\frac{12{,}0}{22{,}0}\right)$$

$$\Leftrightarrow \quad x = 3{,}4 \qquad \mathbb{L} = \{3{,}4\}$$

Die Rakete erreicht eine Geschwindigkeit von 3,4 $\frac{km}{s}$.

B 1.6 **Ermittlung der Geschwindigkeit, bei der beide Raketen die gleiche Masse besitzen.**

Geschwindigkeit der Rakete:	$x\ \frac{km}{s}$
Startmasse der Rakete:	80 % von 22,0 t = 17,6 t
Masse der Rakete:	y t
Ausströmungsgeschwindigkeit des verbrannten Treibstoffes	$10\ \frac{km}{s}$

Funktionsgleichung: $y = 17{,}6 \cdot 0{,}37^{\frac{x}{10}}$ $\quad \mathbb{G} = \mathbb{R}_0^+ \times \mathbb{R}^+$

Gleichsetzen: $22{,}0 \cdot 0{,}37^{\frac{x}{5{,}54}} = 17{,}6 \cdot 0{,}37^{\frac{x}{10}}$ $\quad \mathbb{G} = \mathbb{R}_0^+$

$$\Leftrightarrow \quad \frac{22{,}0}{17{,}6} = \frac{0{,}37^{\frac{x}{10}}}{0{,}37^{\frac{x}{5{,}54}}}$$

$$\Leftrightarrow \quad 1{,}25 = 0{,}37^{\frac{x}{10} - \frac{x}{5{,}54}}$$

$$\Leftrightarrow \quad 1{,}25 = \left(0{,}37^{\frac{1}{10} - \frac{1}{5{,}54}}\right)^x$$

$$\Leftrightarrow \quad 1{,}25 = \left(0{,}37^{-0{,}08}\right)^x$$

$$\Leftrightarrow \quad 1{,}25 = 1{,}08^x$$

$$\Leftrightarrow \quad x = \log_{1{,}08}(1{,}25)$$

$$\Leftrightarrow \quad x = 2{,}9 \qquad \mathbb{L} = \{2{,}9\}$$

Die Geschwindigkeit beträgt 2,9 $\frac{km}{s}$, das entspricht einer Geschwindigkeit von 10440 $\frac{km}{h}$.

Lösungsmuster Mathematik I 2007 - Aufgabe B2

(Wahlteil)

B 2.1 Zeichnen des Hyperbelastes k sowie der Rauten $AB_1C_1D_1$ und $AB_2C_2D_2$

Hinweis: Die Diagonalen einer Raute halbieren sich gegenseitig und sind zueinander senkrecht.

x = 2: B_1 (2 | - 2,5)
x = 6: B_2 (6 | - 1,5)

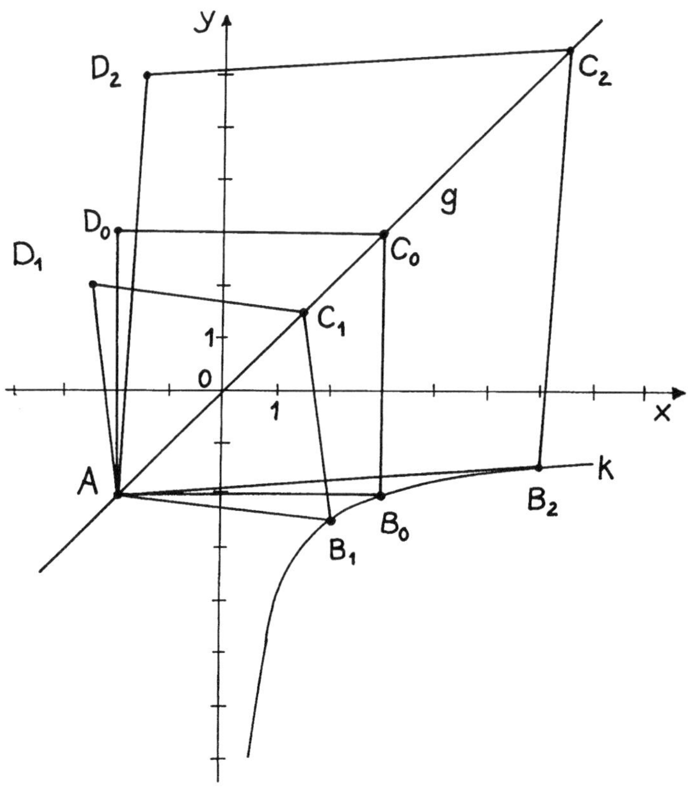

B 2.2 **Bestimmung der Gleichung zur Senkrechten s**

Für die Rauten $AB_nC_nD_n$ gilt:

Die Vierecksseite $[AB_n]$ sollte nicht senkrecht zur Geraden g verlaufen.

Berechnung der Gleichung der zu g senkrechten Geraden s:

Für die Steigungen gilt: $m_g \cdot m_s = -1$

$$1 \cdot m_s = -1 \quad \Rightarrow \quad m_s = -1$$

$$y = -x + t$$

$A \in s$: $-2 = -(-2) + t$

$$-2 = 2 + t$$

$$t = -4$$

s mit $y = -x - 4$ $\qquad \mathbb{G} = \mathbb{R} \times \mathbb{R}$

Bestimmung der Definitionsmenge, so dass Rauten entstehen

$$\begin{array}{l|l} \text{I.} & y = -3 \cdot x^{-1} - 1 \\ \text{II.} & \wedge\ y = -x - 4 \end{array} \qquad \mathbb{G} = \mathbb{R} \times \mathbb{R}$$

Gleichsetzen: I. = II. => $-x - 4 = -3 \cdot x^{-1} - 1$ $\qquad \mathbb{G} = \mathbb{R}$

$$\Leftrightarrow \quad -x - 4 = -\frac{3}{x} - 1 \quad | \cdot x$$

$$\Leftrightarrow \quad -x^2 - 4x = -3 - x$$

$$\Leftrightarrow \quad -x^2 - 3x + 3 = 0$$

$$\Leftrightarrow \quad x^2 + 3x - 3 = 0$$

$p = 3$
$\frac{p}{2} = 1{,}5$
$q = -3$

$D = (\frac{p}{2})^2 - q$
$D = 1{,}5^2 - (-3)$
$D = 5{,}25$

$$x_{1,2} = -\frac{p}{2} \pm \sqrt{D}$$

$$\Leftrightarrow \quad x_{1,2} = -1{,}5 \pm \sqrt{5{,}25}$$

$$\Leftrightarrow \quad x_1 = 0{,}79 \quad (\vee \quad x_2 = -3{,}79)$$

Für den Hyperbelast k gilt: $\mathbb{L} = \{0{,}79\}$

Man erhält Rauten für $x > 0{,}79$ $\qquad$ Definitionsmenge: $\mathbb{D} = \{ x \mid x > 0{,}79\}$

B 2.3 **Berechnung des Winkels, den die Pfeile $\overrightarrow{AB_1}$ und $\overrightarrow{AC_1}$ einschließen.**

Pfeilkoordinaten: $\overrightarrow{AB_1} = \begin{pmatrix} 2-(-2) \\ -2,5-(-2) \end{pmatrix} = \begin{pmatrix} 4 \\ -0,5 \end{pmatrix}$

Für die Steigung der Geraden g mit y = x gilt: m = 1 => $\overrightarrow{v_g} = \begin{pmatrix} 1 \\ 1 \end{pmatrix}$

Länge des Pfeils $\overline{AB_1} = \sqrt{4^2 + (-0,5)^2}$ LE $= \sqrt{16,25}$ LE

$|\overrightarrow{v_g}| = \sqrt{1^2 + 1^2} = \sqrt{2}$

Winkel zwischen zwei Pfeilen: $\cos\frac{\alpha}{2} = \dfrac{\begin{pmatrix} 4 \\ -0,5 \end{pmatrix} \odot \begin{pmatrix} 1 \\ 1 \end{pmatrix}}{\sqrt{16,25} \cdot \sqrt{2}}$ $\alpha \in]0° ; 180°[$

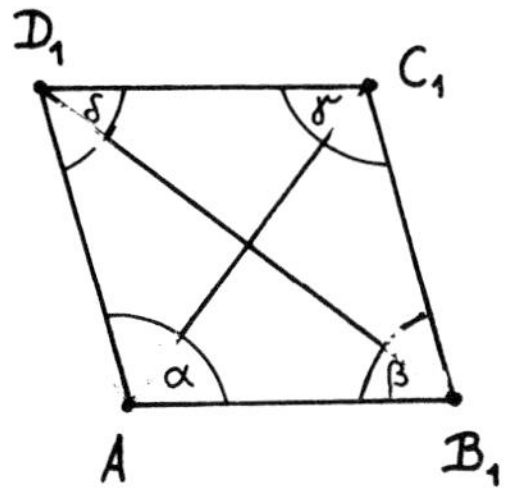

$\cos\frac{\alpha}{2} = \dfrac{4 \cdot 1 + 1 \cdot (-0,5)}{\sqrt{16,25} \cdot \sqrt{2}}$

$\cos\frac{\alpha}{2} = \dfrac{3,5}{\sqrt{16,25} \cdot \sqrt{2}}$

$\cos\frac{\alpha}{2} = 0,61$

$\frac{\alpha}{2} = 52,13°$

$\sphericalangle B_1AD_1 = \alpha = 2 \cdot 52,13° = 104,26°$

$\sphericalangle D_1C_1B_1 = \gamma = 2 \cdot 52,13° = 104,26°$

Winkelsumme: $\alpha + \beta + \gamma + \delta = 360°$ mit $\alpha = \gamma$ und $\beta = \delta$

$2 \cdot \beta = 360° - 2 \cdot \alpha$

$2 \cdot \beta = 360° - 2 \cdot 104,26°$

$2 \cdot \beta = 151,48°$

$\beta = 75,74°$

$\sphericalangle AD_1C_1 = \delta = 75,74°$

$\sphericalangle C_1B_1A = \beta = 75,74°$

B 2.4 **Ermitteln Sie rechnerisch die Koordinaten der Punkte D_n in Abhängigkeit von der Abszisse x der Punkte B_n.**

Die Punkte B_n können durch Achsenspiegelung an der Winkelhalbierenden y = x auf die Punkte D_n abgebildet werden.

Für die Gerade g mit y = x gilt: $m = 1$

Neigungswinkel: $m = \tan\varphi = 1$

$\varphi = 45°$

Abbildungsmatrix: $2\varphi = 90°$

$\cos 2\varphi = 0$

$\sin 2\varphi = 1$

Abbildungsgleichung: $\mathbb{G} = \mathbb{R} \times \mathbb{R}^+$; $x > 0{,}79$; $x \in \mathbb{R}^+$

$$\begin{pmatrix} x' \\ y' \end{pmatrix} = \begin{pmatrix} \cos 2\varphi & \sin 2\varphi \\ \sin 2\varphi & -\cos 2\varphi \end{pmatrix} \odot \begin{pmatrix} x \\ y \end{pmatrix}$$

$$\begin{pmatrix} x' \\ y' \end{pmatrix} = \begin{pmatrix} 0 & 1 \\ 1 & 0 \end{pmatrix} \odot \begin{pmatrix} x \\ -3 \cdot x^{-1} - 1 \end{pmatrix}$$

$$\begin{pmatrix} x' \\ y' \end{pmatrix} = \begin{pmatrix} -3 \cdot x^{-1} - 1 \\ x \end{pmatrix}$$

Koordinaten der Eckpunkte D_n: $D_n(-3 \cdot x^{-1} - 1 \mid x)$

Ermitteln Sie die Gleichung des Trägergraphen h der Punkte D_n.

Lösung mit dem Parameterverfahren

$\mathbb{G} = \mathbb{R} \times \mathbb{R}^+$; $x \in \mathbb{R}^+$

I: $x_D = -3 \cdot x^{-1} - 1$

<=> II. $\wedge\ y_D = x$

I‘: $x = -\dfrac{3}{x_D + 1}$

<=>

II‘. $\wedge\ y_D = x$

$\Rightarrow x_D = -3 \cdot x^{-1} - 1$

$x_D + 1 = -3 \cdot x^{-1}$

$\dfrac{x_D + 1}{-3} = \dfrac{1}{x}$

$x = -\dfrac{3}{x_D + 1}$

Einsetzen: I‘ in II‘:

<=> $y_D = -\dfrac{3}{x_D + 1}$

Funktionsgleichung des Trägergraphen: h mit $y = -\dfrac{3}{x + 1}$ $\mathbb{G} = \mathbb{R} \times \mathbb{R}^+$

B 2.5 Einzeichnen des Quadrates $AB_oC_oB_oD_o$ (siehe 2.1)

Berechnung der Koordinaten der zugehörigen Eckpunktes für das Quadrat

Im Quadrat sind alle Innenwinkel 90°: $\sphericalangle B_nAD_n = 90°$

Lösung mit dem Skalarprodukt: $\overrightarrow{AB_n} \perp \overrightarrow{AD_n} \Leftrightarrow \overrightarrow{AB_n} \odot \overrightarrow{AD_n} = 0$

$$\overrightarrow{AB_n} = \begin{pmatrix} x+2 \\ -3\cdot x^{-1} - 1 + 2 \end{pmatrix} = \begin{pmatrix} x+2 \\ -3\cdot x^{-1} + 1 \end{pmatrix}$$

$$\overrightarrow{AD_n} = \begin{pmatrix} -3\cdot x^{-1} - 1 + 2 \\ x+2 \end{pmatrix} = \begin{pmatrix} -3\cdot x^{-1} + 1 \\ x+2 \end{pmatrix}$$

$$\begin{pmatrix} x+2 \\ -3\cdot x^{-1} + 1 \end{pmatrix} \odot \begin{pmatrix} -3\cdot x^{-1} + 1 \\ x+2 \end{pmatrix} = 0$$

$\Leftrightarrow \quad (x+2)(-3\cdot x^{-1}+1) + (-3\cdot x^{-1}+1)(x+2) = 0$

$\Leftrightarrow \quad (x+2)(-\frac{3}{x}+1) + (-\frac{3}{x}+1)(x+2) = 0$

$\Leftrightarrow \quad -3 + x - \frac{6}{x} + 2 - 3 + x - \frac{6}{x} + 2 = 0$

$\Leftrightarrow \quad -6 + 2x - \frac{12}{x} + 4 = 0 \quad | \cdot x$

$\Leftrightarrow \quad -6x + 2x^2 - 12 + 4x = 0$

$\Leftrightarrow \quad 2x^2 - 2x - 12 = 0 \quad | : 2$

$\Leftrightarrow \quad x^2 - x - 6 = 0$

$p = -1$ $\frac{p}{2} = -0{,}5$ $q = -6$	$D = (\frac{p}{2})^2 - q$ $D = (-0{,}5)^2 - (-6)$ $D = 6{,}25$	$x_{1,2} = -\frac{p}{2} \pm \sqrt{D}$

$\Leftrightarrow \quad x_{1,2} = -(-0{,}5) \pm \sqrt{6{,}25}$

$\Leftrightarrow \quad x_{1,2} = 0{,}5 \pm 2{,}5$

$\Leftrightarrow \quad x_1 = 3 \quad (\vee \quad x_2 = -2)$

Für $x > 0{,}79$; $x \in \mathbb{R}^+$ gilt: $\mathbb{L} = \{3\}$

Koordinaten der Eckpunkte: $B_o(3 \mid -2)$; $C_o(3 \mid 3)$; $D_o(-2 \mid 3)$

Oder kürzer: Der Punkt liegt auf einer Parallelen zur x-Achse durch den Punkt A.

$y_{B_o} = y_A \qquad -3\cdot x^{-1} + 1 = -2$

$x = 3$; $\qquad \mathbb{L} = \{3\}$

Lösungsmuster Mathematik I 2006 - Aufgabe P1

(Pflichtteil)

P 1.0 Gegeben: f mit $y = 500 \cdot 1{,}15^{\frac{x}{7}}$ $(G = \mathbb{R} \times \mathbb{R})$.

P 1.1 **Um wie viel Prozent erhöht sich der Mäusebestand in einer Woche?**

Es gilt: x Tage
y Mäuse

In einer Woche: x = 7

$$y = 500 \cdot 1{,}15^{\frac{7}{7}}$$
$$y = 500 \cdot 1{,}15$$
$$y = 575$$

Nach einer Woche erhöht sich der Mäusebestand von 500 auf 575, d.h. um 75 Mäuse.

$$p = \frac{75}{500} \cdot 100\% = 15\ \%$$

P 1.2 **Wie viele Mäuse müssten nach drei Wochen entnommen werden, um den Anfangsbestand wieder herzustellen?**

In drei Wochen: x = 21

$$y = 500 \cdot 1{,}15^{\frac{x}{7}}$$
$$y = 500 \cdot 1{,}15^{\frac{21}{7}}$$
$$y = 760$$

Nach drei Wochen hat sich der Mäusebestand von 500 auf 760, d.h. es müssen 760 – 500 = 260 Mäuse entnommen werden.

P 1.3 **Nach wie vielen Tagen hat sich die Anzahl der Mäuse verdoppelt?**

Gleichsetzen: $y = 500 \cdot 1{,}15^{\frac{x}{7}} \wedge y = 1000$

$$500 \cdot 1{,}15^{\frac{x}{7}} = 1000$$
$$\Leftrightarrow \quad 1{,}15^{\frac{x}{7}} = 2$$
$$\Leftrightarrow \quad \frac{x}{7} = \log_{1,15} 2$$
$$\Leftrightarrow \quad x = 7 \cdot \log_{1,15} 2$$
$$\Leftrightarrow \quad x = 34{,}72$$

Nach 35 Tagen hat sich die Zahl der Mäuse verdoppelt.

Lösungsmuster Mathematik I 2006 - Aufgabe P2

(Pflichtteil)

P 2.1 **Berechnen Sie das größtmögliche Winkelmaß ε.**

$$\tan\beta = \frac{\overline{AC}}{\overline{AQ}}$$

$$\tan\beta = \frac{6\sqrt{2}\,\text{LE}}{6\,\text{LE}}$$

$$\tan\beta = \sqrt{2}$$

$$\beta = 54{,}74°$$

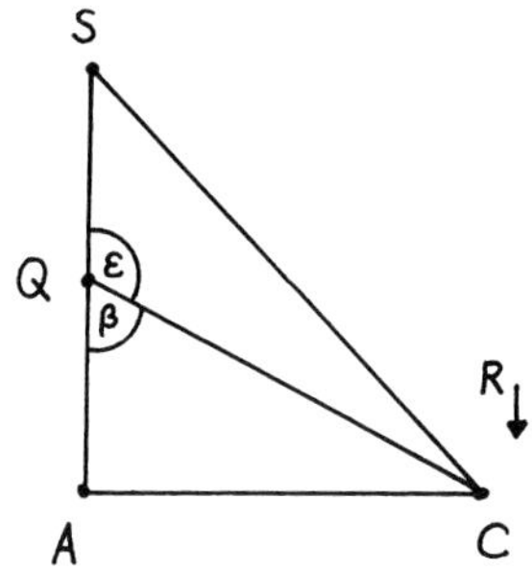

$$\Rightarrow \quad \beta = 180° - \varepsilon$$

$$54{,}74° = 180° - \varepsilon$$

$$\varepsilon = 180° - 54{,}74°$$

$$\varepsilon = 125{,}26°$$

P 2.2 **Berechnen der Streckenlänge $\overline{AS}$**

$$\tan 50° = \frac{\overline{AS}}{\overline{AC}}$$

$$\overline{AS} = \overline{AS} \cdot \tan 50°$$

$$\overline{AS} = 6\sqrt{2}\text{ cm} \cdot \tan 50°$$

$$\overline{AS} = 10{,}11\text{ cm}$$

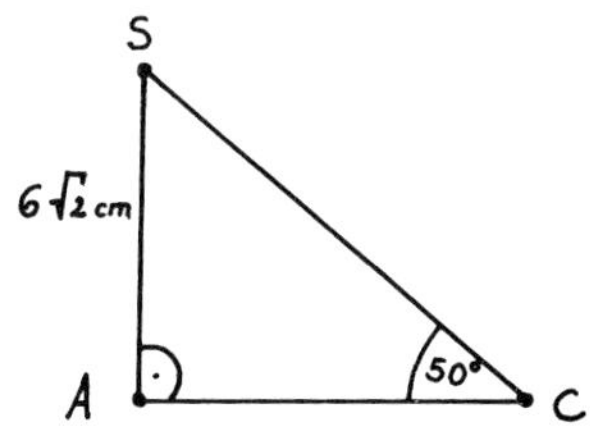

Berechnen der Streckenlänge $\overline{QS}$

$$\overline{QS} = \overline{AS} - \overline{AQ}$$

$$\overline{QS} = 10{,}11\text{ cm} - 6\text{ cm}$$

$$\overline{QS} = 4{,}11\text{ cm}$$

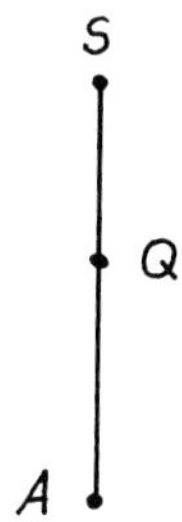

Berechnen der Streckenlängen $\overline{QR_n}$ in Abhängigkeit von ε

$\varepsilon \in [0° ; 125{,}26°]$

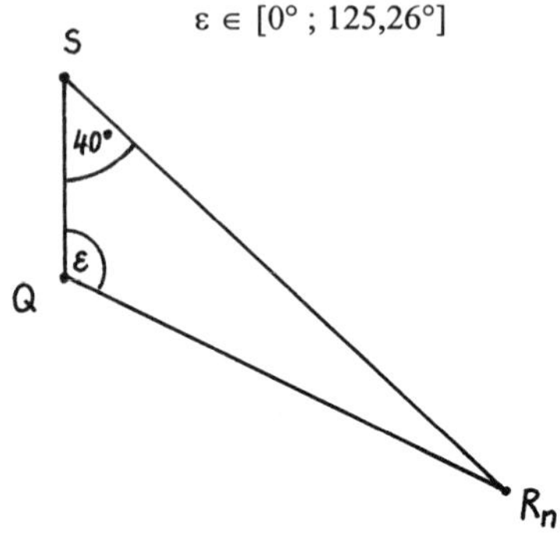

$$\frac{\overline{QR_n}}{\sin 40°} = \frac{\overline{QS}}{\sin(180° - (\varepsilon + 40°))}$$

$$\overline{QR_n} = \frac{\overline{QS}}{\sin(\varepsilon + 40°)} \cdot \sin 40°$$

$$\overline{QR_n} = \frac{4{,}11\,\text{cm}}{\sin(\varepsilon + 40°)} \cdot \sin 40°$$

$$\overline{QR_n} = \frac{2{,}64}{\sin(40° + \varepsilon)}\ \text{cm}$$

2.3 **Berechnung des Winkelmaßes ε, sodass die Strecken $[QR_1]$ und [QS] gleich lang sind.**

Gleichsetzen:

$$\frac{2{,}64}{\sin(40° + \varepsilon)}\ \text{cm} = 4{,}11$$

$$\sin(40° + \varepsilon) = \frac{2{,}64}{4{,}11}$$

$$\sin(40° + \varepsilon) = 0{,}64$$

$$40° + \varepsilon = 39{,}97° \ \vee \ 40° + \varepsilon = 140{,}03°$$

$$\varepsilon = 39{,}97° - 40° \ \vee \ \varepsilon = 140{,}03° - 40°$$

$$\varepsilon = -0{,}03° \ \vee \ \varepsilon = 100{,}03°$$

Für $\varepsilon \in [0° ; 125{,}26°]$ gilt: $\mathbb{L} = \{100{,}03°\}$

Lösungsmuster Mathematik I 2006 - Aufgabe P3

(Pflichtteil)

P 3.1 **Ergänzen der Zeichnung zu 3.0 um das Parallelogramm AB_2CD_2 für $x = 12$.**

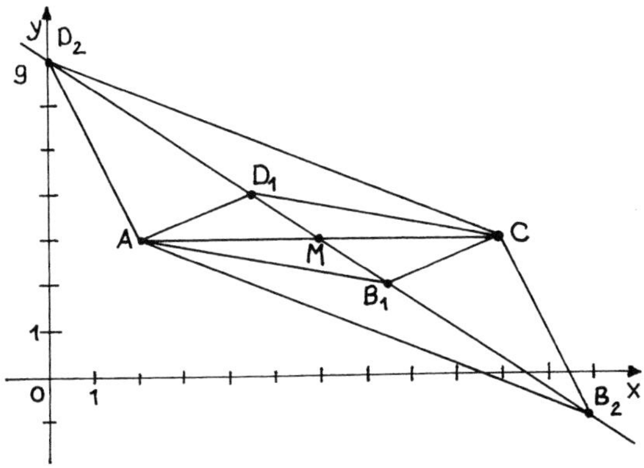

P 3.2 **Unter den Parallelogrammen AB_nCD_n gibt es das Rechteck AB_3CD_3. Berechnen Sie die Koordinaten des Punktes B_3.**

Beim Rechteck AB_3CD_3 stehen die Seiten $[B_3A]$ und $[B_3C]$ senkrecht aufeinander.

Mit dem Skalarprodukt gilt: $\overrightarrow{B_3A} \perp \overrightarrow{B_3C} \iff \overrightarrow{B_3A} \odot \overrightarrow{B_3C} = 0$

Pfeilkoordinaten: $$\overrightarrow{B_3A} = \begin{pmatrix} 2 - x \\ 3 + \frac{2}{3}x - 7 \end{pmatrix} = \begin{pmatrix} 2 - x \\ \frac{2}{3}x - 4 \end{pmatrix}$$

$$\overrightarrow{B_3C} = \begin{pmatrix} 10 - x \\ 3 + \frac{2}{3}x - 7 \end{pmatrix} = \begin{pmatrix} 10 - x \\ \frac{2}{3}x - 4 \end{pmatrix}$$

$$\begin{pmatrix} 2 - x \\ \frac{2}{3}x - 4 \end{pmatrix} \odot \begin{pmatrix} 10 - x \\ \frac{2}{3}x - 4 \end{pmatrix} = 0$$

$$\Leftrightarrow \quad (2 - x)\cdot(10 - x) + (\frac{2}{3}x - 4)\cdot(\frac{2}{3}x - 4) = 0$$

$$\Leftrightarrow \quad 20 - 2x - 10x + x^2 + \frac{4}{9}x^2 - 2\cdot\frac{2}{3}x\cdot 4 + 16 = 0$$

$$\Leftrightarrow \quad x^2 + \frac{4}{9}x^2 - 12x - \frac{16}{3}x + 20 + 16 = 0$$

$$\Leftrightarrow \quad \frac{13}{9}x^2 - \frac{52}{3}x + 36 = 0 \quad |\cdot 9$$

$$\Leftrightarrow \quad 13x^2 - 156x + 324 = 0$$

$a = 13$	$D = b^2 - 4\cdot a\cdot c$	$x_{1,2} = \frac{-b \pm \sqrt{D}}{2\cdot a}$
$b = -156$	$D = (-156)^2 - 4\cdot 13\cdot 324$	
$c = 324$	$D = 7488$	

$$\Leftrightarrow \quad x_{1,2} = \frac{-(-156) \pm \sqrt{7488}}{2\cdot 13}$$

$$\Leftrightarrow \quad x_{1,2} = \frac{156 \pm \sqrt{7488}}{26}$$

$$\Leftrightarrow \quad x_1 = 9{,}33 \qquad (\vee \quad x_2 = 2{,}67\ )$$

Für $x > 6$, $x \in \mathbb{R}$ gilt: $\mathbb{L} = \{9{,}33\}$

Koordinaten des Punktes B_3: $B_3(\ 9{,}33 \mid -\frac{2}{3}\cdot 9{,}33 + 7)$

$B_3(\ 9{,}33 \mid 0{,}78)$

Lösungsmuster Mathematik I 2006 - Aufgabe A1

(Wahlteil)

A 1.0 Gegeben: f mit $y = 1{,}5^{x+3} + 1$ ($\mathbb{G} = \mathbb{R} \times \mathbb{R}$).

A 1.1 Tabelle:

x	- 8	- 7	- 6	- 5	- 4	- 3	- 2	- 1	0	1
$1{,}5^{x+3} + 1$	1,13	1,20	1,30	1,44	1,67	2	2,5	3,25	4,38	6,06

Gleichung der Asymptote h: y = 1

Einzeichnen des Graphen zu f

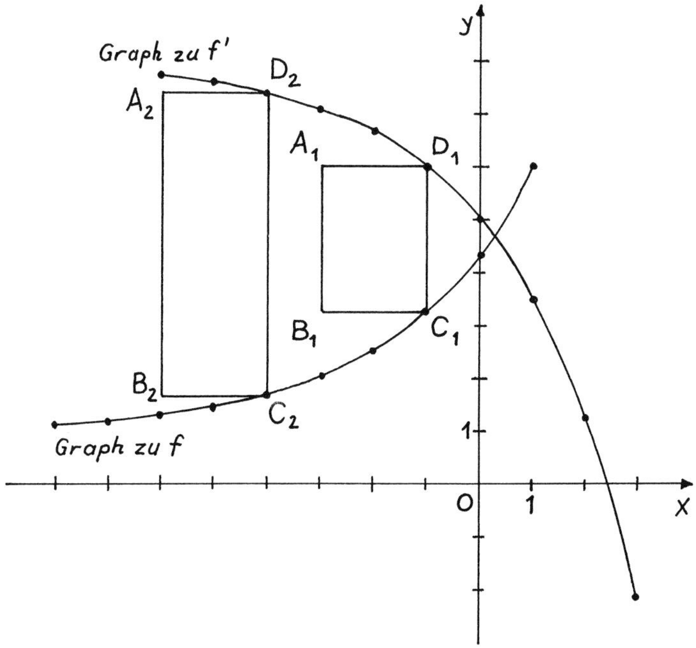

A 1.2 **Abbildung von f durch Orthogonale Affinität an der x-Achse mit k = - 2 auf f ***

$$\begin{pmatrix} x' \\ y' \end{pmatrix} = \begin{pmatrix} 1 & 0 \\ 0 & k \end{pmatrix} \odot \begin{pmatrix} x \\ y \end{pmatrix} \quad \text{mit } y = 1{,}5^{x+3} + 1$$

$$\left| \begin{array}{l} x' = x \\ \wedge\ y' = -2 \cdot (1{,}5^{x+3} + 1) \end{array} \right. \qquad \mathbb{G} = \mathbb{R} \times \mathbb{R},\ x \in \mathbb{R}$$

$$\Leftrightarrow \left| \begin{array}{l} x' = x \\ \wedge\ y' = -2 \cdot 1{,}5^{x+3} - 2 \end{array} \right.$$

f * mit $y = -2 \cdot 1{,}5^{x+3} - 2$

Abbildung von f * durch Parallelverschiebung mit $\vec{v}$ auf f '

$$\begin{pmatrix} x'' \\ y'' \end{pmatrix} = \begin{pmatrix} x' \\ y' \end{pmatrix} \oplus \vec{v}$$

$$\begin{pmatrix} x'' \\ y'' \end{pmatrix} = \begin{pmatrix} x \\ -2 \cdot 1{,}5^{x+3} - 2 \end{pmatrix} \oplus \begin{pmatrix} 2 \\ 10 \end{pmatrix}$$

$$\left| \begin{array}{l} x'' = x + 2 \\ \wedge\ y'' = -2 \cdot 1{,}5^{x+3} - 2 + 10 \end{array} \right. \qquad \mathbb{G} = \mathbb{R} \times \mathbb{R},\ x \in \mathbb{R}$$

Gleichung des Trägergraphen h mit dem Parameterverfahren

$$\Leftrightarrow \left| \begin{array}{l} x = x'' - 2 \\ \wedge\ y'' = -2 \cdot 1{,}5^{x+3} + 8 \end{array} \right.$$

Einsetzen: $\Leftrightarrow \quad y'' = -2 \cdot 1{,}5^{x'' - 2 + 3} + 8$

$\Leftrightarrow \quad y'' = -2 \cdot 1{,}5^{x'' + 1} + 8$

Gleichung der Funktion f ' : f ' mit $y = -2 \cdot 1{,}5^{x+1} + 8$ $\quad G = \mathbb{R} \times \mathbb{R}$

Einzeichnen des Graphen zu f ' (siehe 1.1)

A 1.3 Einzeichnen der Rechtecke $A_1B_1C_1D_1$ für x = - 1 und $A_2B_2C_2D_2$ für x = - 4 (siehe 1.1)

	x = - 1	x = - 4
$C_n \in f$	$C_1(-1 \mid 3{,}25)$	$C_2(-4 \mid 1{,}67)$
$D_n \in f'$	$D_1(-1 \mid 6)$	$D_2(-4 \mid 7{,}41)$

Für alle Rechtecke gilt: $y_{C_n} < y_{D_n}$ und $\overline{A_nD_n} = 2$ LE.

A 1.4 **Bestimmung der Intervallgrenze mit Hilfe des Schnittpunktes der beiden Funktionsgraphen zu f und f'**

Es gilt: $y = 1{,}5^{x+3} + 1$ und $y = -2 \cdot 1{,}5^{x+1} + 8$

Gleichsetzen: $1{,}5^{x+3} + 1 = -2 \cdot 1{,}5^{x+1} + 8$ $\qquad x \in \mathbb{R}$

$\Leftrightarrow \quad 1{,}5^{x} \cdot 1{,}5^{3} + 1 = -2 \cdot 1{,}5^{x} \cdot 1{,}5^{1} + 8$

$\Leftrightarrow \quad 1{,}5^{x} \cdot 1{,}5^{3} + 2 \cdot 1{,}5^{x} \cdot 1{,}5^{1} = 7$

$\Leftrightarrow \quad 1{,}5^{x} \cdot (1{,}5^{3} + 2 \cdot 1{,}5^{1}) = 7$

$\Leftrightarrow \quad 1{,}5^{x} \cdot 6{,}375 = 7$

$\Leftrightarrow \quad 1{,}5^{x} = 1{,}098$

$\Leftrightarrow \quad x = \log_{1,5} 1{,}098$

$\Leftrightarrow \quad x = 0{,}23$

$\mathbb{L} = \{0{,}23\}$

Intervall: Für $x < 0{,}23$ erhält man Rechtecke $A_nB_nC_nD_n$!

A 1.5 **Berechnung der Streckenlängen $\overline{C_nD_n}(x)$ in Abhängigkeit von der Abszisse x der Punkte C_n und D_n.**

$$\overline{C_nD_n}(x) = [-2 \cdot 1{,}5^{x+1} + 8 - (1{,}5^{x+3} + 1)]\ \text{LE} \qquad x < 0{,}23;\ x \in \mathbb{R}$$

$$\overline{C_nD_n}(x) = [-2 \cdot 1{,}5^{x} \cdot 1{,}5^{1} + 8 - (1{,}5^{x} \cdot 1{,}5^{3} + 1)]\ \text{LE}$$

$$\overline{C_nD_n}(x) = [-3 \cdot 1{,}5^{x} + 8 - 1{,}5^{x} \cdot 1{,}5^{3} - 1]\ \text{LE}$$

$$\overline{C_nD_n}(x) = [1{,}5^{x} \cdot (-3 - 1{,}5^{3}) + 7]\ \text{LE}$$

$$\overline{C_nD_n}(x) = [1{,}5^{x} \cdot (-6{,}375) + 7]\ \text{LE}$$

Ein Quadrat hat gleich lange Seiten. Alle Seiten $\overline{A_nD_n}$ sind 2 LE lang. Es gilt:

$$\overline{C_nD_n}(x) = \overline{A_nD_n} \qquad x < 0{,}23;\ x \in \mathbb{R}$$

$$[1{,}5^{x} \cdot (-6{,}375) + 7]\ \text{LE} = 2\ \text{LE}$$

$$\Leftrightarrow \quad 1{,}5^{x} \cdot 6{,}375 = 5 \quad |:6{,}375$$

$$\Leftrightarrow \quad 1{,}5^{x} = 0{,}78$$

$$\Leftrightarrow \quad x = \log_{1{,}5} 0{,}78$$

$$\Leftrightarrow \quad x = -0{,}61$$

$$\mathbb{L} = \{-0{,}61\}$$

Lösungsmuster Mathematik I 2006 - Aufgabe A2

(Wahlteil)

A 2.0 Gegeben: $M_n(x \mid - 2 x + 6)$
$A(0 \mid 0)$
Dreiecke AB_nC_n sind gleichschenklig-rechtwinklig

A 2.1 Zeichnen der Geraden g und der Dreiecke AB_1C_1 für x = 1 und AB_2C_2 für x = 3
M_1 (1 | 4) M_2 (3 | 0)

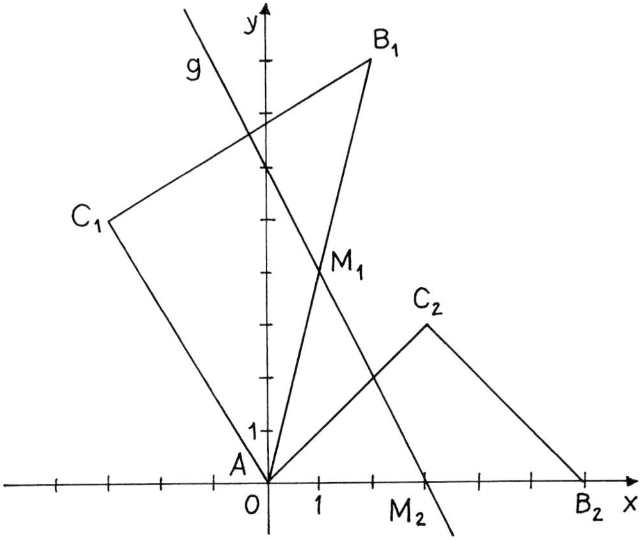

A 2.2 **Abbildung der Pfeile $\overrightarrow{AM_n}$ durch Drehung um A (0 | 0) mit dem Drehwinkel $\alpha = 45^\circ$ auf die Pfeile $\overrightarrow{AM_n}$ *.**

$$\overrightarrow{AM_n} \xmapsto{A;\ \alpha = 45^\circ} \overrightarrow{AM_n}\,*$$

Mit M_n (x | - 2x + 6) gilt für die Koordinaten der Pfeile $\overrightarrow{AM_n} = \begin{pmatrix} x \\ -2x+6 \end{pmatrix}$:

$$\overrightarrow{AM_n}\,* = \begin{pmatrix} \cos\alpha & -\sin\alpha \\ \sin\alpha & \cos\alpha \end{pmatrix} \odot \overrightarrow{AM_n} \qquad \mathbb{G} = \mathbb{R} \times \mathbb{R}\ ;\ x \in \mathbb{R}$$

$$\Leftrightarrow \quad \begin{pmatrix} x' \\ y' \end{pmatrix} = \begin{pmatrix} \cos 45^\circ & -\sin 45^\circ \\ \sin 45^\circ & \cos 45^\circ \end{pmatrix} \odot \begin{pmatrix} x \\ -2x+6 \end{pmatrix}$$

$$\Leftrightarrow \quad \begin{pmatrix} x' \\ y' \end{pmatrix} = \begin{pmatrix} \frac{1}{2}\sqrt{2} & -\frac{1}{2}\sqrt{2} \\ -\frac{1}{2}\sqrt{2} & \frac{1}{2}\sqrt{2} \end{pmatrix} \odot \begin{pmatrix} x \\ -2x+6 \end{pmatrix}$$

$$\Leftrightarrow \quad \begin{array}{|l} x' = \frac{1}{2}\sqrt{2} \cdot x - \frac{1}{2}\sqrt{2} \cdot (-2x + 6) \\ \wedge\ y' = \frac{1}{2}\sqrt{2} \cdot x + \frac{1}{2}\sqrt{2} \cdot (-2x + 6) \\ \hline \end{array}$$

Abbildung der Pfeile $\overrightarrow{AM_n}$ * durch zentrische Streckung am Zentrum A mit $k = \sqrt{2}$ auf die Pfeile $\overrightarrow{AC_n}$.

$$\overrightarrow{AM_n}^* \xmapsto{A;\, k = \sqrt{2}} \overrightarrow{AC_n}$$

$$\begin{pmatrix} x'' \\ y'' \end{pmatrix} = \sqrt{2} \cdot \begin{pmatrix} x' \\ y' \end{pmatrix}$$

$$\begin{pmatrix} x'' \\ y'' \end{pmatrix} = \begin{pmatrix} \sqrt{2}\,x' \\ \sqrt{2}\,y' \end{pmatrix}$$

$$\Leftrightarrow \left| \begin{array}{l} x'' = \frac{1}{2}\sqrt{2} \cdot x \cdot \sqrt{2} - \frac{1}{2}\sqrt{2} \cdot \sqrt{2} \cdot (-2x + 6) \\ \wedge\; y'' = \frac{1}{2}\sqrt{2} \cdot x \cdot \sqrt{2} + \frac{1}{2}\sqrt{2} \cdot \sqrt{2} \cdot (-2x + 6) \end{array} \right.$$

$$\Leftrightarrow \left| \begin{array}{l} x'' = x - (-2x + 6) \\ \wedge\; y'' = x + (-2x + 6) \end{array} \right.$$

$$\Leftrightarrow \left| \begin{array}{l} x'' = x + 2x - 6 \\ \wedge\; y'' = x - 2x + 6 \end{array} \right.$$

$$\Leftrightarrow \left| \begin{array}{l} x'' = 3x - 6 \\ \wedge\; y'' = -x + 6 \end{array} \right.$$

$$\Leftrightarrow \begin{pmatrix} x'' \\ y'' \end{pmatrix} = \begin{pmatrix} 3x - 6 \\ -x + 6 \end{pmatrix}$$; Koordinaten der Punkte C_n: $C_n(\, 3x - 6 \mid -x + 6\,)$

Bestimmen der Gleichung des Trägergraphen h der Punkte C_n mit dem Parameterverfahren

$$\Leftrightarrow \left| \begin{array}{l} x_C = 3 \cdot x - 6 \\ \wedge\; y_C = -x + 6 \end{array} \right.$$

G = IR x IR

$x_C = 3 \cdot x - 6$

$x_C + 6 = 3 \cdot x \quad | :3$

$x = \frac{1}{3} \cdot (x_C + 6)$

$$\Leftrightarrow \left| \begin{array}{l} x = \frac{1}{3} \cdot (x_C + 6) \\ \wedge\; y_C = -x + 6 \end{array} \right.$$

Einsetzen: $\Leftrightarrow\ y_C = -\frac{1}{3} \cdot (x_C + 6) + 6$

$\Leftrightarrow\ y_C = -\frac{1}{3} \cdot x_C - 2 + 6$

$\Leftrightarrow\ y_C = -\frac{1}{3} \cdot x_C + 4$

Gleichung des Trägergraphen: h mit $y = -\frac{1}{3} \cdot x + 4$ $(\mathbb{G} = \mathbb{R} \times \mathbb{R})$

A 2.3 **Berechnung der Länge der Strecken $[AM_n]$**

$$\overrightarrow{AM_n} = \begin{pmatrix} x \\ -2x + 6 \end{pmatrix}$$

$$\overline{AM_n} = \sqrt{x^2 + (-2x+6)^2}\ \text{LE}$$

$$\overline{AM_n} = \sqrt{x^2 + 4x^2 - 24x + 36}\ \text{LE}$$

$$\overline{AM_n} = \sqrt{5x^2 - 24x + 36}\ \text{LE}$$

Berechnung des Flächeninhaltes der Dreiecke AB_nC_n

Die Dreiecke AB_nC_n sind gleichschenklig-rechtwinklig:
$\overline{AM_n} = \overline{M_nB_n} = \overline{M_nC_n}$

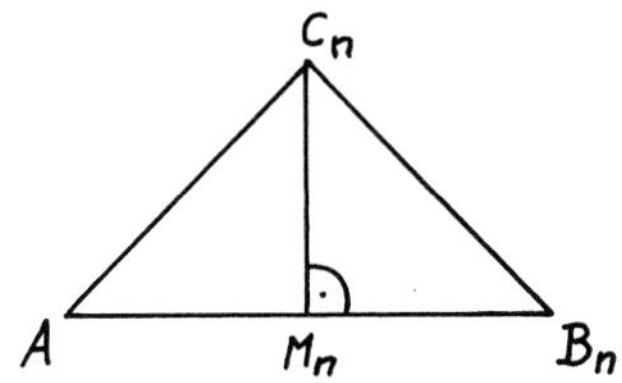

$x \in \mathbb{R}$

$$A_{\Delta AB_nC_n} = 0{,}5 \cdot g \cdot h$$

$$A_{\Delta AB_nC_n} = 0{,}5 \cdot 2 \cdot \overline{AM_n} \cdot \overline{AM_n}$$

$$A_{\Delta AB_nC_n} = 0{,}5 \cdot 2 \cdot \overline{AM_n}^{\,2}$$

$$A_{\Delta AB_nC_n} = 0{,}5 \cdot 2 \cdot \sqrt{5x^2 - 24x + 36}^{\,2}\ \text{FE}$$

$$A_{\Delta AB_nC_n} = (5x^2 - 24x + 36)\ \text{FE}$$

A 2.4 **Berechnung der Koordinaten der Punkte C_3 und C_4.**

Gleichsetzen: $(5x^2 - 24x + 36)\ FE = 36\ FE$

$\Leftrightarrow \quad 5x^2 - 24x = 0$

$\Leftrightarrow \quad x \cdot (5x - 24) = 0$

$\Leftrightarrow \quad x = 0 \vee x = 4{,}8$

$\mathbb{L} = \{0; 4{,}8\}$

Koordinaten der Punkte: $C_3(3 \cdot 0 - 6 \mid -0 + 6)$ $\quad C_4(3 \cdot 4{,}8 - 6 \mid -4{,}8 + 6)$

$C_3(-6 \mid 6)$ $\quad C_4(8{,}4 \mid 1{,}2)$

A 2.5 **Berechnung der Koordinaten des Punktes C_5.**

Der Punkt $C_5(3x - 6 \mid -x + 6)$ liegt auf der Geraden g mit $y = -2x + 6$:

Einsetzen der Koordinaten:

$-x + 6 = -2 \cdot (3x + 6) + 6 \qquad x \in \mathbb{R}$

$\Leftrightarrow \quad -x + 6 = -6 \cdot x - 12 + 6$

$\Leftrightarrow \quad 5 \cdot x = 12$

$\Leftrightarrow \quad x = 2{,}4$

Einsetzen des Parameters x: $C_5(3 \cdot x - 6 \mid -x + 6)$

$C_5(3 \cdot 2{,}4 - 6 \mid -2{,}4 + 6)$

$C_5(1{,}2 \mid 3{,}6)$

oder:

Berechnung der Koordinaten von C_5 durch Schnittpunktberechnung der Geraden

g mit $y = -2x + 6$ und des Trägergraphen h mit $y = -\frac{1}{3} \cdot x + 4$

Begründung, dass das Dreieck AB_5C_5 den kleinsten Flächeninhalt aller Dreiecke AB_nC_n besitzt:

Die Dreiecke AB_nC_n besitzen dann den kleinsten Flächeninhalt, wenn die Gerade AC_5 senkrecht auf dem Trägergraphen h steht und damit die Dreiecksseite $[AC_5]$ die kürzeste Kathete ist.

Für die Steigungen gilt:

$$m_{AC_5} \cdot m_h = -1$$

$$\frac{3,6}{1,2} \cdot \left(-\frac{1}{3}\right) = -1$$

$$-1 = -1 \text{ (w)}$$

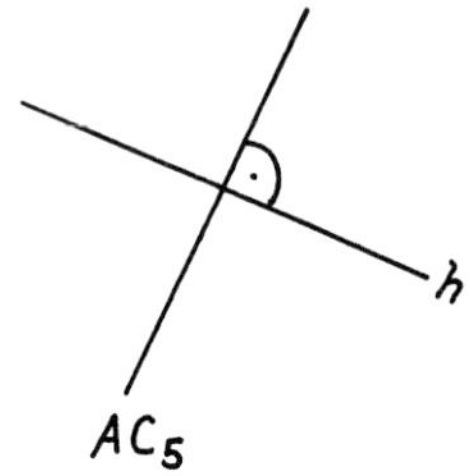

oder: Begründung mit Hilfe des Flächeninhaltes der Dreiecke AB_nC_n

Durch quadratische Ergänzung erhält man für den Flächeninhalt:

$A(x) = 5\,(x - 2,4)^2 + 7,2$ FE

Für x = 2,4 wird der Flächeninhalt minimal: $A_{min} = 7,2$ FE,

d.h für den Punkt C_5(1,2 | 3,6).

Lösungsmuster Mathematik I 2006 - Aufgabe B1

(Wahlteil)

B 1.0 Gegeben: f mit $y = \log_3 (x + 2) - 1$ $G = \mathbb{R} \times \mathbb{R}$

B 1.1 Definitionsmenge: $\mathbb{D}(x) = \{ x \mid x > -2\}$
Wertemenge: $\mathbb{W} = \mathbb{R}$
Gleichung der Asymptote h: $x = -2$

Einzeichnen des Graphen zu f

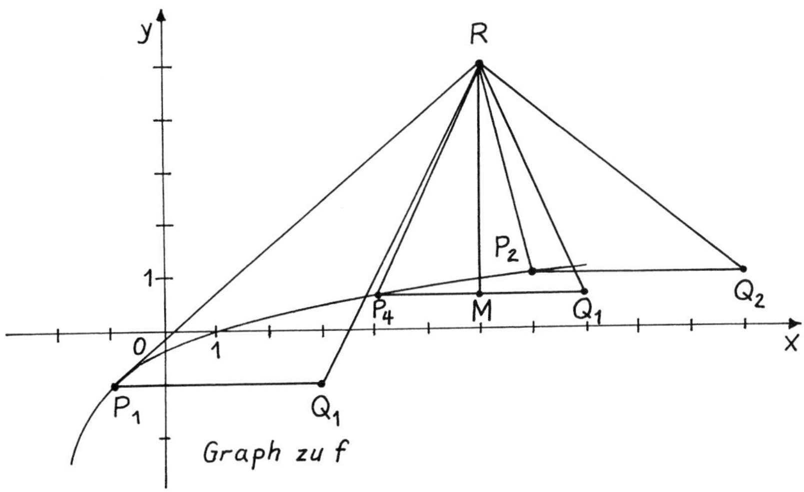

B 1.2 Einzeichnen der Dreiecke P_1Q_1R für $x = -1$ und P_2Q_2R für $x = 7$ (siehe 1.1)

B 1.3 **Berechnung des Flächeninhalts A(x) der Dreiecke P_nQ_nR in Abhängigkeit von der Abszisse x der Punkte P_n**

$$\overrightarrow{P_nR}(x) = \begin{pmatrix} 6 - x \\ 5 - (\log_3(x+2) - 1) \end{pmatrix} = \begin{pmatrix} 6 - x \\ -\log_3(x+2) + 6 \end{pmatrix} \qquad G = \mathbb{R}$$

$$\overrightarrow{P_nQ_n}(x) = \begin{pmatrix} 4 \\ 0 \end{pmatrix}$$

$$A(x) = \frac{1}{2} \cdot \begin{vmatrix} 4 & 6 - x \\ 0 & -\log_3(x+2) + 6 \end{vmatrix} \text{ FE}$$

$$A(x) = \frac{1}{2} \cdot [\,4 \cdot (-\log_3(x+2) + 6)\,] \text{ FE}$$

$$A(x) = \frac{1}{2} \cdot 4 \cdot (-\log_3(x+2) + 6) \text{ FE}$$

$$A(x) = 2 \cdot (-\log_3(x+2) + 6) \text{ FE}$$

$$A(x) = (-2\log_3(x+2) + 12) \text{ FE}$$

B 1.4 **Berechnung der Koordinaten des Punktes P_3**

Gleichsetzen: $A(x) = (-2\log_3(x+2) + 12)$ FE $\wedge$ $A = 15$ FE

$x \in\,]-2\,;\,727\,[\,;\; x \in \mathbb{R}$

$$-2\log_3(x+2) + 12 = 15$$

$$\Leftrightarrow \quad -2\log_3(x+2) = 3$$

$$\Leftrightarrow \quad \log_3(x+2) = -1{,}5$$

$$\Leftrightarrow \quad x + 2 = 3^{-1,5}$$

$$\Leftrightarrow \quad x = 3^{-1,5} - 2$$

$$\Leftrightarrow \quad x = -1{,}81$$

$$\mathbb{L} = \{-1{,}81\}$$

Koordinaten des Punktes P_3: $P_3(\,x \mid \log_3(x+2) - 1\,)$

$P_3(\,-1{,}81 \mid \log_3(-1{,}81+2) - 1\,)$

$P_3(\,-1{,}81 \mid -2{,}51\,)$

B 1.5 Einzeichnen des Dreiecks P_4Q_4R (siehe 1.1)

Berechnung der Streckenlänge $\overline{MR}$ $\overline{MR} = y_R - y_M$ $\overline{MR} = (5 - 0{,}63)$ LE $\overline{MR} = 4{,}37$ LE	$x_P = x_R - 2$ $x_P = 6 - 2$ $x_P = 4$ $P_4(4 \mid -\log_3(4+2) - 1)$ $P_4(4 \mid 0{,}63)$ $y_P = y_M = 0{,}63$

Berechnung des Maßes φ des Winkels P_4RQ_4.

$$\tan\frac{\varphi}{2} = \frac{\overline{MP_4}}{\overline{MR}}$$

$$\tan\frac{\varphi}{2} = \frac{2\,\text{LE}}{4{,}37\,\text{LE}} = 0{,}46$$

$$\frac{\varphi}{2} = 24{,}59°$$

$$\varphi = 49{,}18°$$

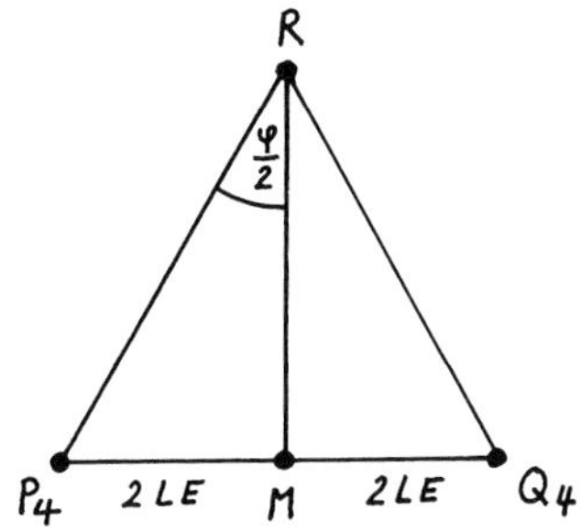

(Wahlteil)

B 2.0 Gegeben: $\overrightarrow{AB_n} = \begin{pmatrix} 3\cos\varphi - 2 \\ 3 \end{pmatrix}$

$\overrightarrow{AC_n} = \begin{pmatrix} 2\cos\varphi - 3 \\ \sin^2 \varphi \end{pmatrix}$

A(2|1)

$\varphi = 30°$:	$\overrightarrow{AB_1} = \begin{pmatrix} 0,60 \\ 3 \end{pmatrix}$	$\overrightarrow{AC_1} = \begin{pmatrix} -1,27 \\ 0,25 \end{pmatrix}$
$\varphi = 90°$:	$\overrightarrow{AB_2} = \begin{pmatrix} -2 \\ 3 \end{pmatrix}$	$\overrightarrow{AC_2} = \begin{pmatrix} -3 \\ 1 \end{pmatrix}$
$\varphi = 150°$:	$\overrightarrow{AB_3} = \begin{pmatrix} -4,60 \\ 3 \end{pmatrix}$	$\overrightarrow{AC_3} = \begin{pmatrix} -4,73 \\ 0,25 \end{pmatrix}$

Einzeichnen der Dreiecke AB_1C_1, AB_2C_2 und AB_3C_3

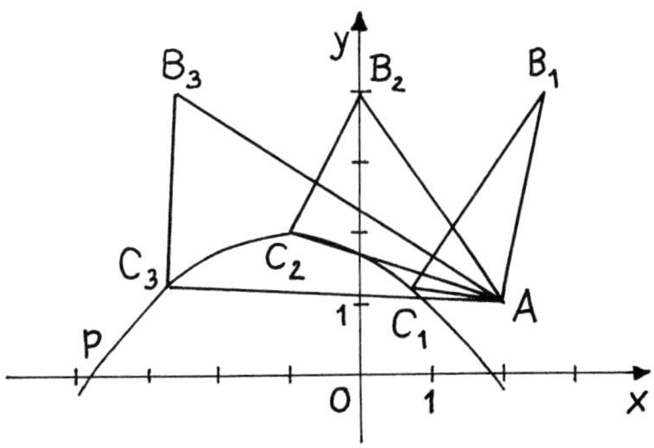

B 2.2 **Berechnen des Winkels α, den die Pfeile $\overrightarrow{AB_1}$ und $\overrightarrow{AC_1}$ einschließen.**

Pfeilkoordinaten:
$$\overrightarrow{AB_1} = \begin{pmatrix} 0{,}60 \\ 3 \end{pmatrix}$$
$$\overrightarrow{AC_1} = \begin{pmatrix} -1{,}27 \\ 0{,}25 \end{pmatrix}$$

Länge der Pfeile:
$$\overline{AB_1} = \sqrt{0{,}60^2 + 3^2}\ \text{LE} = \sqrt{9{,}36}\ \text{LE}$$
$$\overline{AC_1} = \sqrt{(-1{,}27)^2 + (0{,}25)^2}\ \text{LE} = \sqrt{1{,}6754}\ \text{LE}$$

Winkel zwischen zwei Pfeilen: $\alpha \in\ ]0°\,;\,180°[$
$$\cos\alpha = \frac{\overrightarrow{AB_1} \odot \overrightarrow{AC_1}}{\overline{AB_1} \cdot \overline{AC_1}}$$
$$\cos\alpha = \frac{\begin{pmatrix} 0{,}60 \\ 3 \end{pmatrix} \odot \begin{pmatrix} -1{,}27 \\ 0{,}25 \end{pmatrix}}{\sqrt{9{,}36} \cdot \sqrt{1{,}6754}}$$
$$\cos\alpha = \frac{0{,}60 \cdot (-1{,}27) + 3 \cdot 0{,}25}{\sqrt{9{,}36} \cdot \sqrt{1{,}6754}}$$
$$\cos\alpha = -3{,}03 \cdot 10^{-3}$$
$$\alpha = 90{,}17°$$

B 2.3 **Berechnung der Koordinaten der Punkte C_n in Abhängigkeit von φ**

Lösung mit einer Pfeilkette: $\mathbb{G} = \mathbb{R} \times \mathbb{R}$, $\varphi \in [0°\,;\,180°]$

$$\overrightarrow{OC_n} = \overrightarrow{OA} \oplus \overrightarrow{AC_n}$$
$$\overrightarrow{OC_n}(\varphi) = \begin{pmatrix} 2 \\ 1 \end{pmatrix} \oplus \begin{pmatrix} 2\cos\varphi - 3 \\ \sin^2\varphi \end{pmatrix}$$
$$\overrightarrow{OC_n}(\varphi) = \begin{pmatrix} 2 + 2\cos\varphi - 3 \\ 1 + \sin^2\varphi) \end{pmatrix}$$
$$\overrightarrow{OC_n}(\varphi) = \begin{pmatrix} 2\cos\varphi - 1 \\ 1 + \sin^2\varphi \end{pmatrix}$$

Koordinaten der Punkte C_n: $C_n\,(2\cos\varphi - 1 \mid \sin^2\varphi + 1)$

B 2.4 **Ermitteln der Gleichung des Trägergraphen p der Punkte C_n mit dem Parameterverfahren.**

$$\begin{array}{l} x = 2 \cdot \cos\varphi - 1 \\ \wedge\ y = \sin^2\varphi + 1 \end{array}$$

$\mathbb{G} = \mathbb{R} \times \mathbb{R}$
$\varphi \in [0°\,;\,180°]$

$$\Leftrightarrow \begin{array}{l} x + 1 = 2 \cdot \cos\varphi \\ \wedge\ y = (1 - \cos^2\varphi) + 1 \end{array}$$

$$\Leftrightarrow \begin{array}{l} \cos\varphi = 0{,}5\,(x + 1) \\ \wedge\ y = 2 - \cos^2\varphi \end{array}$$

Einsetzen :

$\Leftrightarrow\ y = 2 - (0{,}5(x + 1))^2$

$\Leftrightarrow\ y = 2 - 0{,}25 \cdot (x + 1)^2$

$\Leftrightarrow\ y = -\,0{,}25 \cdot (x + 1)^2 + 2$

Einzeichnen des Trägergraphen p der Punkte C_n (siehe 2.1)

x	- 4	- 3	- 2	- 1	0	1	2
$-\,0{,}25 \cdot (x + 1)^2 + 2$	- 0,25	1	1,75	2	1,75	1	- 0,25

B 2.5 **Berechnen des Wertes von φ , so dass der Punkt C_4 auf der y- Achse liegt**

Für Punkte auf der y-Achse gilt: $x = 0$

Koordinaten der Punkte C_n: $C_n\,(2 \cos\varphi - 1 \mid \sin^2\varphi + 1)$

$2 \cos\varphi - 1 = 0$

$\Leftrightarrow\ 2 \cos\varphi = 1$

$\Leftrightarrow\ \cos\varphi = 0{,}5$

$\Leftrightarrow\ \varphi = 60°\ (\vee\ \varphi = 300°)$

$\mathbb{L} = \{60°\}$

Koordinaten des Punktes $C_4\,(\,0 \mid y\,)$: $y = \sin^2 60° + 1$

$y = 1{,}75$

$C_4\,(\,0 \mid 1{,}75\,)$

B 2.6 **Berechnung von φ:**
Im rechtwinkligen Dreieck AB_5C_5 ist die Strecke $[B_5C_5]$ die Hypotenuse.

Lösung mit dem Skalarprodukt: $\overrightarrow{AB_n} \perp \overrightarrow{AC_n} \iff \overrightarrow{AB_n} \odot \overrightarrow{AC_n} = 0$

$\varphi \in [0° ; 180°]$

$$\begin{pmatrix} 3\cos\varphi - 2 \\ 3 \end{pmatrix} \odot \begin{pmatrix} 2\cos\varphi - 3 \\ \sin^2 \varphi \end{pmatrix} = 0$$

$$\iff (3\cos\varphi - 2) \cdot (2 \cdot \cos\varphi - 3) + 3 \cdot \sin^2\varphi = 0$$

$$\iff 6\cos^2\varphi - 9\cos\varphi - 4\cos\varphi + 6 + 3 \cdot \sin^2\varphi = 0$$

$$\iff 6\cos^2\varphi - 9\cos\varphi - 4\cos\varphi + 6 + 3 \cdot (1 - \cos^2\varphi) = 0$$

$$\iff 6\cos^2\varphi - 13\cos\varphi + 6 + 3 - 3 \cdot \cos^2\varphi = 0$$

$$\iff 3\cos^2\varphi - 13\cos\varphi + 9 = 0$$

Mit $x = \cos\varphi$ gilt:

$$\iff 3x^2 - 13 \cdot x + 9 = 0$$

$a = 3$	$D = b^2 - 4 \cdot a \cdot c$	
$b = -13$	$D = (-13)^2 - 4 \cdot 3 \cdot 9$	$x_{1,2} = \frac{-b \pm \sqrt{D}}{2 \cdot a}$
$c = 9$	$D = 61$	

$$\iff x_{1,2} = \frac{-(-13) \pm \sqrt{61}}{2 \cdot 3}$$

$$\iff x_{1,2} = \frac{13 \pm \sqrt{61}}{6}$$

$$\iff x_1 = 0{,}86 \qquad (\vee \quad x_2 = 3{,}47)$$

Es gilt: $\iff \cos\varphi = 0{,}86495$

$\iff \varphi = 30{,}12° \ (\vee\ \varphi = 329{,}88°)$

$\mathbb{L} = \{ 30{,}12° \}$

Lösungsmuster Mathematik I A 2005

1.0 Abbau eines Medikaments im menschlichen Körper

Anfangsmasse des verabreichten Medikaments:	y_0 in mg
Zeitdauer:	x in h (Stunden)
Masse des Medikaments nach x h:	y in mg
Abklingrate:	n
Funktionsgleichung:	$y = 5{,}0 \cdot 10^{-0{,}07572 \cdot x}$ $\quad (\mathbb{G} = \mathbb{R} \times \mathbb{R})$

1.1 Tabelle:

x	0	1	2	3	4	5	6	7	8
$5{,}0 \cdot 10^{-0{,}07572 \cdot x}$	5,00	4,20	3,53	2,96	2,49	2,09	1,76	1,48	1,24

Einzeichnen des Graphen zu f

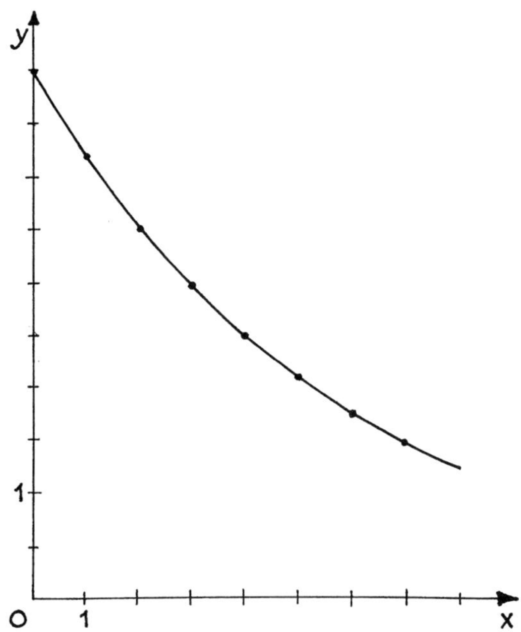

1.2

Wie viel Prozent des Medikaments werden stündlich abgebaut?
Einsetzen des Wertes x = 1 in die Funktionsgleichung.

f mit $y = 5{,}0 \cdot 10^{-0{,}07572 \cdot x}$

Anfangswert: $y = 5{,}0$

Nach 1 Stunde: $y = 5{,}0 \cdot 10^{-0{,}07572 \cdot 1} = 5{,}0 \cdot 0{,}84$

Prozent: $1 - 0{,}84 = 0{,}16$

Stündlich baut der Körper 16% des Medikaments ab.

1.3

Errechnen Sie die Uhrzeiten, zu denen die nächste Verabreichung erfolgen muss.
1) Früheste Uhrzeit: Masse m = 8 mg nicht überschreiten 2) Späteste Uhrzeit: Masse m = 1,5 mg nicht unterschreiten

zu 1) Gleichsetzen: $5{,}0 \cdot 10^{-0{,}07572 \cdot x} = 8 - 5 \qquad x \in \mathbb{R}_0^+$

$$\Leftrightarrow \quad 5{,}0 \cdot 10^{-0{,}07572 \cdot x} = 3$$

$$\Leftrightarrow \quad 10^{-0{,}07572 \cdot x} = 0{,}6$$

$$\Leftrightarrow \quad \log_{10} 0{,}6 = -0{,}07572 \cdot x$$

$$\Leftrightarrow \quad x = \frac{\lg 0{,}6}{-0{,}07572}$$

$$\Leftrightarrow \quad x = 2{,}93$$

$$\mathbb{L} = \{2{,}93\}$$

Früheste Uhrzeit: 10:56 Uhr (8:00 Uhr + 2,93 h)

zu 2) Gleichsetzen: $5{,}0 \cdot 10^{-0{,}07572 \cdot x} = 1{,}5 \qquad x \in \mathbb{R}_0^+$

$$\Leftrightarrow \quad 10^{-0{,}07572 \cdot x} = 0{,}3$$

$$\Leftrightarrow \quad \log_{10} 0{,}3 = -0{,}07572 \cdot x$$

$$\Leftrightarrow \quad x = \frac{\lg 0{,}3}{-0{,}07572}$$

$$\Leftrightarrow \quad x = 6{,}91$$

$$\mathbb{L} = \{6{,}91\}$$

Späteste Uhrzeit: 14:54 Uhr

Die nächste Verabreichung erfolgt optimal zwischen 10:56 Uhr und 14:54 Uhr.

1.4

Berechnen Sie die um 16:00 Uhr im Körper befindliche Masse des Medikaments.
Ermittlung der x-Werte und Einsetzen der x-Werte in die Funktionsgleichung

1. Verabreichung: 8:00 Uhr bis 12:30 Uhr entspricht 4,5 Stunden
x = 4,5 eingesetzt in $y = 5{,}0 \cdot 10^{-0{,}07572 \cdot x}$

$$y = 5{,}0 \cdot 10^{-0{,}07572 \cdot 4{,}5} \qquad y \in IR_0^+$$

$$y = 2{,}28$$
$$IL = \{2{,}28\}$$

Um 12:30 Uhr sind von der 1. Verabreichung noch 2,28 mg wirksam.

2. Verabreichung: 12:30 Uhr bis 16:00 Uhr entspricht 3,5 Stunden
Die Masse um 12:00 Uhr beträgt (2,28 mg + 5,0 mg) = 7,28 mg

x = 3,5 eingesetzt in $y = 7{,}28 \cdot 10^{-0{,}07572 \cdot x} \qquad y \in IR_0^+$

$$y = 7{,}28 \cdot 10^{-0{,}07572 \cdot 3{,}5}$$
$$y = 3{,}95$$
$$IL = \{3{,}95\}$$

Um 16:00 Uhr befinden sich insgesamt noch 3,95 mg Wirkstoff im Körper.

1.5	Berechnen Sie für das Medikament die Abklingrate n.
	Für x = 4 gilt: $y = 0{,}5\ y_o$

Masse des Medikaments nach 4 Stunden: $y = y_o \cdot 10^{n \cdot 4}$
Masse (zur Hälfte abgebaut): $y = 0{,}5 \cdot y_o$

Gleichsetzen: $y_o \cdot 10^{n \cdot 4} = 0{,}5 \cdot y_o$

<=> $10^{n \cdot 4} = 0{,}5$

<=> $4\,n = \lg 0{,}5$

<=> $n = \dfrac{\lg 0{,}5}{4}$

<=> $n = -\,0{,}07526$

$IL = \{-\,0{,}07526\}$

1.6 Diagramm a: Der Abbau findet so statt, dass die niedrigsten Werte konstant sind, die höchsten Werte sind ebenfalls konstant.

Diagramm b: Der Abbau findet so statt, dass die niedrigsten Werte konstant sind, die höchsten Werte nehmen aber zu.

Diagramm c: Der Abbau findet so statt, dass die niedrigsten Werte zunehmen, die höchsten Werte ebenfalls.

Der Patient nimmt dreimal hintereinander die gleiche Masse des Medikaments im Abstand von 6 Stunden ein. Die Verabreichung erfolgt also so, dass eine Restkonzentration im Körper ist. Die niedrigsten Werte steigen somit von Verabreichung zu Verabreichung an, ebenso die höchsten Werte nach den Verabreichungen.

=> Das Diagramm c ist richtig.

2.1 Einzeichnen der Geraden g sowie der Trapeze AB_1C_1D für x = - 0,5 und AB_2C_2D für x = 3

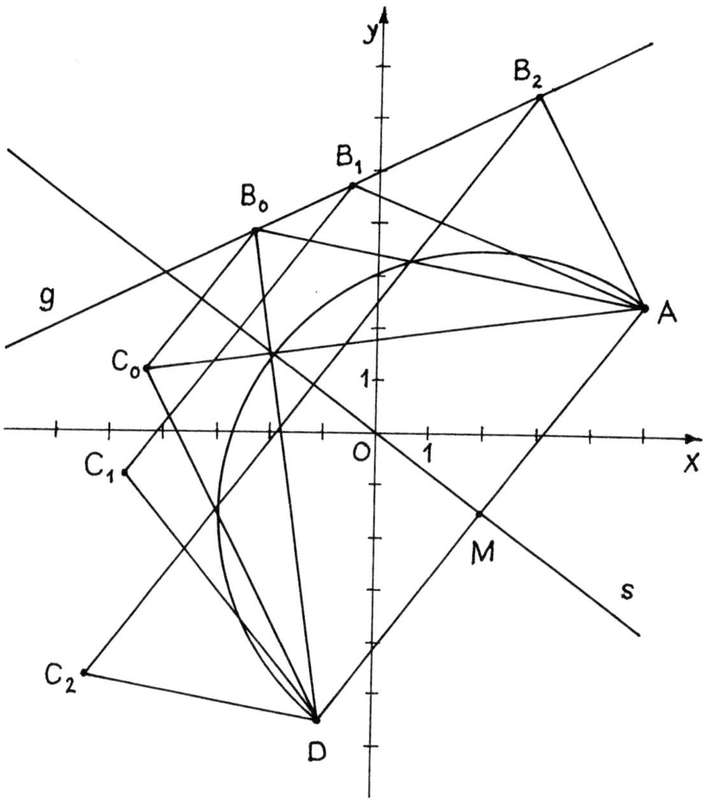

Hinweis:

- Die Punkte A (5 | 2,5) und D (- 1 | - 5,5) liegen fest.
- Die Punkte B_n $(x \mid \frac{1}{2}x + 5)$ liegen auf g mit $y = \frac{1}{2}x + 5$ ($\mathbb{G} = \mathbb{R} \times \mathbb{R}$)

  x = - 0,5: B_1 (- 0,5 | 4,75)

  x = 3: B_2 (3 | 6,5)
- Die Eckpunkte C_1 und C_2 findet man durch Achsenspiegelung der Punkte B_1 und B_2 an der Symmetrieachse s.

2.2

Ermitteln Sie rechnerisch die Koordinaten der Punkte C_n in Abhängigkeit von der Abszisse x der Punkte B_n.
1) Ermittlung der Gleichung der Symmetrieachse s. 2) Die Pfeile $\overrightarrow{OB_n}$ können durch Achsenspiegelung an der Symmetrieachse s auf die Pfeile $\overrightarrow{OC_n}$ abgebildet werden

zu 1) Koordinaten des Mittelpunktes M der Strecke [AD]:

$$M\left(\frac{5+(-1)}{2} \;\middle|\; \frac{2{,}5+(-5{,}5)}{2}\right) \quad ; \quad M(2 \mid -1{,}5)$$

$$\text{Pfeil: } \overrightarrow{AD} = \begin{pmatrix} -1-5 \\ -5{,}5-2{,}5 \end{pmatrix} = \begin{pmatrix} -6 \\ -8 \end{pmatrix}$$

Für die Steigung der Geraden AD gilt: $m_{AD} = \frac{\Delta x}{\Delta y} = \frac{-8}{-6} = \frac{4}{3}$

Für die Steigung der Symmetrieachse s gilt: $m_s \;\; m_{AD} = -1$

$$m_s = -\frac{3}{4}$$

Neigungswinkel: $\tan\varphi = -\frac{3}{4}$ $\qquad \varphi \in\,]\,90° ; 90°\,[$

$$\varphi = -36{,}87° \;;\; (\varphi = 143{,}13°)$$

Abbildungsmatrix: $2\varphi = -73{,}74°$

$$\cos 2\varphi = 0{,}28$$
$$\sin 2\varphi = -0{,}96$$

zu 2) Abbildungsgleichung: $\mathbb{G} = \mathbb{R} \times \mathbb{R}$; $\varphi \in\,]\,0° ; 90°\,[$

$$\begin{pmatrix} x' \\ y' \end{pmatrix} = \begin{pmatrix} \cos 2\varphi & \sin 2\varphi \\ \sin 2\varphi & -\cos 2\varphi \end{pmatrix} \odot \begin{pmatrix} x \\ y \end{pmatrix}$$

$$\begin{pmatrix} x' \\ y' \end{pmatrix} = \begin{pmatrix} 0{,}28 & -0{,}96 \\ -0{,}96 & -0{,}28 \end{pmatrix} \odot \begin{pmatrix} x \\ 0{,}5x+5 \end{pmatrix}$$

$$\Leftrightarrow \begin{array}{|l} x' = 0{,}28 \cdot x - 0{,}96 \cdot (0{,}5x+5) \\ \wedge\; y' = -0{,}96 \cdot x - 0{,}28 \cdot (0{,}5x+5) \end{array}$$

$$\Leftrightarrow \begin{array}{|l} x' = 0{,}28 \cdot x - 0{,}48x - 4{,}80 \\ \wedge\; y' = -0{,}96 \cdot x - 0{,}14x - 1{,}40 \end{array}$$

$$\Leftrightarrow \begin{array}{|l} x' = -0{,}20x - 4{,}80 \\ \wedge\; y' = -1{,}10x - 1{,}40 \end{array}$$

Koordinaten der Eckpunkte C_n: $C_n(-0{,}20x - 4{,}80 \mid -1{,}10x - 1{,}40)$

2.3

Ermitteln Sie die Gleichung des Trägergraphen t der Punkte C_n.
Lösung mit dem Parameterverfahren

Für die Punkte C_n (- 0,20 x - 4,80 | - 1,10 x - 1,40) gilt: $\mathbb{G} = \mathbb{R} \times \mathbb{R}$; $x \in]-4;11[$

$$\begin{array}{ll} \text{I:} & x' = -0{,}20\,x - 4{,}80 \\ \Leftrightarrow \ \text{II.} & \wedge \ y' = -1{,}10\,x - 1{,}40 \end{array} \qquad \Rightarrow \qquad \begin{aligned} x' &= -0{,}20\,x - 4{,}80 \\ 0{,}20\,x &= -x' - 4{,}80 \\ x &= -5\,x' - 24 \end{aligned}$$

$$\begin{array}{ll} \text{I':} & x = -5\,x' - 24 \\ \Leftrightarrow \ \text{II'.} & \wedge \ y' = -1{,}10\,x - 1{,}40 \end{array}$$

Einsetzen: I' in II':

$$\Leftrightarrow \quad y' = -1{,}10 \cdot (-5\,x' - 24) - 1{,}40$$

$$\Leftrightarrow \quad y' = 5{,}5\,x' + 26{,}40 - 1{,}40$$

$$\Leftrightarrow \quad y' = 5{,}5\,x' + 25$$

Gleichung des Trägergraphen: t mit $y = 5{,}5\,x + 25$ $\quad (\mathbb{G} = \mathbb{R} \times \mathbb{R})$

2.4

Bestätigen Sie durch Rechnung die obere Intervallgrenze.
Es gibt keine Trapeze AB_nC_nD, wenn die Punkte D, A, und B_n auf einer Linie liegen.

$$\overrightarrow{AD} = \begin{pmatrix} -6 \\ -8 \end{pmatrix}$$

Für die Gerade AD gilt: $\quad m_{AD} = \frac{\Delta x}{\Delta y} = \frac{-8}{-6} = \frac{4}{3}$

$$y = \frac{4}{3}\,x + t$$

A ∈ AD: $\quad 2{,}5 = \frac{4}{3} \cdot 5 + t$

$$t = 2{,}5 - \frac{20}{3}$$

$$t = -\frac{25}{6}$$

Geradengleichung: $\quad$ AD mit $y = \frac{4}{3}\,x - \frac{25}{6}$

Liegen die Punkte B_n auf der Verlängerung der Strecke [AD], so gibt es keine Trapeze. Man berechnet die x-Koordinate des Schnittpunktes von g und AD.

$$\begin{array}{ll} \text{I.} & y = \frac{4}{3}\,x - \frac{25}{6} \\ \text{II.} & \wedge \ y = \frac{1}{2}\,x + 5 \end{array} \qquad \mathbb{G} = \mathbb{R} \times \mathbb{R}$$

Gleichsetzen: I. = II. => $\frac{4}{3}x - \frac{25}{6} = \frac{1}{2}x + 5$ $\mathbb{G} = \mathbb{R}$

<=> $\frac{4}{3}x - \frac{1}{2}x = 5 + \frac{25}{6}$

<=> $\frac{5}{6}x = \frac{55}{6}$

<=> $x = 11$

<=> $\mathbb{L} = \{11\}$

Die obere Intervallgrenze ist 11: Intervall: Man erhält Trapeze für $x \in]-4;\ 11[$

2.5

Der Schenkel $[DC_3]$ des Trapezes AB_3C_3D liegt parallel zur x-Achse. Bestimmen Sie die x-Koordinate des Eckpunktes C_3 .
Berechnung mit Hilfe der Parameterdarstellung der Punkte C_n .

$[DC_3] \parallel$ x-Achse: y-Koordinate des Punktes C_3 ist gleich der y-Koordinate von D

$C_n(-0{,}20\,x - 4{,}80 \mid -1{,}10\,x - 1{,}40)$
$D(-1 \mid -5{,}5)$

$x \in]-4;\ 11[$

Gleichsetzen: $-1{,}10\,x - 1{,}40 = -5{,}5$

<=> $-1{,}10\,x = -4{,}10$

<=> $x = 3{,}73$

<=> $\mathbb{L} = \{3{,}73\}$

Die x-Koordinate von C_3 erhält man durch Einsetzen des Parameters $x = 3{,}73$ in die zugehörige Parameterdarstellung der Punkte C_n.

$C_n(-0{,}20\,x - 4{,}80 \mid -5{,}5)$
$C_3(-0{,}20 \cdot 3{,}73 - 4{,}80 \mid -5{,}5)$; $C_3(-5{,}55 \mid -5{,}5)$

2.6 Konstruktion des Trapezes AB_0C_0D mit Hilfe des Thaleskreises über [AD].

Berechnen Sie die x-Koordinate des Punktes B_0 des Trapezes AB_0C_0D.
Lösung mit dem Skalarprodukt: $\overrightarrow{AC_n} \perp \overrightarrow{DB_n} \iff \overrightarrow{AC_n} \odot \overrightarrow{DB_n} = 0$

$$\overrightarrow{AC_n} = \begin{pmatrix} -0{,}20x - 4{,}80 - 5 \\ -1{,}10x - 1{,}40 - 2{,}5 \end{pmatrix} = \begin{pmatrix} -0{,}20x - 9{,}80 \\ -1{,}10x - 3{,}90 \end{pmatrix} \qquad -4 < x < 11;\ x \in \mathbb{R}$$

$$\overrightarrow{DB_n} = \begin{pmatrix} x - (-1) \\ 0{,}5x + 5 - (-5{,}5) \end{pmatrix} = \begin{pmatrix} x + 1 \\ 0{,}5x + 10{,}5 \end{pmatrix}$$

$$\begin{pmatrix} -0{,}20x - 9{,}80 \\ -1{,}10x - 3{,}90 \end{pmatrix} \odot \begin{pmatrix} x + 1 \\ 0{,}5x + 10{,}5 \end{pmatrix} = 0$$

<=> $(-0{,}20 - 9{,}80) \cdot (x + 1) + (-1{,}10\,x - 3{,}90) \cdot (0{,}5\,x + 10{,}5) = 0$

$$\Leftrightarrow \quad -0{,}20 \cdot x^2 - 0{,}20\,x - 9{,}80\,x - 9{,}80 - 0{,}55 \cdot x^2 - 11{,}55\,x - 1{,}95\,x - 40{,}95 = 0$$

$$\Leftrightarrow \quad -0{,}75 \cdot x^2 - 23{,}50\,x - 50{,}75 = 0$$

$a = -0{,}75$	$D = b^2 - 4 \cdot a \cdot c$
$b = -23{,}50$	$D = (-23{,}50)^2 - 4 \cdot (-0{,}75) \cdot (-50{,}75)$
$c = -50{,}75$	$D = 400$

$$x_{1,2} = \frac{-b \pm \sqrt{D}}{2 \cdot a}$$

$$\Leftrightarrow \quad x_{1,2} = \frac{-(-23{,}50) \pm \sqrt{400}}{2 \cdot (-0{,}75)}$$

$$\Leftrightarrow \quad x_1 = -2{,}33 \quad (\vee \quad x_2 = -29\,)$$

$$\mathbb{L} = \{-2{,}33\}$$

3.1 Zeichnen der Pyramide ABCS

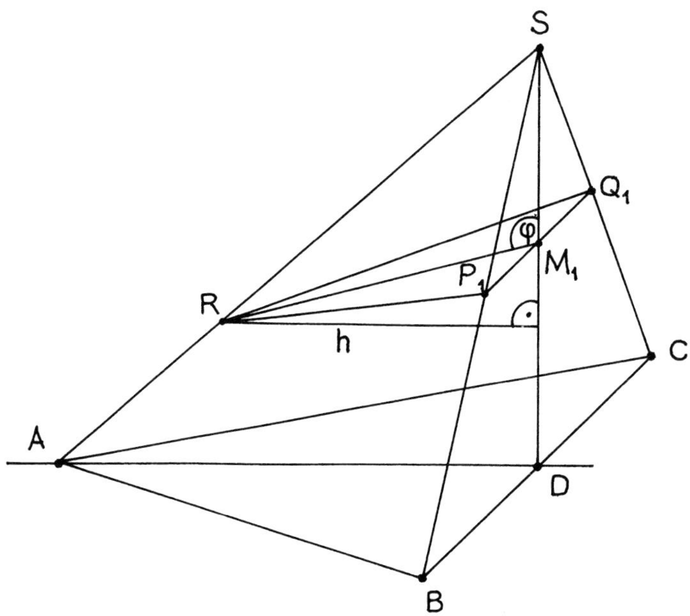

Berechnen Sie das Maß ε des Winkels DAS.
Im rechtwinkligen Dreieck ADS gilt: $\tan\varepsilon = \dfrac{\text{Länge der Gegenkathete}}{\text{Länge der Ankathete}}$

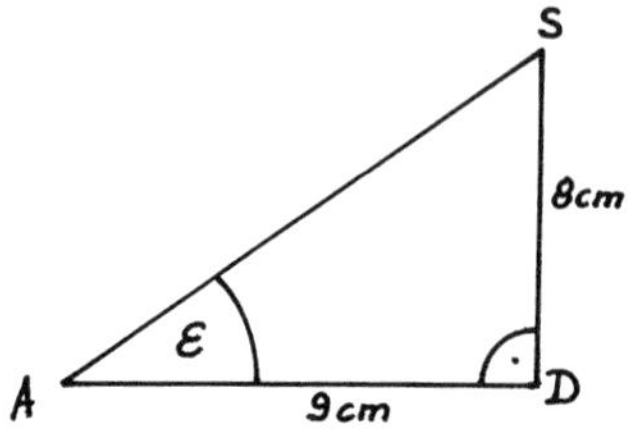

$$\tan\varepsilon = \frac{\overline{DS}}{\overline{AD}} \qquad \varepsilon \in \,]0^\circ; 90^\circ[$$

$$\tan\varepsilon = \frac{8\text{ cm}}{9\text{ cm}}$$

$$\tan\varepsilon = 0{,}89$$

$$\varepsilon = 41{,}63^\circ$$

3.2 Einzeichnen des Dreiecks P_1Q_1R für $\varphi = 105^\circ$ (siehe 3.1)

3.3

Berechnen Sie die Länge der Strecken $[M_nS]$ in Abhängigkeit von φ.
Berechnung von $\overline{M_nS}\ (\varphi)$ im beliebigen Dreieck RM_nS mit dem Sinussatz

Für den Winkel $\gamma = \sphericalangle ASD$ gilt:

$$\gamma = 90^\circ - \varepsilon$$

$$\gamma = 90^\circ - 41{,}63^\circ$$

$$\gamma = 48{,}37^\circ$$

Berechnung der Streckenlänge $\overline{AS}$:

$$\overline{AS}^2 = \overline{AD}^2 + \overline{DS}^2$$

$$\overline{AS}^2 = (9\text{ cm})^2 + (8\text{ cm})^2$$

$$\overline{AS} = \sqrt{145}\text{ cm}$$

$$\overline{AS} = 12{,}04\text{ cm}$$

Berechnung der Streckenlänge $\overline{RS}$:

$$\overline{RS} = \overline{AS} - \overline{AR}$$

$$\overline{RS} = 12{,}04\text{ cm} - 4\text{ cm}$$

$$\overline{RS} = 8{,}04\text{ cm}$$

$$\varphi \in \,]\,66{,}13^\circ; 131{,}63^\circ[$$

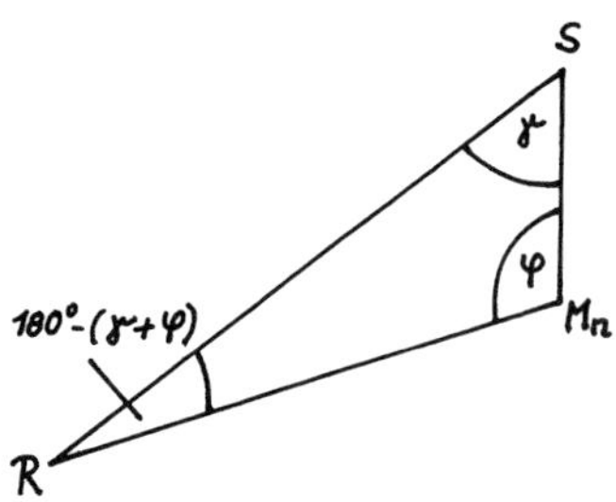

$$\frac{\overline{M_nS}}{\sin(180^\circ - (\gamma + \varphi))} = \frac{\overline{RS}}{\sin\varphi}$$

$$\frac{\overline{M_nS}}{\sin(\gamma + \varphi)} = \frac{\overline{RS}}{\sin\varphi}$$

$$\overline{M_nS}\ (\varphi) = \frac{\overline{RS}}{\sin\varphi} \cdot \sin(\gamma + \varphi)$$

$$\overline{M_nS}\ (\varphi) = \frac{8{,}04\text{ cm} \cdot \sin(48{,}37^\circ + \varphi)}{\sin\varphi}$$

$$\overline{M_nS}\ (\varphi) = \frac{8{,}04 \cdot \sin(48{,}37° + \varphi)}{\sin\varphi}\ \text{cm}$$

Berechnen Sie die Streckenlänge $\overline{P_nQ_n}\ (\varphi)$ in Abhängigkeit von φ.
Berechnung von $\overline{P_nQ_n}\ (\varphi)$ mit dem Vierstreckensatz:

$\varphi \in\ ]\ 66{,}13°\ ;\ 131{,}63°\ [$

$$\frac{\overline{P_nQ_n}\ (\varphi)}{\overline{BC}} = \frac{\overline{M_nS}}{\overline{DS}}$$

$$\overline{P_nQ_n}\ (\varphi) = \frac{\overline{BC}}{\overline{DS}} \cdot \overline{M_nS}\ (\varphi)$$

$$\overline{P_nQ_n}\ (\varphi) = \frac{12\ \text{cm}}{8\ \text{cm}} \cdot \frac{8{,}04 \cdot \sin(48{,}37° + \varphi)}{\sin\varphi}\ \text{cm}$$

$$\overline{P_nQ_n}\ (\varphi) = 1{,}5 \cdot \frac{8{,}04 \cdot \sin(48{,}37° + \varphi)}{\sin\varphi}\ \text{cm}$$

$$\overline{P_nQ_n}\ (\varphi) = \frac{12{,}06 \cdot \sin(48{,}37° + \varphi)}{\sin\varphi}\ \text{cm}$$

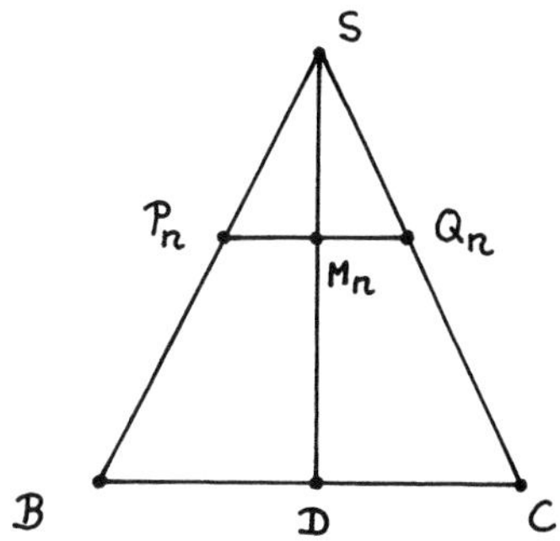

3.4 Einzeichnen der Höhe der Pyramide P_1Q_1SR (siehe 3.1)

Berechnen Sie das Volumen der Pyramide P_1Q_1SR.
1) Berechnung der Höhe h_1 der Pyramide P_1Q_1SR.
2) Berechnung der Pyramidenstrecken $\overline{P_1Q_1}$ und $\overline{M_1S}$.
3) Für das Volumen der Pyramide P_1Q_1SR gilt: $V = \frac{1}{3} \cdot A_G \cdot h$

zu 1) Für die Pyramidenhöhe gilt:

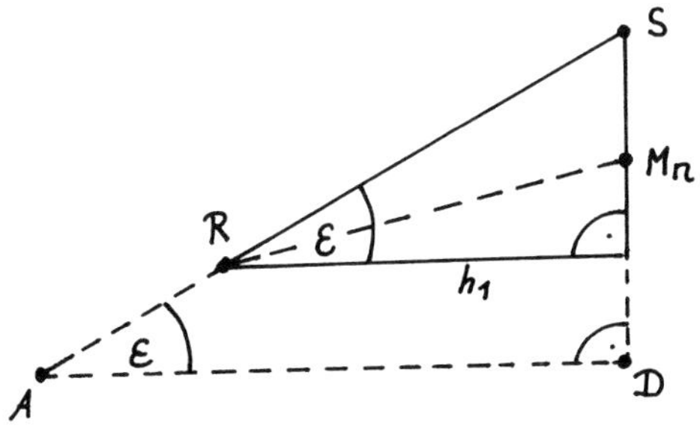

$$\cos\varepsilon = \frac{h_1}{\overline{RS}}$$

$$h_1 = \overline{RS} \cdot \cos\varepsilon$$

$$h_1 = 8{,}04\ \text{cm} \cdot \cos 41{,}63°$$

$$h_1 = 6{,}01\ \text{cm}$$

zu 2) Berechnung der Streckenlängen $\overline{M_1S}$ und $\overline{P_1Q_1}$:

Einsetzen von φ = 105° in:

$$\overline{M_nS}\ (\varphi) = \frac{8{,}04 \cdot \sin(48{,}37° + \varphi)}{\sin\varphi}\ \text{cm}$$

$$\overline{M_1S} = \frac{8{,}04 \cdot \sin(48{,}37° + 105°)}{\sin 105°}\ \text{cm}$$

$$\overline{M_1S} = 3{,}73\ \text{cm}$$

Einsetzen von φ = 105° in:

$$\overline{P_nQ_n}\ (\varphi) = \frac{12{,}06 \cdot \sin(48{,}37° + \varphi)}{\sin\varphi}\ \text{cm}$$

$$\overline{P_1Q_1} = \frac{12{,}06 \cdot \sin(48{,}37° + 105°)}{\sin 105°}\ \text{cm}$$

$$\overline{P_1Q_1} = 5{,}60\ \text{cm}$$

zu 3) Für das Volumen gilt:

$$V = \frac{1}{3} \cdot A_G \cdot h$$

$$V = \frac{1}{3} \cdot \left(\frac{1}{2} \cdot \overline{P_1Q_1} \cdot \overline{M_1S}\right) \cdot h_1$$

$$V = \frac{1}{3} \cdot \left(\frac{1}{2} \cdot 5{,}60\ \text{cm} \cdot 3{,}73\ \text{cm}\right) \cdot 6{,}01\ \text{cm}$$

$$V = 20{,}92\ \text{cm}^3$$

(Abweichungen durch anderes Runden sind möglich!)

3.5	Zeigen Sie, dass für die Dreieckshöhe $\overline{M_nR}$ (φ) in Abhängigkeit von φ gilt: $\overline{M_nR}\ (\varphi) = \frac{6{,}01}{\sin\varphi}$ cm
	Berechnung von $\overline{M_nR}$ (φ) im rechtwinkligen Dreieck mit der Sinusdefinition

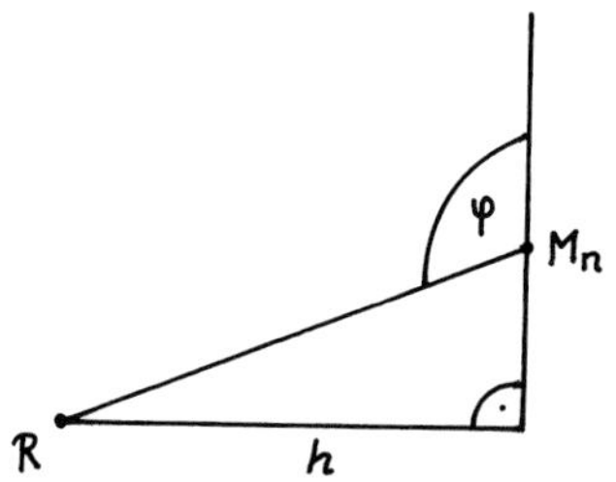

φ ∈] 66,13° ; 131,63° [

$$\sin(180° - \varphi) = \frac{h}{\overline{M_nR(\varphi)}}$$

$$\sin\varphi = \frac{h}{\overline{M_nR(\varphi)}}$$

$$\overline{M_nR}\ (\varphi) = \frac{h}{\sin\varphi}$$

$$\overline{M_nR}\ (\varphi) = \frac{6{,}01}{\sin\varphi}\ \text{cm}$$

Ermitteln Sie den Wert für φ, so dass das Dreieck P_2Q_2S gleichseitig ist.
Für die Höhe im gleichseitigen Dreieck gilt: $h = \frac{a}{2} \cdot \sqrt{3}$

Mit $[P_nQ_n]$ als Dreiecksseite gilt:

$$\overline{M_nR} = \frac{\overline{P_nQ_n}}{2} \cdot \sqrt{3}$$

$$\overline{M_nR} = \frac{1}{2} \cdot \frac{12{,}06 \cdot \sin(48{,}37° + \varphi)}{\sin\varphi} \text{cm} \cdot \sqrt{3}$$

$$\overline{M_nR} = \frac{10{,}44 \cdot \sin(48{,}37° + \varphi)}{\sin\varphi} \text{cm}$$

$\varphi \in \,]\,66{,}13° \,;\, 131{,}63°\,[$

Gleichsetzen: $\frac{10{,}44 \cdot \sin(48{,}37° + \varphi)}{\sin\varphi} = \frac{6{,}01}{\sin\varphi} \quad | \cdot \sin\varphi$

$\Leftrightarrow \quad 10{,}44 \cdot \sin(48{,}37° + \varphi) = 6{,}01$

$\Leftrightarrow \quad \sin(48{,}37° + \varphi) = 0{,}58$

$\Leftrightarrow \quad (48{,}37° + \varphi) = 35{,}15° \;\vee\; (48{,}37° + \varphi) = 144{,}85°$

$\Leftrightarrow \quad (\varphi = -13{,}22° \;\vee)\; \varphi = 96{,}48°$

$\mathbb{L} = \{\,96{,}48°\,\}$

Lösungsmuster Mathematik I B 2005

1.0 Das Moore'sche Gesetz

Speicherdichte im Jahr 1970: $y_0 = \frac{1}{8} \frac{kB}{cm^2}$

Anzahl der Jahre nach 1970: x Jahre

Erreichte Speicherdichte: y in $\frac{kB}{cm^2}$

Funktionsgleichung: $y = \frac{1}{8} \cdot 2^{\frac{x}{1,5}}$ $(\mathbb{G} = \mathbb{R} \times \mathbb{R})$

1.1 Tabelle:

x	0	5	10	15	20	25	30
$\frac{1}{8} \cdot 2^{\frac{x}{1,5}}$	0,13	1,26	12,70	128,00	1290,16	13003,99	131072,00

Einzeichnen des Graphen zu f

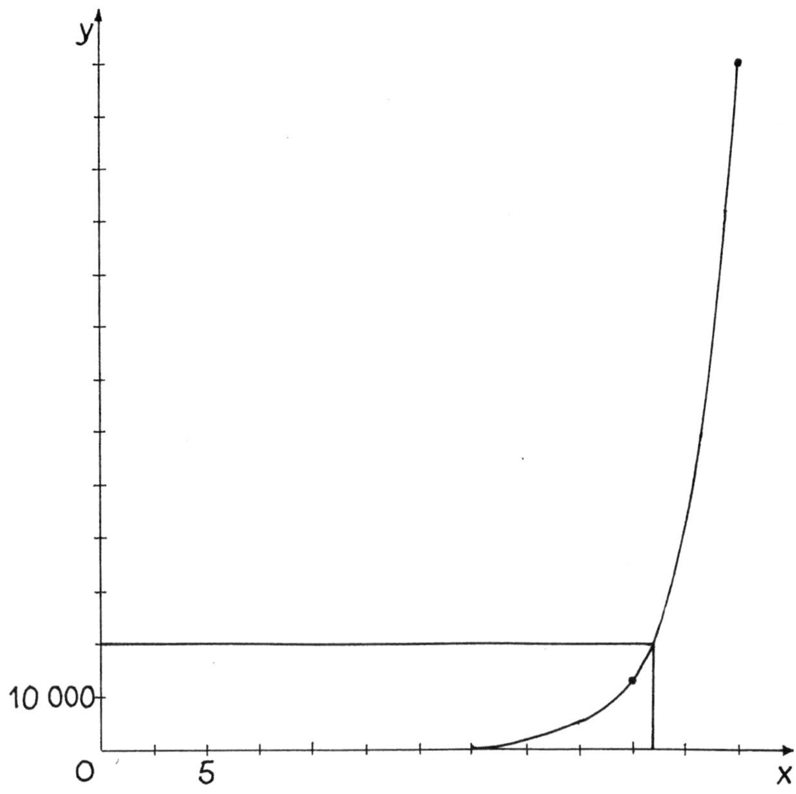

1.2

Berechnen Sie die Speicherdichte $y_{Diskette}$ in der Einheit $\frac{kB}{cm^2}$.
Die Speicherdichte gibt die gespeicherte Datenmenge auf der Speicherfläche an.

Speicherdichte:

$$y_{Diskette} = \frac{Datenmenge}{Speicherfläche} \qquad y \in IR$$

$$y_{Diskette} = \frac{1440\ kB}{102{,}04\ cm^2}$$

$$y_{Diskette} = 14{,}11\ \frac{kB}{cm^2}$$

$$IL = \{14{,}11\}$$

Speicherfläche:

$$A = 2 \cdot (r_1^2 - r_2^2)\ \pi\ cm^2$$

$$A = 2 \cdot (4{,}3^2 - 1{,}5^2)\ \pi\ cm^2$$

$$A = 2 \cdot 51{,}02\ cm^2$$

$$A = 102{,}04\ cm^2$$

Ermitteln Sie, welches Jahr Moore für die Entwicklung einer solchen Diskette vorausgesagt hat.
Lösung durch Gleichsetzen der Terme für die Speicherdichte.

Es gilt: $y = \frac{1}{8} \cdot 2^{\frac{x}{1,5}}$ und $y_{Diskette} = 14{,}11\ \frac{kB}{cm^2}$

Gleichsetzen: $\frac{1}{8} \cdot 2^{\frac{x}{1,5}} = 14{,}11 \quad | \cdot 8 \qquad x \in IR$

$$\Leftrightarrow \quad 2^{\frac{x}{1,5}} = 112{,}88$$

$$\Leftrightarrow \quad \log_2 112{,}88 = \frac{x}{1{,}5}$$

$$\Leftrightarrow \quad x = 1{,}5 \cdot \log_2 112{,}88$$

$$\Leftrightarrow \quad x = 10{,}23$$

$$IL = \{10{,}23\}$$

1970 + x

1970 + 10,23
= 1980,23

Moore hat das Jahr 1980 für die Entwicklung einer solchen Diskette vorausgesagt.

1.3 Aus dem Graphen erhält man x = 10,3.
Mit dem angegebenen Maßstab (2 cm = 5 Jahre) gilt:
10,3 cm = 25,8 Jahre.

1970 + x

1970 + 25,8
= 1995,8

Ein Speichermedium mit der angegebenen Speicherdichte konnte im Jahr 1995 (entsprechend der Zeichengenauigkeit) verwirklicht werden.

1.4

Berechnen Sie, wie viele Jahre zwischen der Einführung der CD und der DVD lagen.
Die Speicherdichte der DVD beträgt das 6,7fache der Speicherfähigkeit der CD.

$$\Delta x = x_{DVD} - x_{CD}$$

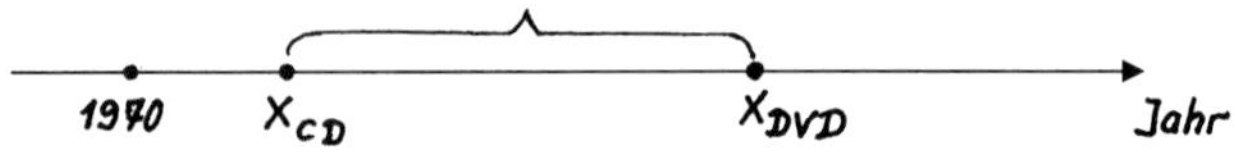

Speicherdichte der DVD = 6,7 · Speicherfähigkeit der CD

Gleichsetzen: $\frac{1}{8} \cdot 2^{\frac{x_{DVD}}{1,5}} = 6,7 \cdot \frac{1}{8} \cdot 2^{\frac{x_{CD}}{1,5}} \quad | \cdot 8$ $\qquad x \in \mathbb{R}$

$\Leftrightarrow \quad 2^{\frac{x_{DVD}}{1,5}} = 6,7 \cdot 2^{\frac{x_{CD}}{1,5}}$

$\Leftrightarrow \quad 2^{\frac{x_{DVD}}{1,5}} : 2^{\frac{x_{CD}}{1,5}} = 6,7$

$\Leftrightarrow \quad 2^{\frac{x_{DVD}}{1,5} - \frac{x_{CD}}{1,5}} = 6,7$

$\Leftrightarrow \quad 2^{\frac{x_{DVD} - x_{CD}}{1,5}} = 6,7$

$\Leftrightarrow \quad \log_2 6,7 = \frac{x_{DVD} - x_{CD}}{1,5}$

$\Leftrightarrow \quad x_{DVD} - x_{CD} = 1,5 \cdot \log_2 6,7$

$\Leftrightarrow \quad \Delta x = 4,12$

$\mathbb{L} = \{4,12\}$

Es lagen etwas über 4 Jahre zwischen der Entwicklung von CD und DVD.

1.5

Berechnen Sie, um welchen Faktor die im Jahr 1999 erreichte Speicherfähigkeit über dem von Moore vorausgesagten Wert liegt.
Vergleich der Speicherdichten durch Gleichsetzen der zugehörigen Werte.

Von Moore vorausgesagter Wert:

$$y = \frac{1}{8} \cdot 2^{\frac{x}{1,5}}$$

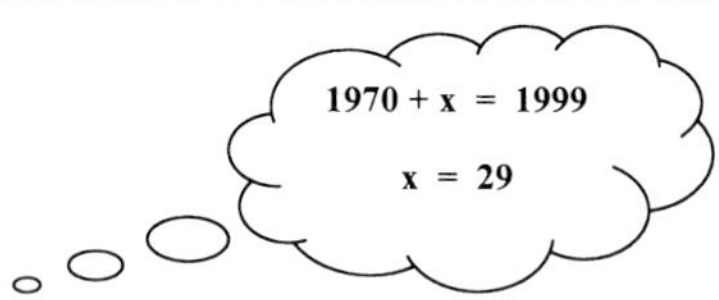

Mit x = 29 gilt: $y = \frac{1}{8} \cdot 2^{\frac{29}{1,5}} \frac{kB}{cm^2}$

$$y = 82570,19 \frac{kB}{cm^2}$$

Tatsächlich erreichter Wert: $y = 1 \cdot 10^6 \frac{kB}{cm^2}$

Vergleich: $1 \cdot 10^6 \frac{kB}{cm^2} : 82570,19 \frac{kB}{cm^2} = 12,11$

Diese Speicherdichte ist 12-mal so groß wie der von Moore vorausgesagte Wert.

2.1 Einzeichnen der Vierecke ABC_1D_1 und ABC_2D_2

$C_n (3 + 6 \cdot \cos\alpha + 4{,}5 \mid - 3 \cdot \cos\alpha + 6)$ $\alpha \in [0° ; 180°]$

$\alpha = 45°$: $C_1 (8{,}74 \mid 3{,}88)$
$\alpha = 100°$: $C_2 (3{,}46 \mid 6{,}52)$

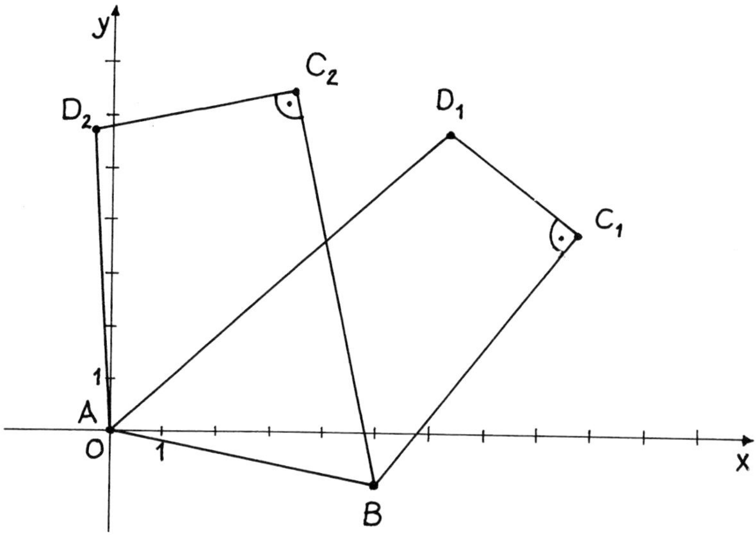

2.2

Berechnen Sie die Koordinaten der Eckpunkte D_n in Abhängigkeit von α.
1. Abbildung: Drehung um O (0 | 0) als Drehpunkt und dem Drehwinkel $\alpha = - 90°$
2. Abbildung: Zentrische Streckung mit dem Zentrum O und $k = \frac{1}{2}$

zu 1) Abbildung der Pfeile $\overrightarrow{C_nB}$ durch Drehung um O (0 | 0) mit dem Drehwinkel $\alpha = - 90°$ auf die Pfeile $\overrightarrow{C_nB^*}$ $\alpha \in [0° ; 180°]$

$$\overrightarrow{C_nB} \xmapsto{O;\ \alpha = -90°} \overrightarrow{C_nB^*}$$

Mit $C_n (3 + 6 \cdot \cos\alpha + 4{,}5 \mid - 3 \cdot \cos\alpha + 6)$ und $B (5 \mid - 1)$ gilt für die Koordinaten der Pfeile $\overrightarrow{C_nB}$:

$$\overrightarrow{C_nB} = \begin{pmatrix} 5 - (6 \cdot \cos\alpha + 4{,}5) \\ -1 - (-3 \cdot \cos\alpha + 6) \end{pmatrix} = \begin{pmatrix} -6 \cdot \cos\alpha + 0{,}5 \\ 3 \cdot \cos\alpha - 7 \end{pmatrix}$$

$$\overrightarrow{C_nB^*} = \begin{pmatrix} \cos\alpha & -\sin\alpha \\ \sin\alpha & \cos\alpha \end{pmatrix} \odot \overrightarrow{C_nB} \qquad \mathbb{G} = \mathbb{R} \times \mathbb{R} \ ; \alpha \in [0° ; 180°]$$

$$\Leftrightarrow \quad \overrightarrow{C_nB^*} = \begin{pmatrix} \cos(-90^\circ) & -\sin(-90^\circ) \\ \sin(-90^\circ) & \cos(-90^\circ) \end{pmatrix} \odot \begin{pmatrix} -6\cdot\cos\alpha + 0{,}5 \\ 3\cdot\cos\alpha - 7 \end{pmatrix}$$

$$\Leftrightarrow \quad \overrightarrow{C_nB^*} = \begin{pmatrix} 0 & 1 \\ -1 & 0 \end{pmatrix} \odot \begin{pmatrix} -6\cdot\cos\alpha + 0{,}5 \\ 3\cdot\cos\alpha - 7 \end{pmatrix}$$

$$\Leftrightarrow \quad \overrightarrow{C_nB^*} = \begin{pmatrix} 3\cdot\cos\alpha - 7 \\ 6\cdot\cos\alpha - 0{,}5 \end{pmatrix}$$

zu 2) $\overrightarrow{C_nD_n} = 0{,}5 \cdot \overrightarrow{C_nB^*}$

$$\begin{pmatrix} x - (6\cdot\cos\alpha + 4{,}5) \\ y - (-3\cdot\cos\alpha + 6) \end{pmatrix} = 0{,}5 \cdot \begin{pmatrix} 3\cdot\cos\alpha - 7 \\ 6\cdot\cos\alpha - 0{,}5 \end{pmatrix}$$

$$\Leftrightarrow \quad \begin{pmatrix} x - 6\cdot\cos\alpha - 4{,}5) \\ y + 3\cdot\cos\alpha - 6 \end{pmatrix} = \begin{pmatrix} 1{,}5\cdot\cos\alpha - 3{,}5 \\ 3\cdot\cos\alpha - 0{,}25 \end{pmatrix}$$

$$\Leftrightarrow \quad \begin{array}{|l} x - 6\cdot\cos\alpha - 4{,}5 = 1{,}5\cdot\cos\alpha - 3{,}5 \\ \wedge \; y + 3\cdot\cos\alpha - 6 = 3\cdot\cos\alpha - 0{,}25 \end{array}$$

$$\Leftrightarrow \quad \begin{array}{|l} x = 7{,}5\cdot\cos\alpha + 1 \\ \wedge \; y = 5{,}75 \end{array}$$

Koordinaten der Punkte D_n: $D_n(\,7{,}5 \cdot \cos\alpha + 1 \mid 5{,}75)$

Alle Punkte D_n besitzen die y-Koordinate 5,75, unabhängig vom Wert des Parameters α. Deshalb liegen alle Punkte auf einer Geraden t.

Gleichung des Trägergraphen: t mit $y = 5{,}75$

2.3	
	Die Seiten $[AD_n]$ sind um 50% länger als die Seiten [AB]. Berechnen Sie den zugehörigen Wert für α.
	1) Berechnung der Streckenlängen (z.B.) $\overline{AD_3}$ und $\overline{AD_n}$ 2) Berechnung des zugehörigen Wertes für α

zu 1) $\overline{AD_3} = \overline{AD_4}$

$\overline{AD_3} = 1{,}5 \cdot \overline{AB}$

$\overline{AD_3} = 1{,}5 \cdot 5{,}10 \text{ LE}$

$\overline{AD_3} = 7{,}65 \text{ LE}$

$\overrightarrow{AB} = \begin{pmatrix} 5 \\ -1 \end{pmatrix}$

$\overline{AB} = \sqrt{5^2 + (-1)^2} \text{ LE}$

$\overline{AB} = \sqrt{26} \text{ LE}$

$\overline{AB} = 5{,}10 \text{ LE}$

$D_n(\,7{,}5 \cdot \cos\alpha + 1 \mid 5{,}75)$ $\alpha \in [0^\circ\,;\,180^\circ]$

Für die Länge $\overline{AD_n}$ gilt: $\overline{AD_n} = \sqrt{(7{,}5\cos\alpha + 1)^2 + 5{,}75^2} \text{ LE}$

zu 2) Gleichsetzen: $\sqrt{(7{,}5 \cos\alpha + 1)^2 + 5{,}75^2} = 7{,}65 \qquad \alpha \in [0° ; 180°]$

Quadrieren: $(7{,}5 \cdot \cos\alpha + 1)^2 + 5{,}75^2 = 7{,}65^2$

$$\Leftrightarrow \quad (7{,}5 \cdot \cos\alpha + 1)^2 = 25{,}46$$

$$\Leftrightarrow \quad 7{,}5 \cdot \cos\alpha + 1 = 5{,}05 \ \vee \ 7{,}5 \cdot \cos\alpha + 1 = -5{,}05$$

$$\Leftrightarrow \quad 7{,}5 \cdot \cos\alpha = 4{,}05 \ \vee \ 7{,}5 \cdot \cos\alpha = -6{,}05$$

$$\Leftrightarrow \quad \cos\alpha = 0{,}54 \ \vee \ \cos\alpha = -0{,}81$$

$$\Leftrightarrow \quad \alpha = 57{,}32° \ \vee \ \alpha = 143{,}77°$$

$$\mathbb{L} = \{57{,}32° ; 143{,}77°\}$$

2.4	Im Viereck ABC_5D_5 ist die Seite $[AD_5]$ parallel zur Seite $[BC_5]$. Berechnen Sie den Wert für α.
	Parallele Strecken haben die gleiche Steigung.

$$\overrightarrow{AD_5} = \begin{pmatrix} 7{,}5 \cdot \cos\alpha + 1 \\ 5{,}75 \end{pmatrix} \qquad \overrightarrow{BC_5} = \begin{pmatrix} 6 \cdot \cos\alpha - 0{,}5 \\ -3 \cdot \cos\alpha + 7 \end{pmatrix}$$

$$m = \frac{5{,}75}{7{,}5 \cdot \cos\alpha + 1} \qquad m = \frac{-3 \cdot \cos\alpha + 7}{6 \cdot \cos\alpha - 0{,}5}$$

$\alpha \in [0° ; 180°]$

Gleichsetzen: $\dfrac{5{,}75}{7{,}5 \cdot \cos\alpha + 1} = \dfrac{-3 \cdot \cos\alpha + 7}{6 \cdot \cos\alpha - 0{,}5}$

$$5{,}75 \cdot (6 \cdot \cos\alpha - 0{,}5) = (7{,}5 \cdot \cos\alpha + 1)(-3 \cdot \cos\alpha + 7)$$

$$\Leftrightarrow \quad 34{,}5 \cdot \cos\alpha - 2{,}875 = -22{,}5 \cdot \cos^2\alpha + 52{,}5 \cdot \cos\alpha - 3 \cdot \cos\alpha + 7$$

$$\Leftrightarrow \quad 22{,}5 \cdot \cos^2\alpha - 15 \cdot \cos\alpha - 9{,}875 = 0$$

Mit $x = \cos\alpha$ gilt:

$a = 22{,}5$	$D = b^2 - 4 \cdot a \cdot c$
$b = -15$	$D = (-15)^2 - 4 \cdot 22{,}5 \cdot (-9{,}875)$
$c = -9{,}875$	$D = 1113{,}75$

$$x_{1,2} = \frac{-b \pm \sqrt{D}}{2 \cdot a}$$

$$\Leftrightarrow \quad x_{1,2} = \frac{-(-15) \pm \sqrt{1113{,}75}}{2 \cdot 22{,}5}$$

$$\Leftrightarrow \quad x_{1,2} = \frac{15 \pm \sqrt{1113{,}75}}{45}$$

$$\Leftrightarrow \quad x_1 = -0{,}41 \qquad \vee \qquad x_2 = 1{,}07$$

Es gilt: $\Leftrightarrow$ $\cos\alpha = -0{,}41$ $(\vee \quad \cos\alpha = 1{,}07)$

$\Leftrightarrow$ $\alpha = 114{,}10°$

$\mathbb{L} = \{ 114{,}10° \}$

2.5

Im Viereck ABC_6D_6 stehen die beiden Seiten $[AB]$ und $[BC_6]$ aufeinander senkrecht. Berechnen Sie den Wert für α.
Lösung mit dem Skalarprodukt: $\overrightarrow{AB} \perp \overrightarrow{BC_6} \Leftrightarrow \overrightarrow{AB} \odot \overrightarrow{BC_6} = 0$

$$\overrightarrow{AB} \odot \overrightarrow{BC_6} = 0$$

$\alpha \in [0° ; 180°]$

$$\begin{pmatrix} 5 \\ -1 \end{pmatrix} \odot \begin{pmatrix} 6\cdot\cos\alpha - 0{,}5 \\ -3\cdot\cos\alpha + 7 \end{pmatrix} = 0$$

$$5 \cdot (6 \cdot\cos\alpha - 0{,}5) + (-1)(-3\cdot\cos\alpha + 7) = 0$$

$\Leftrightarrow$ $30\cdot\cos\alpha - 2{,}5 + 3\cdot\cos\alpha - 7 = 0$

$\Leftrightarrow$ $33\cdot\cos\alpha = 9{,}5$

$\Leftrightarrow$ $\cos\alpha = 0{,}29$

$\Leftrightarrow$ $\alpha = 73{,}27° \quad (\vee \quad \alpha = 286{,}73°)$

$\mathbb{L} = \{ 73{,}27° \}$

3.1 Zeichnen der Pyramide ABCDS

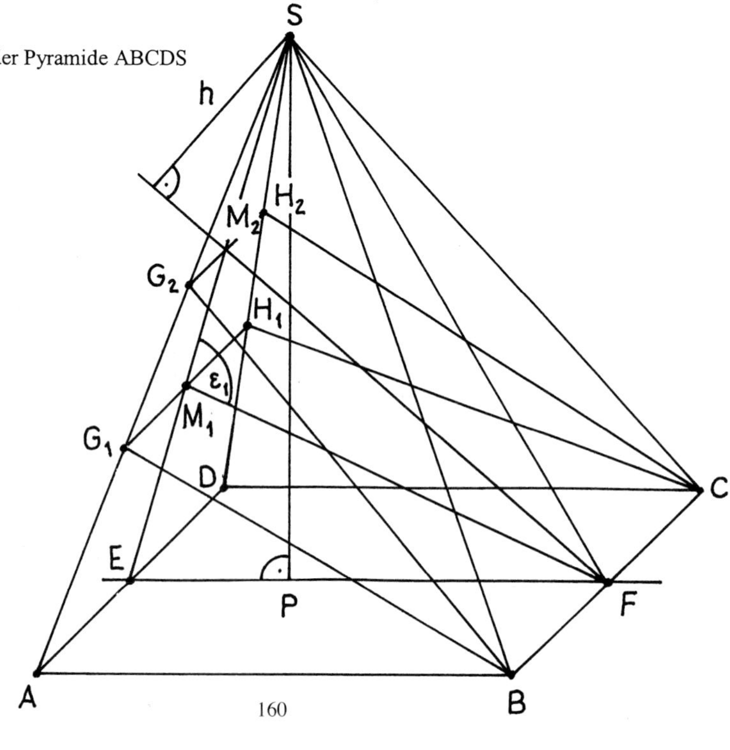

3.2

Berechnen Sie die Länge der Strecke [ES].
1) Berechnung des Winkelmaßes φ des Winkels SFE.
2) Berechnung der Streckenlänge $\overline{ES}$ mit dem Kosinussatz im beliebigen Dreieck EFS.

zu 1) Im rechtwinkligen Dreieck PFS gilt:

$\varphi \in]\,0°\,;\,180°[$

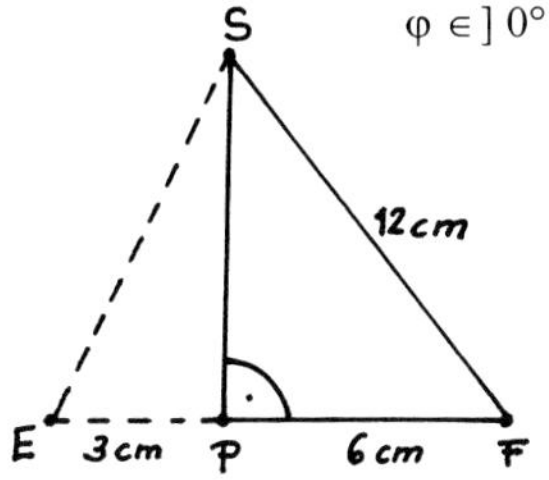

$$\varphi = \sphericalangle SFE$$

$$\cos\varphi = \frac{\overline{PF}}{\overline{FS}}$$

$$\cos\varphi = \frac{6\text{ cm}}{12\text{ cm}} \quad (= 0{,}5)$$

$$\varphi = 60°$$

zu 2) Kosinussatz:

$$\overline{ES}^2 = \overline{EF}^2 + \overline{FS}^2 - 2\cdot\overline{EF}\cdot\overline{FS}\cdot\cos\varphi$$

$$\overline{ES} = \sqrt{9^2 + 12^2 - 2\cdot 9\cdot 12\cdot\cos 60°}\text{ cm}$$

$$\overline{ES} = 10{,}82\text{ cm}$$

Berechnen Sie das Maß γ des Winkels ESF.
Berechnung des Winkelmaßes mit dem Kosinussatz im beliebigen Dreieck EFS.

Im beliebigen Dreieck EFS gilt:

$\gamma \in]0°\,;\,120°[$

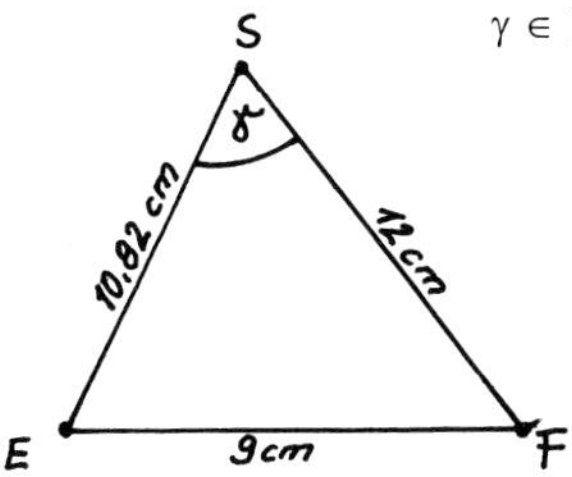

$$\overline{EF}^2 = \overline{ES}^2 + \overline{FS}^2 - 2\cdot\overline{ES}\cdot\overline{FS}\cdot\cos\gamma$$

$$\cos\gamma = \frac{\overline{ES}^2 + \overline{FS}^2 - \overline{EF}^2}{2\cdot\overline{ES}\cdot\overline{FS}}$$

$$\cos\gamma = \frac{10{,}82^2 + 12^2 - 9^2}{2\cdot 10{,}82\cdot 12}$$

$$\cos\gamma = 0{,}69$$

$$\gamma = 46{,}10°$$

3.3 Einzeichnen des Trapezes BCH_1G_1 für $\overline{SM_1} = 7$ cm (siehe 3.1)

3.4

Berechnen Sie die Länge der Strecken $[M_nS]$ in Abhängigkeit von ε.
Berechnung von $\overline{M_nS}$ (ε) im beliebigen Dreieck M_nFS mit dem Sinussatz

$\varepsilon \in]\,73{,}90°\,;\,133{,}90°\,[$

$$\frac{\overline{M_nS}}{\sin(180° - (\gamma + \varepsilon))} = \frac{\overline{FS}}{\sin\varepsilon}$$

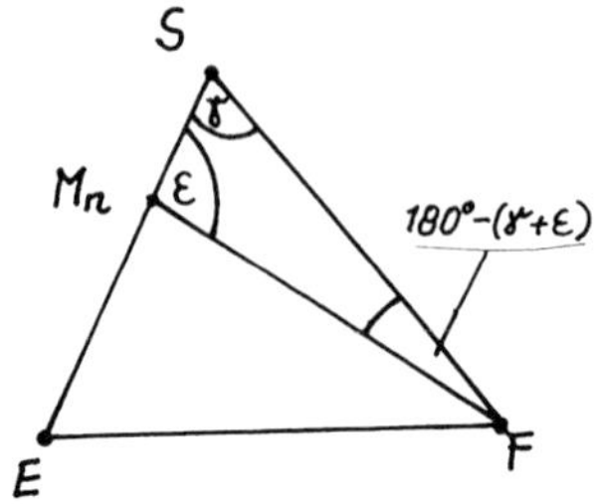

$$\frac{\overline{M_nS}}{\sin(\gamma+\varepsilon))} = \frac{\overline{FS}}{\sin\varepsilon}$$

$$\overline{M_nS}\ (\varepsilon) = \frac{\overline{FS}}{\sin\ \varepsilon} \cdot \sin(\varepsilon + \gamma)$$

$$\overline{M_nS}\ (\varepsilon) = \frac{12\,\text{cm} \cdot \sin(\varepsilon + 46{,}10°)}{\sin\varepsilon}$$

$$\overline{M_nS}\ (\varepsilon) = \frac{12 \cdot \sin(\varepsilon + 46{,}10°)}{\sin\varepsilon}\ \text{cm}$$

Ermitteln Sie ε für $\overline{SM_1} = 7$ cm.
Für die Streckenlängen gilt: $\overline{SM_1} = 7\ \text{cm} \wedge \overline{M_nS}\ (\varepsilon) = \frac{12 \cdot \sin(\varepsilon + 46{,}10°)}{\sin\varepsilon}$ cm

Gleichsetzen:

$\varepsilon \in\ ]\ 73{,}90°\ ;\ 133{,}90°\ [$

$$\frac{12 \cdot \sin(\varepsilon + 46{,}10°)}{\sin\varepsilon} = 7$$

<=> $12 \cdot \sin(\varepsilon + 46{,}10°) = 7 \cdot \sin\varepsilon \quad |\ :12$

<=> $\sin(\varepsilon + 46{,}10°) = 0{,}58 \cdot \sin\varepsilon$

<=> $\sin\varepsilon \cdot \cos 46{,}10° + \cos\varepsilon \cdot \sin 46{,}10° = 0{,}58 \cdot \sin\varepsilon$

<=> $0{,}69 \cdot \sin\varepsilon + 0{,}72 \cdot \cos\varepsilon = 0{,}58 \cdot \sin\varepsilon$

<=> $0{,}11 \cdot \sin\varepsilon = -\,0{,}72 \cdot \cos\varepsilon \quad |\ : \cos\varepsilon \neq 0$

<=> $\frac{\sin\varepsilon}{\cos\varepsilon} = \frac{-0{,}72}{0{,}11}$

<=> $\tan\varepsilon = -\,6{,}55$

<=> $(\varepsilon = -\,81{,}31°) \quad \varepsilon = 98{,}69°$

$\mathbb{L} = \{\ 98{,}69°\ \}$

3.5 Einzeichnen des Trapezes BCH_2G_2 für ε = 115° und der Pyramidenhöhe h (siehe 3.1)

Berechnen Sie das Volumen der Pyramide BCH_2G_2S.
1) Berechnung der Pyramidenstrecken $\overline{FM_2}$, $\overline{M_2S}$ und $\overline{G_2H_2}$.   2) Berechnung der Höhe h_2 der Pyramide BCH_2G_2S.   3) Für das Volumen der Pyramide gilt: $V = \frac{1}{3} \cdot A_G \cdot h$

zu 1) Berechnung von $\overline{FM_2}$ im beliebigen Dreieck M_2FS mit dem Sinussatz

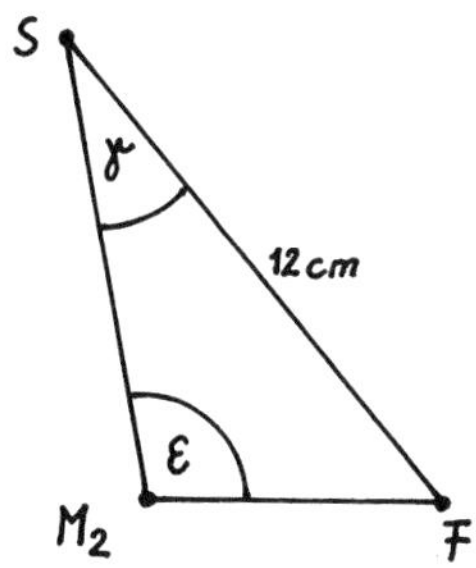

$$\frac{\overline{FM_2}}{\sin\gamma} = \frac{\overline{SF}}{\sin\varepsilon}$$

$$\overline{FM_2} = \frac{\overline{SF}}{\sin\varepsilon} \cdot \sin\gamma$$

$$\overline{FM_2} = \frac{12\,\text{cm}}{\sin 115°} \cdot \sin 46{,}10°$$

$$\overline{FM_2} = 9{,}54\ \text{cm}$$

Berechnung von $\overline{M_2S}$ im beliebigen Dreieck M_2FS mit dem Sinussatz

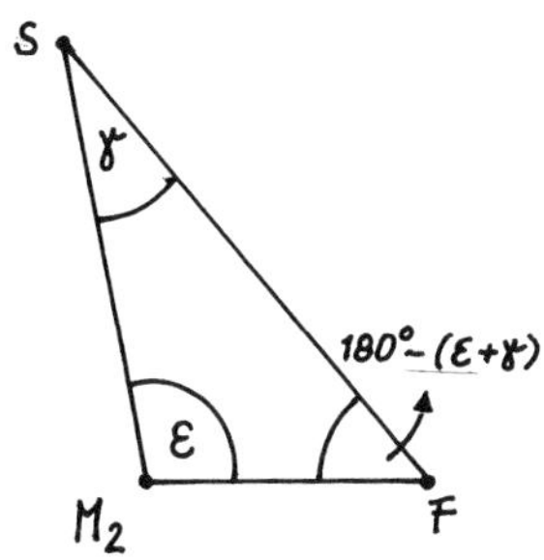

$$\frac{\overline{M_2S}}{\sin(180° - (\varepsilon + \gamma))} = \frac{\overline{SF}}{\sin\varepsilon}$$

$$\frac{\overline{M_2S}}{\sin(\varepsilon + \gamma)} = \frac{\overline{SF}}{\sin\varepsilon}$$

$$\overline{M_2S} = \frac{\overline{SF}}{\sin\varepsilon} \cdot \sin(\varepsilon + \gamma)$$

$$\overline{M_2S} = \frac{12\,\text{cm}}{\sin 115°} \cdot \sin(115° + 46{,}10°)$$

$$\overline{M_2S} = 4{,}29\ \text{cm}$$

Berechnung von $\overline{G_2H_2}$ mit dem Vierstreckensatz:

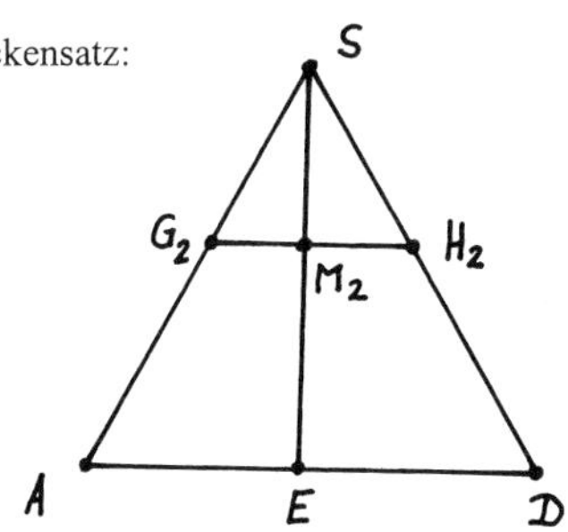

$$\frac{\overline{G_2H_2}}{\overline{AD}} = \frac{\overline{M_2S}}{\overline{ES}}$$

$$\overline{G_2H_2} = \frac{\overline{M_2S}}{\overline{ES}} \cdot \overline{AD}$$

$$\overline{G_2H_2} = \frac{4{,}29\,\text{cm}}{10{,}82\,\text{cm}} \cdot 10\ \text{cm}$$

$$\overline{G_2H_2} = 3{,}96\ \text{cm}$$

zu 2) Für die Pyramidenhöhe gilt:

$\varphi_2 = \sphericalangle SFM_2$:

$\varphi_2 = 180° - (\varepsilon + \gamma)$

$\varphi_2 = 180° - (115° + 46{,}10°)$

$\varphi_2 = 18{,}9°$

$$\sin\varphi_2 = \frac{h_2}{\overline{FS}}$$

$h_2 = \overline{FS} \cdot \sin\varphi_2$

$h_2 = 12\ \text{cm} \cdot \sin 18{,}9°$

$h_2 = 3{,}89\ \text{cm}$

zu 3) Für das Volumen gilt:

$$V = \frac{1}{3} \cdot A_G \cdot h$$

$$V = \frac{1}{3} \cdot (\frac{1}{2} \cdot (\overline{BC} + \overline{G_2H_2}) \cdot \overline{FM_2}) \cdot h_2$$

$$V = \frac{1}{3} \cdot (\frac{1}{2} \cdot (10\ \text{cm} + 3{,}96\ \text{cm}) \cdot 9{,}54\ \text{cm}) \cdot 3{,}89\ \text{cm}$$

$$V = 86{,}34\ \text{cm}^3$$

(Abweichungen durch anderes Runden sind möglich!)

Lösungsmuster Mathematik I A 2004

1.0 Der Kondensator - ein Speicher für elektrische Energie

Aufladevorgang:	Kondensatorspannung:	U = y V (Volt)
	Zeit:	t = x s (Sekunden)

Die Kondensatorspannung y V (Volt) wird in Abhängigkeit von der Zeit x s (Sekunden) für x ≥ 0 durch die Funktion f_1 mit der Gleichung $y = 7 - 7 \cdot 2{,}72^{-0{,}5x}$ mit $\mathbb{G} = \mathbb{R} \times \mathbb{R}$ beschrieben.

1.1 Tabelle:

x	0	1	2	3	4	5	6
$7 - 7 \cdot 2{,}72^{-0{,}5x}$	0	2,76	4,43	5,44	6,05	6,43	6,65

Einzeichnen des Graphen zu f_1

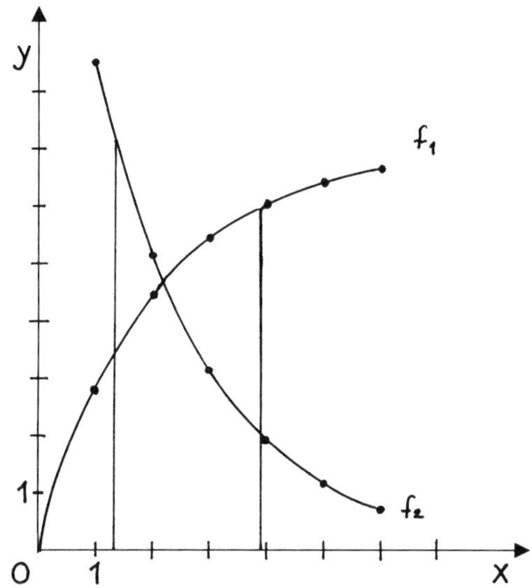

1.2

Berechnen Sie, auf wie viel Prozent der Sättigungsspannung die Kondensatorspannung nach 2,60 s angestiegen ist.
1) Berechnung der Spannung nach 2,60 s 2) Ermittlung des Prozentsatzes

zu 1) Einsetzen von x = 2,60 in die Funktionsgleichung:

$y \in \mathbb{R}$: $y = 7 - 7 \cdot 2{,}72^{-0{,}5x}$

$y = 7 - 7 \cdot 2{,}72^{-0{,}5 \cdot 2{,}60}$

$\Leftrightarrow$ $y = 5{,}09$

$\mathbb{L} = \{5{,}09\}$

Sättigungsspannung
U_{max} = 7 V
(maximale Spannung am Kondensator)

Die Kondensatorspannung hat nach 2,60 Sekunden den Wert 5,09 V erreicht.

zu 2) Prozentualer Anteil: $p = \frac{U}{U_{max}} = \frac{5{,}09\,V}{7\,V} \cdot 100\,\% = 72{,}71\,\%$

Die Kondensatorspannung beträgt nach t = 2,60 s 72,71% der Sättigungsspannung.

1.3	Berechnen Sie die Zeit, nach der die Kondensatorspannung auf 84% der Sättigungsspannung angestiegen ist.
	1) Berechnung der zugehörigen Spannung U 2) Berechnung der erforderlichen Zeit t

zu 1) $U = 84\%$ von U_{max}

$U = 84\% \cdot U_{max}$

$U = 0{,}84 \cdot 7\,V$

$U = 5{,}88\,V$

$x \in \mathbb{R}$

zu 2) Gleichsetzen: $(7 - 7 \cdot 2{,}72^{-0{,}5x})\,V = 5{,}88\,V$

$<=> \quad -7 \cdot 2{,}72^{-0{,}5x} = 5{,}88 - 7$

$<=> \quad -7 \cdot 2{,}72^{-0{,}5x} = -1{,}22$

$<=> \quad 7 \cdot 2{,}72^{-0{,}5x} = 1{,}22 \quad | :7$

$<=> \quad 2{,}72^{-0{,}5x} = 0{,}16$

$<=> \quad -0{,}5 \cdot x = \log_{2{,}72} 0{,}16$

$<=> \quad -0{,}5 \cdot x = -1{,}83$

$<=> \quad x = 3{,}66$

$\mathbb{L} = \{3{,}66\}$

Nach 3,66 Sekunden hat der Kondensator 84% der Sättigungsspannung erreicht.

1.4 Entladevorgangvorgang:

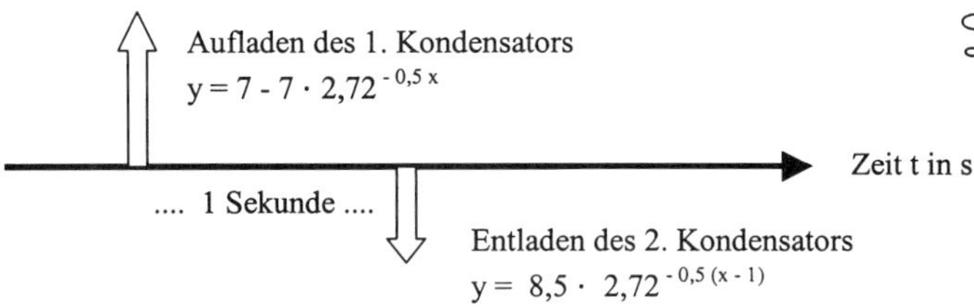

Der Zusammenhang zwischen der Zeit x s und der Spannung y V an diesem Kondensator wird durch die Funktion f_2 mit der Gleichung $y = 8{,}5 \cdot 2{,}72^{-0{,}5(x-1)}$ mit $\mathbb{G} = \mathbb{R} \times \mathbb{R}$ für $x \geq 1$ beschrieben.

Tabelle:

x	1	2	3	4	5	6
$8{,}5 \cdot 2{,}72^{-0{,}5\,(x-1)}$	8,50	5,15	3,13	1,89	1,15	0,70

Einzeichnen des Graphen zu f_2 (siehe 1.1)

1.5 Nach welchen Zeiten unterscheiden sich die Spannungen an beiden Kondensatoren um 4,0 V voneinander?

Graphische Lösung - Ablesen der Werte aus dem Koordinatensystem (siehe 1.1)

1. Möglichkeit: Nach einer Zeit von 1,3 Sekunden: $\Delta U = 4{,}0$ V
1. Kondensator: U = 7,3 V
2. Kondensator: U = 3,3 V

Ablesen auf 1/10 genau!

2. Möglichkeit: Nach einer Zeit von 3,9 Sekunden: $\Delta U = 4{,}0$ V
1. Kondensator: U = 2,0 V
2. Kondensator: U = 6,0 V

1.6 Berechnen Sie die Zeit x s, nach der an beiden Kondensatoren die gleiche Spannung anliegt.

Lösung durch Gleichsetzen der beiden Funktionsterme

Für die Spannungen gilt:

$$U_{1.\text{Kondensator}} = (7 - 7 \cdot 2{,}72^{-0{,}5\,x})\ \text{V}$$
$$U_{2.\text{Kondensator}} = (8{,}5 \cdot 2{,}72^{-0{,}5\,(x-1)})\ \text{V}$$

auf 1/100 runden!

$$U_{1.\text{Kondensator}} = U_{2.\text{Kondensator}}$$

Gleichsetzen:

$$7 - 7 \cdot 2{,}72^{-0{,}5\,x} = 8{,}5 \cdot 2{,}72^{-0{,}5\,(x-1)} \qquad x \in \mathbb{R}$$
$$\Leftrightarrow \quad 7 - 7 \cdot 2{,}72^{-0{,}5\,x} = 8{,}5 \cdot 2{,}72^{-0{,}5\,x + 0{,}5}$$
$$\Leftrightarrow \quad 7 - 7 \cdot 2{,}72^{-0{,}5\,x} = 8{,}5 \cdot 2{,}72^{-0{,}5\,x} \cdot 2{,}72^{0{,}5}$$
$$\Leftrightarrow \quad 7 - 7 \cdot 2{,}72^{-0{,}5\,x} = 2{,}72^{-0{,}5\,x} \cdot 8{,}5 \cdot 2{,}72^{0{,}5}$$
$$\Leftrightarrow \quad 7 - 7 \cdot 2{,}72^{-0{,}5\,x} = 2{,}72^{-0{,}5\,x} \cdot 14{,}02$$
$$\Leftrightarrow \quad 7 - 7 \cdot 2{,}72^{-0{,}5\,x} = 14{,}02 \cdot 2{,}72^{-0{,}5\,x}$$
$$\Leftrightarrow \quad 7 = 14{,}02 \cdot 2{,}72^{-0{,}5\,x} + 7 \cdot 2{,}72^{-0{,}5\,x}$$
$$\Leftrightarrow \quad 7 = 21{,}02 \cdot 2{,}72^{-0{,}5\,x}$$
$$\Leftrightarrow \quad 0{,}33 = 2{,}72^{-0{,}5\,x}$$
$$\Leftrightarrow \quad -0{,}5 \cdot x = \log_{2{,}72} 0{,}33$$
$$\Leftrightarrow \quad -0{,}5 \cdot x = -1{,}11$$
$$\Leftrightarrow \quad x = 2{,}22$$
$$\mathbb{L} = \{2{,}22\}$$

Nach 2,22 s liegt an beiden Kondensatoren die gleiche Spannung an.
(Hinweis: Abweichungen durch anderes Runden möglich, z.B. x = 2,20)

2.1 $B_n(3 + 4 \cdot \cos\varphi \mid 1 - 3 \cdot \sin^2\varphi)$ $\varphi \in [0° ; 123{,}27°[$

$\varphi = 90°$: $B_1(3 \mid -2)$
$\varphi = 60°$: $B_2(5 \mid -1{,}25)$

Hinweis: Die Punkte $A(1 \mid -1)$ und $C(5 \mid 1)$ sind feste Eckpunkte der Vierecke AB_nCD_n. Zur Konstruktion der Eckpunkte D_n kann man nutzen:
- S ist der Mittelpunkt von [AC]
- S ist der Teilpunkt der Strecke $[B_nD_n]$ mit $\overline{B_nS} : \overline{SD_n} = 1 : 3$

Zeichnen der Vierecke AB_1CD_1 für $\varphi = 90°$ und AB_2CD_2 für $\varphi = 60°$

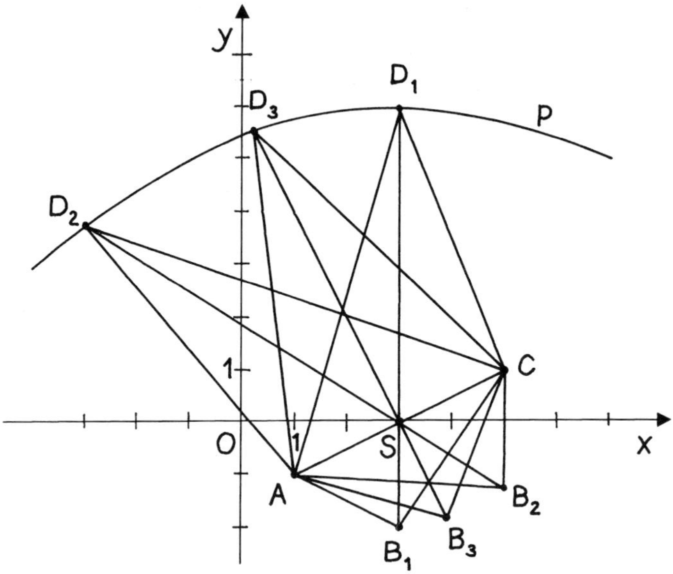

2.2

Berechnen Sie die Koordinaten der Punkte D_n in Abhängigkeit von φ.
1) Berechnung der benötigten Koordinaten
2) Die Punkte B_n können auf die Punkte D_n abgebildet werden (Pfeilkette).

zu 1) Koordinaten des Mittelpunktes S der Diagonalen [AC]:

$$S\left(\frac{1+5}{2} \,\middle|\, \frac{-1+1}{2}\right) ;\ S(3 \mid 0)$$

Koordinaten der Punkte D_n: $D_n(x \mid y)$

Pfeilkoordinaten: $$\overrightarrow{B_nS} = \begin{pmatrix} 3 - (3 + 4\cos\varphi) \\ 0 - (1 - 3\sin^2\varphi) \end{pmatrix} = \begin{pmatrix} -4\cos\varphi \\ -1 + 3\sin^2\varphi \end{pmatrix}$$

zu 2) Lösung mit einer Pfeilkette: $\mathbb{G} = \mathbb{R} \times \mathbb{R}$

$\varphi \in [0° ; 123{,}27°[$

$$\overrightarrow{OD_n} = \overrightarrow{OS} \oplus \overrightarrow{SD_n}$$

$$\overrightarrow{OD_n} = \overrightarrow{OS} \oplus 3 \cdot \overrightarrow{B_nS}$$

$$\overrightarrow{OD_n} = \begin{pmatrix} 3 \\ 0 \end{pmatrix} \oplus 3 \cdot \begin{pmatrix} -4\cos\varphi \\ -1+3\sin^2\varphi \end{pmatrix}$$

$$\overrightarrow{OD_n} = \begin{pmatrix} 3 \\ 0 \end{pmatrix} \oplus \begin{pmatrix} 3\,(-4\cos\varphi) \\ 3\,(-1+3\sin^2\varphi) \end{pmatrix}$$

$$\overrightarrow{OD_n} = \begin{pmatrix} 3 \\ 0 \end{pmatrix} \oplus \begin{pmatrix} -12\cos\varphi \\ -3+9\sin^2\varphi) \end{pmatrix}$$

$$\overrightarrow{OD_n} = \begin{pmatrix} 3-12\cos\varphi \\ -3+9\sin^2\varphi) \end{pmatrix}$$

Koordinaten der Punkte D_n: $D_n\,(\,3 - 12 \cdot \cos\varphi \mid -3 + 9 \cdot \sin^2\varphi\,)$

Zeigen Sie rechnerisch, dass sich die Gleichung des Trägergraphen p der Punkte D_n in der Form $y = -\frac{1}{16} \cdot (x-3)^2 + 6$ darstellen lässt.
Lösung mit dem Parameterverfahren

$\mathbb{G} = \mathbb{R} \times \mathbb{R}$

$\varphi \in [0° ; 123{,}27°[$

$$\begin{array}{|l} x = 3 - 12 \cdot \cos\varphi \\ \wedge\ y = -3 + 9 \cdot \sin^2\varphi \end{array}$$

$$\Leftrightarrow \begin{array}{|l} 12 \cdot \cos\varphi = 3 - x \\ \wedge\ y = -3 + 9 \cdot (1 - \cos^2\varphi) \end{array}$$

$$\Leftrightarrow \begin{array}{|l} \cos\varphi = \frac{1}{12}(3 - x) \\ \wedge\ y = -3 + 9 - 9 \cdot \cos^2\varphi \end{array}$$

$$\Leftrightarrow y = -3 + 9 - 9 \cdot \left(\frac{1}{12}(3-x)\right)^2$$

$$\Leftrightarrow y = 6 - 9 \cdot \frac{1}{144} \cdot (3 - x)^2$$

$$\Leftrightarrow y = -\frac{9}{144} \cdot (3 - x)^2 + 6$$

$$\Leftrightarrow y = -\frac{1}{16} \cdot [-(x - 3)]^2 + 6$$

$$\Leftrightarrow y = -\frac{1}{16} \cdot (x - 3)^2 + 6$$

Gleichung des Trägergraphen: p mit $y = -\frac{1}{16} \cdot (x - 3)^2 + 6$ $(\mathbb{G} = \mathbb{R} \times \mathbb{R})$

Einzeichnen des Trägergraphen p (siehe 2.1)

2.3 Einzeichnen des Drachenvierecks AB_3CD_3 (siehe 2.1)

Unter den Vierecken AB_nCD_n gibt es ein Drachenviereck AB_3CD_3. Bestimmen Sie rechnerisch den zugehörigen Wert für φ .
Im Drachenviereck sind die beiden Diagonalen zueinander senkrecht.

$$\overrightarrow{AC} = \begin{pmatrix} 5-1 \\ 1-(-1) \end{pmatrix} = \begin{pmatrix} 4 \\ 2 \end{pmatrix}$$

$$\overrightarrow{B_3D_3} = \begin{pmatrix} (3-12\cdot\cos\varphi)-(3+4\cdot\cos\varphi) \\ (-3+9\cdot\sin^2\varphi)-(1-3\cdot\sin^2\varphi) \end{pmatrix}$$

$$\overrightarrow{B_3D_3} = \begin{pmatrix} 3-12\cdot\cos\varphi-3-4\cdot\cos\varphi \\ -3+9\cdot\sin^2\varphi-1+3\cdot\sin^2\varphi) \end{pmatrix}$$

$$\overrightarrow{B_3D_3} = \begin{pmatrix} -16\cdot\cos\varphi \\ -4+12\cdot\sin^2\varphi \end{pmatrix}$$

$$\overrightarrow{B_3D_3} = \begin{pmatrix} -16\cdot\cos\varphi \\ -4+12\cdot(1-\cos^2\varphi) \end{pmatrix}$$

$$\overrightarrow{B_3D_3} = \begin{pmatrix} -16\cdot\cos\varphi \\ -4+12-12\cdot\cos^2\varphi) \end{pmatrix}$$

$$\overrightarrow{B_3D_3} = \begin{pmatrix} -16\cdot\cos\varphi \\ 8-12\cdot\cos^2\varphi \end{pmatrix}$$

Lösung mit dem Skalarprodukt: $\overrightarrow{AC} \perp \overrightarrow{B_3D_3} \iff \overrightarrow{AC} \odot \overrightarrow{B_3D_3} = 0$

$\varphi \in [0° ; 123,27°[$

$$\begin{pmatrix} 4 \\ 2 \end{pmatrix} \odot \begin{pmatrix} -16\cdot\cos\varphi \\ 8-12\cdot\cos^2\varphi \end{pmatrix} = 0$$

$$\iff 4\cdot(-16\cos\varphi) + 2\cdot(8-12\cos^2\varphi) = 0$$

$$\iff -64\cos\varphi + 16 - 24\cos^2\varphi = 0$$

$$\iff -24\cos^2\varphi - 64\cos\varphi + 16 = 0$$

Mit $x = \cos\varphi$ gilt:

$$\iff -24x^2 - 64\cdot x + 16 = 0$$

$a = -24$	$D = b^2 - 4\cdot a\cdot c$
$b = -64$	$D = (-64)^2 - 4\cdot(-24)\cdot 16$
$c = 16$	$D = 5632$

$$x_{1,2} = \frac{-b \pm \sqrt{D}}{2\cdot a}$$

$$\Leftrightarrow \quad x_{1,2} = \frac{-(-64) \pm \sqrt{5632}}{2\cdot(-24)}$$

$$\Leftrightarrow \quad x_{1,2} = \frac{64 \pm \sqrt{5632}}{-48}$$

$$\Leftrightarrow \quad x_1 = 0{,}23 \qquad \vee \qquad x_2 = -2{,}90$$

Es gilt: $\Leftrightarrow \quad \cos\varphi = 0{,}23 \qquad (\vee \quad \cos\varphi = -2{,}90)$

$$\Leftrightarrow \quad \varphi = 76{,}69° \ (\vee\ \varphi = 283{,}31°)$$

$$\mathbb{L} = \{\, 76{,}69° \,\}$$

Koordinaten des Punktes B_3: $B_3\,(\,3 + 4 \cdot \cos 76{,}69° \mid 1 - 3 \cdot \sin^2 76{,}69°\,)$

$B_3\,(\,3{,}92 \mid -1{,}84\,)$

2.4

Zeigen Sie, dass sich der Flächeninhalt $A(\varphi)$ der Vierecke AB_nCD_n in Abhängigkeit von φ wie folgt darstellen lässt: $A(\varphi) = (-24 \cdot \cos^2\varphi + 16 \cdot \cos\varphi + 16)$ FE.
Für den Flächeninhalt der Vierecke gilt: $A_{AB_nCD_n} = A_{\Delta AB_nC} + A_{\Delta ACD_n}$

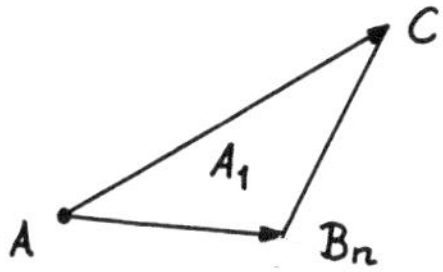

$$\overrightarrow{AC} = \begin{pmatrix} 4 \\ 2 \end{pmatrix}$$

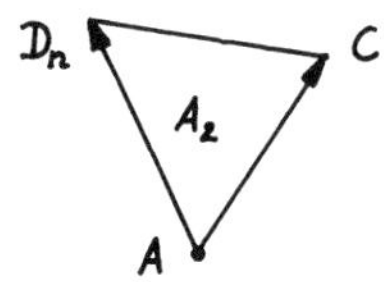

$$\overrightarrow{AB_n} = \begin{pmatrix} 3 + 4 \cdot \cos\varphi - 1 \\ 1 - 3 \cdot \sin^2\varphi - (-1) \end{pmatrix} \qquad \overrightarrow{AD_n} = \begin{pmatrix} (3 - 12 \cdot \cos\varphi) - 1 \\ (-3 + 9 \cdot \sin^2\varphi) - (-1) \end{pmatrix}$$

$$\overrightarrow{AB_n} = \begin{pmatrix} 2 + 4 \cdot \cos\varphi \\ 2 - 3 \cdot \sin^2\varphi \end{pmatrix} \qquad \overrightarrow{AD_n} = \begin{pmatrix} 2 - 12 \cdot \cos\varphi \\ (-2 + 9 \cdot \sin^2\varphi) \end{pmatrix}$$

$$\overrightarrow{AB_n} = \begin{pmatrix} 2 + 4 \cdot \cos\varphi \\ 2 - 3 \cdot (1 - \cos^2\varphi) \end{pmatrix} \qquad \overrightarrow{AD_n} = \begin{pmatrix} 2 - 12 \cdot \cos\varphi \\ -2 + 9 \cdot (1 - \cos^2\varphi) \end{pmatrix}$$

$$\overrightarrow{AB_n} = \begin{pmatrix} 2 + 4 \cdot \cos\varphi \\ 2 - 3 + 3 \cdot \cos^2\varphi) \end{pmatrix} \qquad \overrightarrow{AD_n} = \begin{pmatrix} 2 - 12 \cdot \cos\varphi \\ -2 + 9 - 9 \cdot \cos^2\varphi \end{pmatrix}$$

$$\overrightarrow{AB_n} = \begin{pmatrix} 2 + 4 \cdot \cos\varphi \\ -1 + 3 \cdot \cos^2\varphi \end{pmatrix} \qquad \overrightarrow{AD_n} = \begin{pmatrix} 2 - 12 \cdot \cos\varphi \\ 7 - 9 \cdot \cos^2\varphi \end{pmatrix}$$

$$A_1 = 0{,}5 \cdot \begin{vmatrix} 2 + 4 \cdot \cos\varphi & 4 \\ -1 + 3 \cdot \cos^2\varphi & 2 \end{vmatrix} \text{ FE}$$

$$A_1 = 0{,}5 \cdot [2 \cdot (2 + 4 \cdot \cos\varphi) - 4 \cdot (-1 + 3 \cdot \cos^2\varphi)] \text{ FE}$$

$$A_1 = 0{,}5 \cdot [\,4 + 8 \cdot \cos\varphi + 4 - 12 \cdot \cos^2\varphi] \text{ FE}$$

$$A_1 = 0{,}5 \cdot [-12 \cdot \cos^2\varphi + 8 \cdot \cos\varphi + 8\,] \text{ FE}$$

$$A_1 = (-6 \cdot \cos^2\varphi + 4 \cdot \cos\varphi + 4) \text{ FE}$$

$$A_2 = 0{,}5 \cdot \begin{vmatrix} 4 & 2 - 12 \cdot \cos\varphi \\ 2 & 7 - 9 \cdot \cos^2\varphi \end{vmatrix} \text{ FE}$$

$$A_2 = 0{,}5 \cdot [4 \cdot (7 - 9 \cdot \cos^2\varphi) - 2 \cdot (2 - 12 \cdot \cos\varphi)] \text{ FE}$$

$$A_2 = 0{,}5 \cdot [28 - 36 \cdot \cos^2\varphi - 4 + 24 \cdot \cos\varphi] \text{ FE}$$

$$A_2 = 0{,}5 \cdot [-36 \cdot \cos^2\varphi + 24 \cdot \cos\varphi + 24] \text{ FE}$$

$$A_2 = (-18 \cdot \cos^2\varphi + 12 \cdot \cos\varphi + 12) \text{ FE}$$

Für den Flächeninhalt der Vierecke gilt: $A(\varphi) = A_1 + A_2$

$$A(\varphi) = (-6 \cdot \cos^2\varphi + 4 \cdot \cos\varphi + 4) \text{ FE} + (-18 \cdot \cos^2\varphi + 12 \cdot \cos\varphi + 12) \text{ FE}$$
$$A(\varphi) = (-24 \cdot \cos^2\varphi + 16 \cdot \cos\varphi + 16) \text{ FE}$$

2.5 Unter den Vierecken AB_nCD_n besitzt das Viereck AB_oCD_o den Flächeninhalt A_{max}. Berechnen Sie diesen Flächeninhalt und den zugehörigen Wert von φ.

Extremwertbestimmung durch Quadratische Ergänzung

$$A(x) = (-24 \cdot \cos^2\varphi + 16 \cdot \cos\varphi + 16) \text{ FE}$$

Mit $x = \cos\varphi$ gilt: $\varphi \in [0° ; 123{,}27°[$

$$A(x) = (-24x^2 + 16x + 16) \text{ FE}$$

$$T(x) = -24x^2 + 16x + 16$$

$$T(x) = -24 \cdot (x^2 - \frac{16}{24}x - \frac{16}{24})$$

$$T(x) = -24 \cdot (x^2 - \frac{2}{3}x - \frac{2}{3})$$

$$\Leftrightarrow \quad T(x) = -24 \cdot [x^2 - \frac{2}{3}x + \left(\frac{1}{3}\right)^2 - \left(\frac{1}{3}\right)^2 - \frac{2}{3}]$$

$$\Leftrightarrow \quad T(x) = -24 \cdot [(x - \frac{1}{3})^2 - \frac{1}{9} - \frac{6}{9}]$$

$$\Leftrightarrow \quad T(x) = -24 \cdot [(x - \frac{1}{3})^2 - \frac{7}{9}]$$

$$\Leftrightarrow \quad T(x) = -24 \cdot [(x - \frac{1}{3})^2 + 24 \cdot \frac{7}{9}]$$

Für $x = \frac{1}{3}$ erhält man die größtmögliche Fläche $A_{max} = 24 \cdot \frac{7}{9}$ FE

Es gilt: $\cos\varphi = x$; $\cos\varphi = \frac{1}{3}$

$\varphi = 70{,}53°$ $(\vee\ \varphi = 289{,}47°)$

Mit $\varphi \in [0° ; 123{,}27°[$ gilt: $\mathbb{L} = \{70{,}53°\}$

Für $\varphi = 70{,}53°$ erhält man die größtmögliche Fläche $A_{max} = 18{,}67$ FE

3.1 Zeichnen der Pyramide PQRS

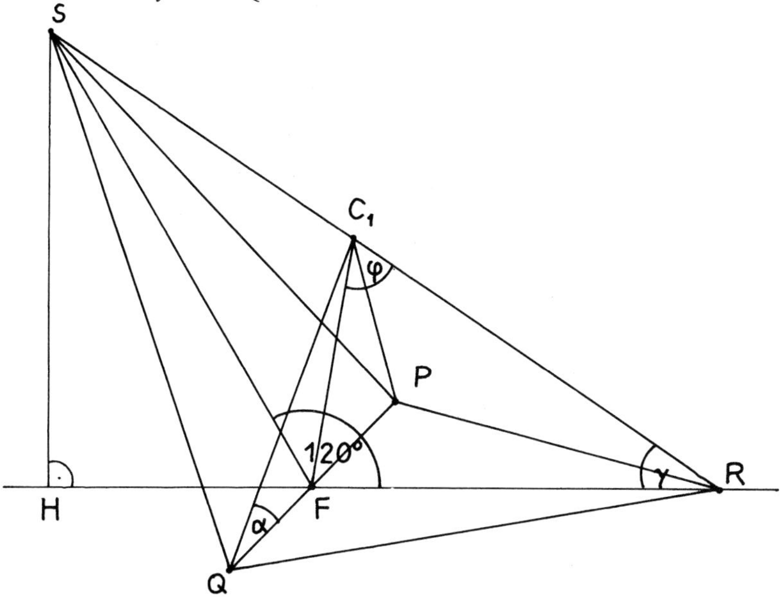

Berechnen Sie sodann die Streckenlänge $\overline{RS}$.
Berechnung der Streckenlänge $\overline{RS}$ mit dem Kosinussatz im beliebigen Dreieck FRS.

Für die Höhe [FR] im gleichseitigen Dreieck gilt: $h = \frac{a}{2}\sqrt{3}$

$$h = \frac{9\,cm}{2}\sqrt{3}$$

$$h = 4{,}5\sqrt{3}\ cm$$

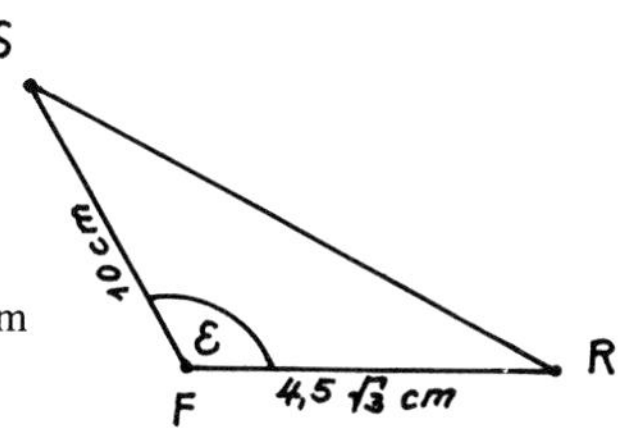

$\varepsilon = \sphericalangle RFS = 120°$

$\overline{RS}^2 = \overline{FR}^2 + \overline{FS}^2 - 2 \cdot \overline{FR} \cdot \overline{FS} \cdot \cos\varepsilon$

$\overline{RS} = \sqrt{(4{,}5\sqrt{3})^2 + 10^2 - 2 \cdot 4{,}5\sqrt{3} \cdot 10 \cdot \cos 120°}$ cm

$\overline{RS} = 15{,}45$ cm

Berechnen Sie das Maß γ des Winkels SRF.
Berechnung mit dem Sinussatz im beliebigen Dreieck FRS.

$\gamma = \sphericalangle SRF$

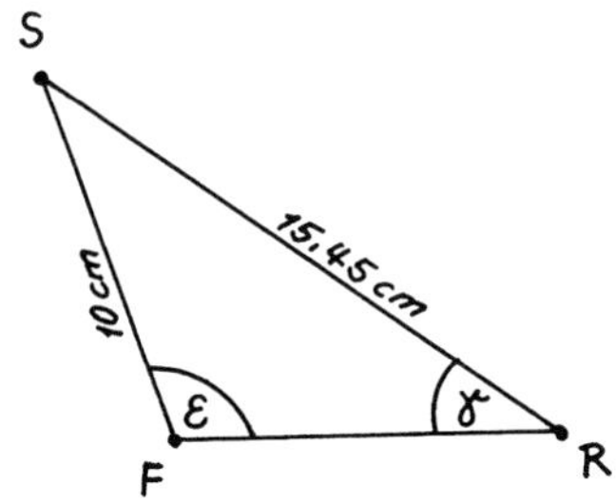

Sinussatz:

$\gamma \in \,]\,0° ; 60,0°[$

$$\frac{\sin\gamma}{\overline{FS}} = \frac{\sin\varepsilon}{\overline{RS}}$$

$$\sin\gamma = \frac{\overline{FS}}{\overline{RS}} \cdot \sin\varepsilon$$

$$\sin\gamma = \frac{10\,\text{cm}}{15{,}45\text{ cm}} \cdot \sin 120° \quad (= 0{,}56)$$

$$\gamma = 34{,}09° \quad (\vee\ \gamma = 145{,}91°)$$

3.2 Einzeichnen der Pyramide $PQRC_1$ für $\varphi = 65°$ (siehe 3.1)

Geben Sie das Intervall für φ an, sodass man Pyramiden $PQRC_n$ erhält. Berechnen Sie dazu die Intervallgrenzen auf zwei Stellen nach dem Komma gerundet.
1) Untere Intervallgrenze: Die Punkte C_n liegen auf S. 2) Obere Intervallgrenze: Die Punkte C_n nähern sich R.

zu 1) Untere Intervallgrenze:

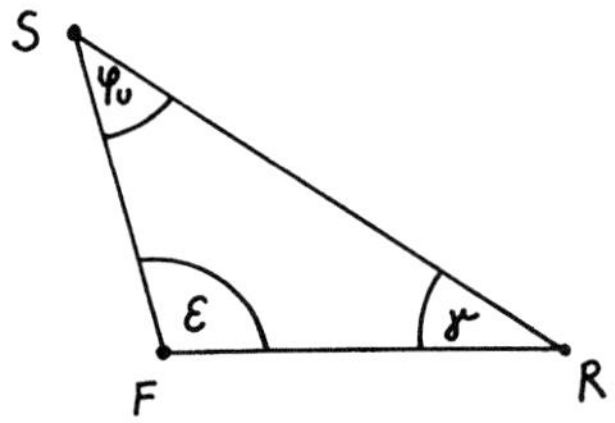

$\varphi_u = 180° - (120° + \gamma)$

$\varphi_u = 180° - (120° + 34{,}09°)$

$\varphi_u = 25{,}91°$

zu 2) Obere Intervallgrenze:

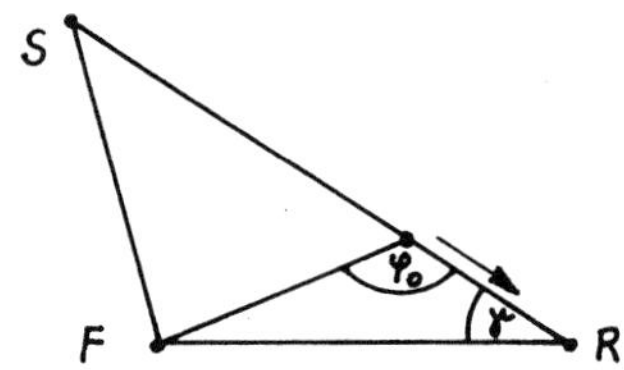

$\varphi_o = 180° - \gamma$

$\varphi_o = 180° - 34{,}09°$

$\varphi_o = 145{,}91°$

Intervall: $\varphi \in [25{,}91° ; 145{,}91°[$

3.3

Ermitteln Sie rechnerisch das Volumen $V(\varphi)$ der Pyramiden $PQRC_n$ in Abhängigkeit von φ.
1) Berechnung der Streckenlänge $\overline{C_nR}\,(\varphi)$ 2) Berechnung der Höhe $h\,(\varphi)$ der Pyramiden $PQRC_n$ 3) Für das Volumen der Pyramiden gilt: $V = \frac{1}{3} \cdot A_G \cdot h$

zu 1) Berechnung von $\overline{C_nR}\,(\varphi)$ im beliebigen Dreieck FRC_n mit dem Sinussatz

$\varphi \in [25{,}91° ; 145{,}91°[$

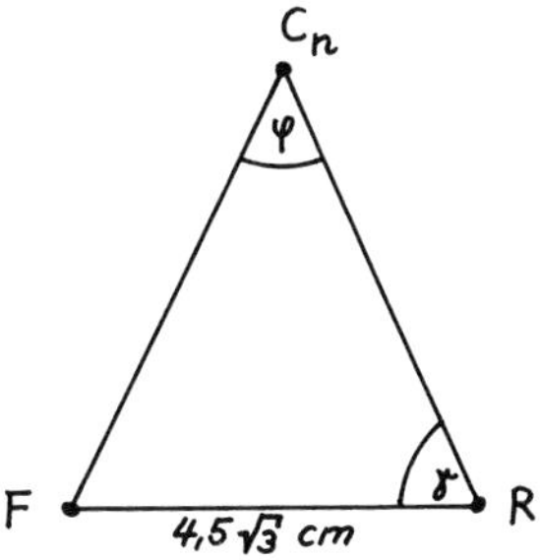

$$\frac{\overline{C_nR(\varphi)}}{\sin(180^\circ - (\gamma + \varphi))} = \frac{\overline{FR}}{\sin\varphi}$$

$$\frac{\overline{C_nR(\varphi)}}{\sin(\gamma + \varphi)} = \frac{\overline{FR}}{\sin\varphi}$$

$$\overline{C_nR}(\varphi) = \frac{\overline{FR}}{\sin\varphi} \cdot \sin(\varphi + \gamma)$$

$$\overline{C_nR}(\varphi) = \frac{4{,}5 \cdot \sqrt{3}\,\text{cm}}{\sin\varphi} \cdot \sin(\varphi + 34{,}09^\circ)$$

$$\overline{C_nR}(\varphi) = \frac{7{,}79 \cdot \sin(\varphi + 34{,}09^\circ)}{\sin\varphi}\,\text{cm}$$

zu 2) $\varphi \in [25{,}91^\circ ; 145{,}91^\circ[$

$$\sin\gamma = \frac{h(\varphi)}{\overline{C_nR(\varphi)}}$$

$$h(\varphi) = \overline{C_nR}(\varphi) \cdot \sin\gamma$$

$$h(\varphi) = \frac{7{,}79 \cdot \sin(\varphi + 34{,}09^\circ)}{\sin\varphi} \cdot \sin 34{,}09^\circ\,\text{cm}$$

$$h(\varphi) = \frac{4{,}37 \cdot \sin(\varphi + 34{,}09^\circ)}{\sin\varphi}\,\text{cm}$$

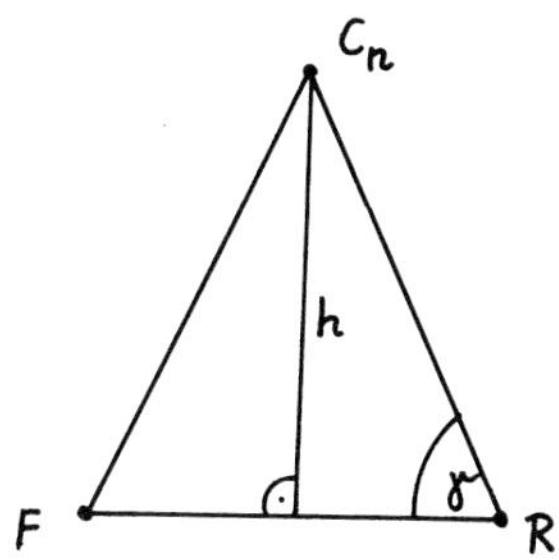

zu 3) Für das Volumen gilt:

$$V = \frac{1}{3} \cdot A_G \cdot h$$

$$V(\varphi) = \frac{1}{3} \cdot \left(\frac{1}{2} \cdot \overline{PQ} \cdot \overline{FR}\right) \cdot h(\varphi)$$

$$V(\varphi) = \frac{1}{3} \cdot \left(\frac{1}{2} \cdot 9\,\text{cm} \cdot 4{,}5\sqrt{3}\,\text{cm}\right) \cdot \frac{4{,}37 \cdot \sin(\varphi + 34{,}09^\circ)}{\sin\varphi}\,\text{cm}$$

$$V(\varphi) = 51{,}09 \cdot \frac{\sin(\varphi + 34{,}09^\circ)}{\sin\varphi}\,\text{cm}^3$$

(Abweichungen durch anderes Runden sind möglich!)

3.4

Das Maß α der Winkel PQC_n in den Dreiecken QPC_n hängt vom Maß der Winkel FC_nR ab. Berechnen Sie die Länge der Strecken $[FC_n]$ in Abhängigkeit von φ.
Berechnung der Streckenlänge $\overline{FC_n}(\varphi)$ im beliebigen Dreieck FCR_n

Sinussatz:

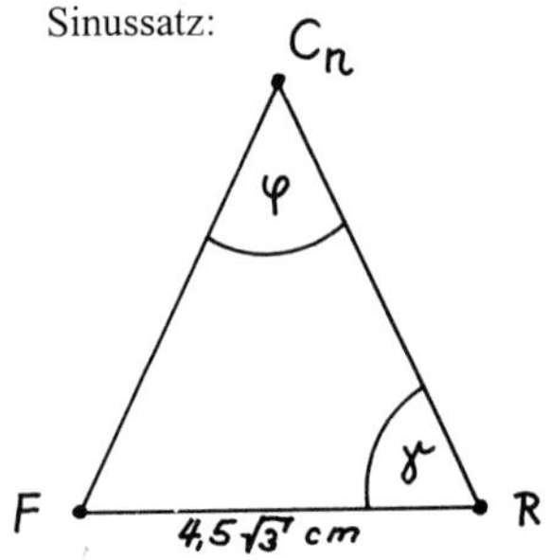

$\varphi \in [25{,}91° ; 145{,}91°[$

$$\frac{\overline{FC_n}(\varphi)}{\sin\gamma} = \frac{\overline{FR}}{\sin\varphi}$$

$$\overline{FC_n}(\varphi) = \frac{\overline{FR}}{\sin\varphi} \cdot \sin\gamma$$

$$\overline{FC_n}(\varphi) = \frac{4{,}5 \cdot \sqrt{3}\text{ cm}}{\sin\varphi} \cdot \sin 34{,}09°$$

$$\overline{FC_n}(\varphi) = \frac{4{,}37}{\sin\varphi}\text{ cm}$$

Zeigen Sie, dass gilt: $\tan\alpha = \frac{0{,}97}{\sin\varphi}$.
Im rechtwinkligen Dreieck QFC_n gilt: : $\tan\alpha = \frac{\text{Länge der Gegenkathete}}{\text{Länge der Ankathete}}$

$\varphi \in [25{,}91° ; 145{,}91°[$

$$\tan\alpha = \frac{\overline{FC_n}(\varphi)}{\overline{QF}}$$

$$\tan\alpha = \frac{\frac{4{,}37}{\sin\varphi}\text{ cm}}{4{,}5\text{ cm}}$$

$$\tan\alpha = \frac{4{,}37}{4{,}5\sin\varphi}$$

$$\tan\alpha = \frac{0{,}97}{\sin\varphi}$$

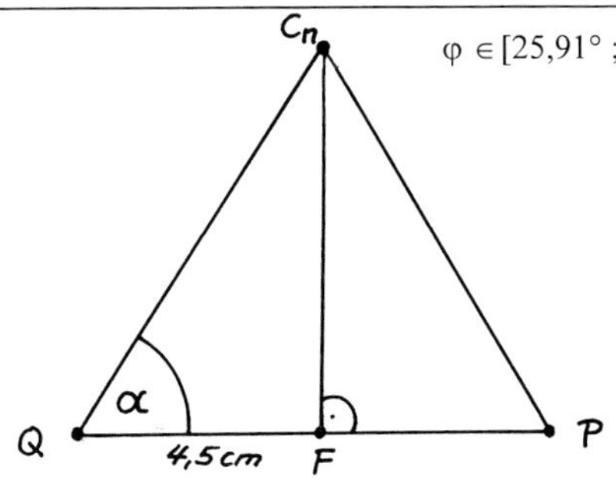

3.5

Unter den Pyramiden $PQRC_n$ gibt es zwei Pyramiden $PQRC_2$ und $PQRC_3$, bei denen die Maße der Winkel QC_2P und QC_3P jeweils 90° betragen. Ermitteln Sie rechnerisch das jeweils zugehörige Winkelmaß φ
Einsetzen des speziellen Wertes für α

Wenn die Winkelmaße QC_2P und QC_3P 90° betragen, dann sind die Dreiecke QPC_2 und QPC_3 gleichschenklig-rechtwinklig. Für die Basiswinkel gilt dann: α = 45°

Einsetzen von α = 45° in den Term $\tan\alpha = \frac{0{,}97}{\sin\varphi}$: $\varphi \in [25{,}91° ; 145{,}91°[$

$$\tan 45° = \frac{0{,}97}{\sin\varphi}$$

$$\Leftrightarrow \quad \tan 45° = \frac{0{,}97}{\sin\varphi}$$

$$\Leftrightarrow \quad 1 = \frac{0{,}97}{\sin\varphi}$$

$$\Leftrightarrow \quad \sin\varphi = 0{,}97$$

$$\Leftrightarrow \quad \varphi = 75{,}93° \lor \varphi = 104{,}07°$$

$$\mathbb{L} = \{75{,}93° ; 104{,}07°\}$$

Lösungsmuster Mathematik I B 2004

1.0 Bruttoinlandsprodukt

Bruttoinlandsprodukt (am Ende eines Jahres):	y_o in Billionen €
Jährliche Wachstumsrate:	p in %
Zeitraum:	x Jahre
Bruttoinlandsprodukt (nach x Jahren):	y in Billionen €

Funktionsgleichung: $y = y_o \cdot \left(1 + \frac{p}{100}\right)^x$

1.1 Einzeichnen des Graphen zu f_1

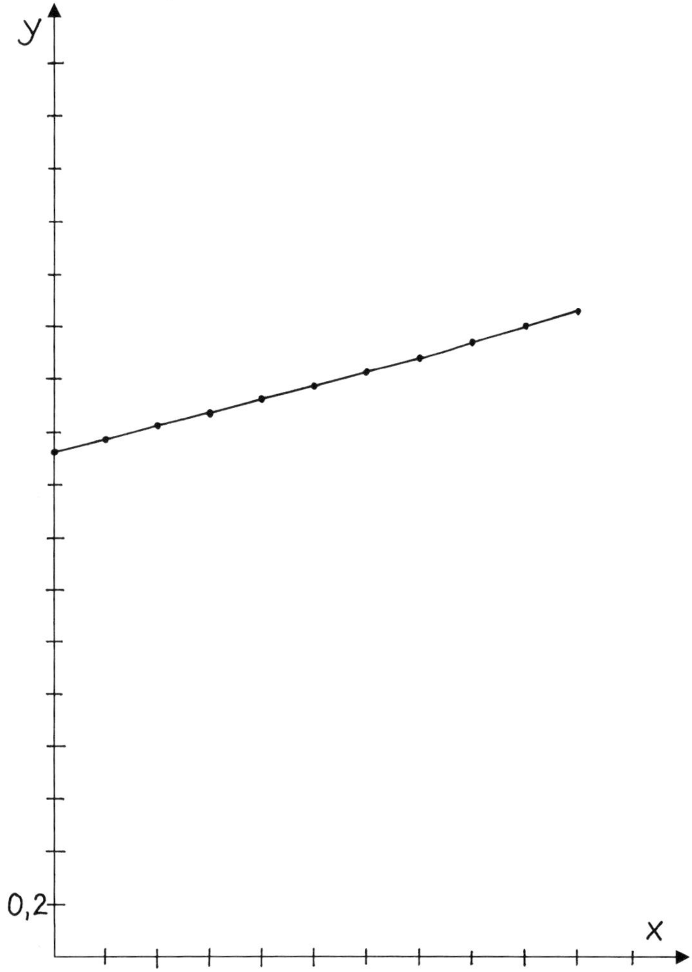

Einsetzen: $y = y_0 \cdot \left(1 + \frac{p}{100}\right)^3$

$$2{,}10 = 1{,}92 \cdot \left(1 + \frac{p}{100}\right)^3 \qquad \mathbb{G} = \mathbb{R}^+$$

$$\Leftrightarrow \quad \frac{2{,}10}{1{,}92} = \left(1 + \frac{p}{100}\right)^3$$

$$\Leftrightarrow \quad \sqrt[3]{\frac{2{,}10}{1{,}92}} = 1 + \frac{p}{100}$$

$$\Leftrightarrow \quad \sqrt[3]{\frac{2{,}10}{1{,}92}} - 1 = \frac{p}{100} \qquad | \cdot 100$$

$$\Leftrightarrow \quad p = 100 \cdot \left(\sqrt[3]{\frac{2{,}10}{1{,}92}} - 1\right)$$

$$\Leftrightarrow \quad p = 3{,}0$$

$$\mathbb{L} = \{3{,}0\}$$

Die (durchschnittliche) jährliche Wachstumsrate betrug 3,0 %.

1.5	Im wievielten Jahr ist das Bruttoinlandsprodukt eines Staates um 10% gestiegen, wenn die Wachstumsrate 1,8% beträgt?
	Lösung durch Einsetzen der Werte in die zugehörige Funktionsgleichung.

$y = 110\%$ von y_0
$y = 1{,}1 \cdot y_0$
$p = 1{,}8\ \% = 0{,}018$

Einsetzen: $y = y_0 \cdot \left(1 + \frac{p}{100}\right)^x \qquad \mathbb{G} = \mathbb{R}^+ ;\ y_0 \in \mathbb{R}^+$

$$1{,}1 \cdot y_0 = y_0 \cdot \left(1 + \frac{1{,}8}{100}\right)^x \qquad \mathbb{G} = \mathbb{R}^+$$

$$\Leftrightarrow \quad 1{,}1 = 1{,}018^x$$

$$\Leftrightarrow \quad x = \log_{1{,}018} 1{,}1$$

$$\Leftrightarrow \quad x = 5{,}3$$

$$\mathbb{L} = \{5{,}3\}$$

Im 6. Jahr ist das Bruttoinlandsprodukt um 10 % gestiegen.

2.1 Einzeichnen der Geraden g sowie der Dreiecke OP_1Q_1 für x = - 3 und OP_2Q_2 für x = 3

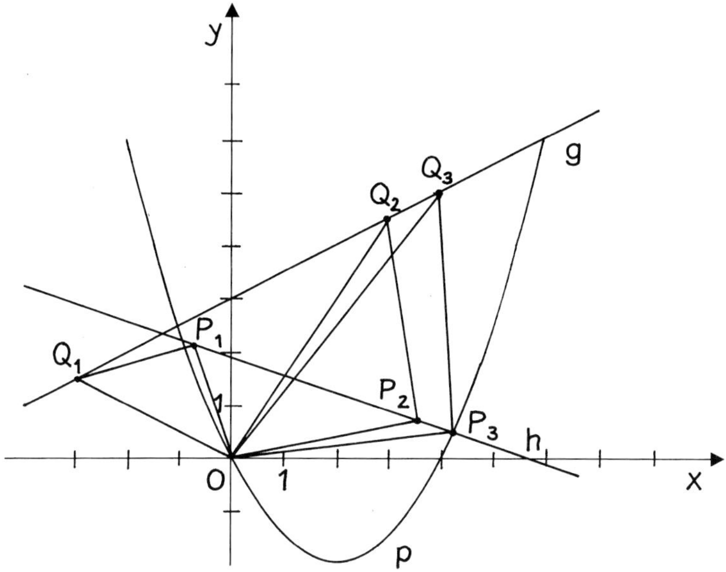

Hinweis: - Der Punkt O (0 | 0) liegt fest.

- Die Punkte Q_n $(x \mid \frac{1}{2}x + 3)$ liegen auf g mit $y = \frac{1}{2}x + 3$ $(\mathbb{G} = \mathbb{R} \times \mathbb{R})$

  x = - 3: Q_1 (- 3 | 1,5)

  x = 3: Q_2 (3 | 4,5)

- Konstruktion der Punkte P_n: $\sphericalangle P_nOQ_n = 45°$ ° und $\overline{OP_n} : \overline{OQ_n} = 2 : 3$

2.2

Die Punkte Q_n können auf die Punkte P_n abgebildet werden. Zeigen Sie rechnerisch, dass für die Koordinaten der Punkte P_n in Abhängigkeit von der Abszisse x der Punkte Q_n gilt: $P_n\left(\frac{1}{2}\sqrt{2}\cdot x + \sqrt{2} \,\middle|\, -\frac{1}{6}\sqrt{2}\cdot x + \sqrt{2}\right)$.
1. Abbildung: Drehung um O (0 | 0) als Drehpunkt und dem Drehwinkel $\alpha = -45°$ 2. Abbildung: Zentrische Streckung mit dem Zentrum O und $k = \frac{2}{3}$

zu 1) Abbildung der Pfeile $\overrightarrow{OQ_n}$ durch Drehung um O (0 | 0) mit dem Drehwinkel $\alpha = -45°$ auf die Pfeile $\overrightarrow{OQ_n}^*$.

$$\overrightarrow{OQ_n} \xrightarrow{O;\ \alpha = -45°} \overrightarrow{OQ_n}^*$$

Mit Q_n $(x \mid \frac{1}{2}x + 3)$ gilt für die Koordinaten der Pfeile $\overrightarrow{OQ_n} = \begin{pmatrix} x \\ \frac{1}{2}x + 3 \end{pmatrix}$.

$$\overrightarrow{OQ_n}^{\,*} = \begin{pmatrix} \cos\alpha & -\sin\alpha \\ \sin\alpha & \cos\alpha \end{pmatrix} \odot \overrightarrow{OQ_n} \qquad \mathbb{G} = \mathbb{R} \times \mathbb{R} \;;\; x \in \mathbb{R}$$

$$\Leftrightarrow \quad \begin{pmatrix} x' \\ y' \end{pmatrix} = \begin{pmatrix} \cos(-45^\circ) & -\sin(-45^\circ) \\ \sin(-45^\circ) & \cos(-45^\circ) \end{pmatrix} \odot \begin{pmatrix} x \\ \frac{1}{2}x + 3 \end{pmatrix}$$

$$\Leftrightarrow \quad \begin{pmatrix} x' \\ y' \end{pmatrix} = \begin{pmatrix} \frac{1}{2}\sqrt{2} & \frac{1}{2}\sqrt{2} \\ -\frac{1}{2}\sqrt{2} & \frac{1}{2}\sqrt{2} \end{pmatrix} \odot \begin{pmatrix} x \\ \frac{1}{2}x + 3 \end{pmatrix}$$

$$\Leftrightarrow \quad \begin{array}{|l} x' = \frac{1}{2}\sqrt{2} \cdot x + \frac{1}{2}\sqrt{2} \cdot (\frac{1}{2}x + 3) \\ \wedge\; y' = -\frac{1}{2}\sqrt{2} \cdot x + \frac{1}{2}\sqrt{2} \cdot (\frac{1}{2}x + 3) \end{array}$$

$$\Leftrightarrow \quad \begin{array}{|l} x' = \frac{1}{2}\sqrt{2} \cdot x + \frac{1}{4}\sqrt{2} \cdot x + \frac{3}{2}\sqrt{2} \\ \wedge\; y' = -\frac{1}{2}\sqrt{2} \cdot x + \frac{1}{4}\sqrt{2} \cdot x + \frac{3}{2}\sqrt{2} \end{array}$$

$$\Leftrightarrow \quad \begin{array}{|l} x' = \frac{3}{2}\sqrt{2} \cdot x + \frac{3}{2}\sqrt{2} \\ \wedge\; y' = -\frac{1}{4}\sqrt{2} \cdot x + \frac{3}{2}\sqrt{2} \end{array}$$

Koordinaten der Eckpunkte Q_n *: $Q_n{}^*\,(\frac{3}{2}\sqrt{2} \cdot x + \frac{3}{2}\sqrt{2} \mid -\frac{1}{4}\sqrt{2} \cdot x + \frac{3}{2}\sqrt{2})$

zu 2) Abbildung der Pfeile $\overrightarrow{OQ_n}^{\,*}$ durch Zentrische Streckung auf die Pfeile $\overrightarrow{OP_n}$:

$$\overrightarrow{OQ_n}^{\,*} = \begin{pmatrix} \frac{3}{4}\sqrt{2}x + \frac{3}{2}\sqrt{2} \\ -\frac{1}{4}\sqrt{2}x + \frac{3}{2}\sqrt{2} \end{pmatrix} \xrightarrow{O\;;\;k = \frac{2}{3}} \overrightarrow{OP_n}$$

$$\overrightarrow{OP_n} = \frac{2}{3} \cdot \overrightarrow{OQ_n}^{\,*}$$

$$\overrightarrow{OP_n} = \frac{2}{3} \cdot \begin{pmatrix} \frac{3}{4}\sqrt{2}x + \frac{3}{2}\sqrt{2} \\ -\frac{1}{4}\sqrt{2}x + \frac{3}{2}\sqrt{2} \end{pmatrix}$$

$$\overrightarrow{OP_n} = \begin{pmatrix} \frac{1}{2}\sqrt{2}x + \sqrt{2} \\ -\frac{1}{6}\sqrt{2}x + \sqrt{2} \end{pmatrix}$$

Koordinaten der Eckpunkte P_n : $P_n \left(\frac{1}{2}\sqrt{2} \cdot x + \sqrt{2} \mid - \frac{1}{6}\sqrt{2} \cdot x + \sqrt{2}\right)$

... auf zwei Stellen gerundet: $P_n \; (0{,}71\, x + 1{,}41 \mid - 0{,}24\, x + 1{,}41)$

2.3

Bestimmen Sie rechnerisch die Gleichung des Trägergraphen h der Punkte P_n.
Lösung mit dem Parameterverfahren

$$\Leftrightarrow \begin{vmatrix} x_P = 0{,}71 \cdot x + 1{,}41 \\ \wedge \; y_P = -0{,}24 \cdot x + 1{,}41 \end{vmatrix}$$

$\mathbb{G} = \mathbb{R} \times \mathbb{R}$; $x \in \mathbb{R}$

$$x_P = 0{,}71 \cdot x + 1{,}41$$

$$x_P - 1{,}41 = 0{,}71 \cdot x \quad | : 0{,}71$$

$$x = \frac{1}{0{,}71} \cdot (x_P - 1{,}41)$$

$$x = 1{,}41 \cdot x_P - 1{,}99$$

$$\Leftrightarrow \begin{vmatrix} x = 1{,}41 \cdot x_P - 1{,}99 \\ \wedge \; y_P = -0{,}24 \cdot x + 1{,}41 \end{vmatrix}$$

Einsetzen: $\Leftrightarrow \; y_P = -0{,}24 \cdot (1{,}41 \cdot x_P - 1{,}99) + 1{,}41$

$\Leftrightarrow \; y_P = -0{,}34\, x_P + 1{,}89$

Gleichung des Trägergraphen: h mit $y = -0{,}34\, x + 1{,}89$ $(\mathbb{G} = \mathbb{R} \times \mathbb{R})$

2.4 Tabelle:

x	- 1	0	1	2	3	4	5
$\frac{1}{2}x^2 - 2x$	2,5	0	- 1,5	- 2	- 1,5	0	2,5

Einzeichnen der Parabel p und des Dreiecks OP_3Q_3 (siehe 2.1)

Berechnen Sie das Maß β des Winkels Q_3P_3O.
1) Berechnung der Koordinaten des Punktes P_3. 2) Berechnung der Koordinaten des Punktes Q_3. 3) Für den Winkel zwischen zwei Pfeilen gilt: $\cos\beta = \frac{\vec{a} \odot \vec{b}}{\lvert\vec{a}\rvert \cdot \lvert\vec{b}\rvert}$

zu 1) Schnittpunktbedingung: $\{P_3\} = h \cap p$

Gleichsetzen: $-0{,}34 \cdot x + 1{,}89 = 0{,}5 \cdot x^2 - 2 \cdot x$

$$\Leftrightarrow \; 0{,}5 \cdot x^2 - 1{,}66 \cdot x - 1{,}89 = 0$$

a = 0,5	$D = b^2 - 4 \cdot a \cdot c$
b = - 1,66	$D = (-1{,}66)^2 - 4 \cdot 0{,}5 \cdot (-1{,}89)$
c = - 1,89	$D = 6{,}5356$

$$x_{1,2} = \frac{-b \pm \sqrt{D}}{2 \cdot a}$$

$$\Leftrightarrow \quad x_{1,2} = \frac{-(-1{,}66) \pm \sqrt{6{,}5356}}{2 \cdot 0{,}5}$$

$$\Leftrightarrow \quad x_{1,2} = \frac{1{,}66 \pm \sqrt{6{,}5356}}{1}$$

$$\Leftrightarrow \quad x_1 = 4{,}22 \quad (\vee \quad x_2 = -0{,}90)$$

Der Eckpunkt P_3 des Dreiecks OP_3Q_3 liegt im 1. Quadranten auf der Parabel p.

$$\mathbb{L} = \{4{,}22\}$$

Koordinaten des Punktes P_3: $P_3\,(4{,}22 \mid -0{,}34 \cdot 4{,}22 + 1{,}89)$; $P_3\,(4{,}22 \mid 0{,}46)$

zu 2) Durch Vergleich der x-Koordinaten $P_3\,(4{,}22 \mid 0{,}46)$ und

$P_n\,(\frac{1}{2}\sqrt{2} \cdot x + \sqrt{2} \mid -\frac{1}{6}\sqrt{2} \cdot x + \sqrt{2})$ erhält man nun:

$$\frac{1}{2}\sqrt{2} \cdot x + \sqrt{2} = 4{,}22 \qquad \mathbb{G} = \mathbb{R}$$

$$\Leftrightarrow \quad \frac{1}{2}\sqrt{2} \cdot x = 2{,}81$$

$$\Leftrightarrow \quad x = 3{,}97 \qquad \mathbb{L} = \{3{,}97\}$$

Durch Einsetzen von $x = 3{,}97$ in $Q_n\,(x \mid \frac{1}{2}x + 3)$ erhält man die Koordinaten von Q_3:

$$Q_3\,(3{,}97 \mid \frac{1}{2} \cdot 3{,}97 + 3)$$

$$Q_3\,(3{,}97 \mid 4{,}99)$$

zu 3) Pfeilkoordinaten:

$$\overrightarrow{P_3Q_3} = \begin{pmatrix} 3{,}97 - 4{,}22 \\ 4{,}99 - 0{,}46 \end{pmatrix} = \begin{pmatrix} -0{,}25 \\ 4{,}53 \end{pmatrix}; \qquad |\overrightarrow{P_3Q_3}| = \sqrt{(-0{,}25)^2 + 4{,}53^2}$$

$$|\overrightarrow{P_3Q_3}| = \sqrt{20{,}5834}$$

$$\overrightarrow{P_3O} = \begin{pmatrix} 0 - 4{,}22 \\ 0 - 0{,}46 \end{pmatrix} = \begin{pmatrix} -4{,}22 \\ -0{,}46 \end{pmatrix}; \qquad |\overrightarrow{P_3O}| = \sqrt{(-4{,}22)^2 + (-0{,}46)^2}$$

$$|\overrightarrow{P_3O}| = \sqrt{18{,}02}$$

zu 2) $$\cos\beta = \frac{\begin{pmatrix} -0{,}25 \\ 4{,}53 \end{pmatrix} \odot \begin{pmatrix} -4{,}22 \\ -0{,}46 \end{pmatrix}}{\sqrt{20{,}5834} \cdot \sqrt{18{,}02}}$$

$$\cos\beta = \frac{-0{,}25 \cdot (-4{,}22) + 4{,}53 \cdot (-0{,}46)}{\sqrt{20{,}5834} \cdot \sqrt{18{,}02}}$$

$$\cos\beta = \frac{-1{,}03}{19{,}26}; \qquad \cos\beta = -0{,}053; \qquad \beta = 93{,}07^\circ \qquad \mathbb{L} = \{93{,}07^\circ\}$$

2.5	Unter den Dreiecken OP_nQ_n hat das Dreieck OP_oQ_o den kleinstmöglichen Flächeninhalt. Berechnen Sie die x-Koordinate des Punktes Q_o.
	Den kleinstmöglichen Flächeninhalt erhält man, wenn die Seite $[OQ_o]$ senkrecht zur Geraden g ist.

Pfeile: $\overrightarrow{OQ_o} = \begin{pmatrix} x \\ 0{,}5x + 3 \end{pmatrix}$

Für die Steigung der Geraden g mit y = 0,5 x + 3 gilt:

$m = 0{,}5 \quad \Rightarrow \quad \overrightarrow{v_g} = \begin{pmatrix} 2 \\ 1 \end{pmatrix}$

Lösung mit dem Skalarprodukt: $\overrightarrow{OQ_o} \perp \overrightarrow{v_g} \Leftrightarrow \overrightarrow{OQ_o} \odot \overrightarrow{v_g} = 0$

$$\begin{pmatrix} x \\ 0{,}5x + 3 \end{pmatrix} \odot \begin{pmatrix} 2 \\ 1 \end{pmatrix} = 0$$

$$\Leftrightarrow \quad 2 \cdot x + (0{,}5\,x + 3) \cdot 1 = 0$$
$$\Leftrightarrow \quad 2 \cdot x + 0{,}5\,x + 3 = 0$$
$$\Leftrightarrow \quad 2{,}5\,x = -3$$
$$\Leftrightarrow \quad x = -1{,}2$$
$$\mathbb{L} = \{-1{,}2\}$$

3.1 Zeichnen der Pyramide ABCDS

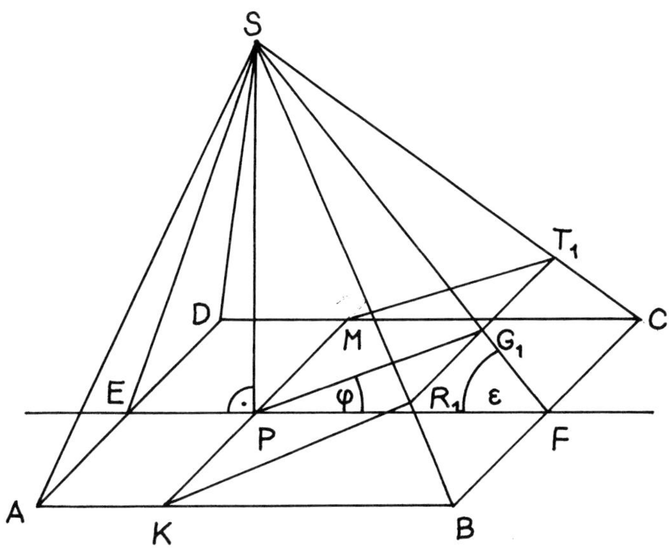

Berechnen Sie sodann das Maß ε des Winkels SFE.
Berechnung mit dem Kosinussatz im beliebigen Dreieck EFS.

$$\overline{ES}^2 = \overline{EF}^2 + \overline{FS}^2 - 2 \cdot \overline{EF} \cdot \overline{FS} \cdot \cos\varepsilon \qquad \varepsilon \in \,]0°\,;\,180°[$$

$$\cos\varepsilon = \frac{\overline{EF}^2 + \overline{FS}^2 - \overline{ES}^2}{2 \cdot \overline{EF} \cdot \overline{FS}}$$

$$\cos\varepsilon = \frac{8^2 + 9^2 - 7{,}5^2}{2 \cdot 8 \cdot 9}$$

$$\cos\varepsilon = 0{,}62$$

$$\varepsilon = 51{,}95°$$

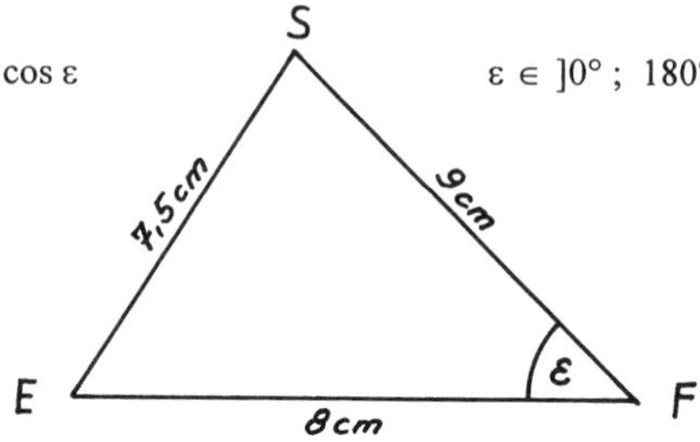

Berechnen Sie die Höhe $\overline{PS}$ der Pyramide ABCDS.
Berechnung von im $\overline{PS}$ rechtwinkligen Dreieck PFS.

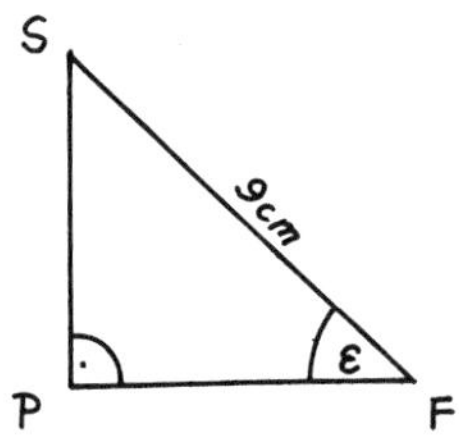

$$\sin\varepsilon = \frac{\overline{PS}}{\overline{FS}}$$

$$\overline{PS} = \overline{FS} \cdot \sin\varepsilon$$

$$\overline{PS} = 9\text{ cm} \cdot \sin 51{,}95°$$

$$\overline{PS} = 7{,}09\text{ cm}$$

3.2 Einzeichnen des Trapezes KR_1T_1M für $\varphi = 20°$ (siehe 3.1)

3.3

Zeigen Sie durch Rechnung, dass die Länge der Strecken $[PG_n]$ wie folgt in Abhängigkeit von φ dargestellt werden kann: $\overline{PG_n}(\varphi) = \dfrac{4{,}37}{\sin(\varphi + 51{,}95°)}$ cm.
1) Berechnung von im $\overline{PF}$ rechtwinkligen Dreieck PFS. 2) Berechnung von $\overline{PG_n}(\varphi)$ im beliebigen Dreieck PFG_n mit dem Sinussatz

$\varphi \in \,]0°\,;\,90°[$

zu 1) Berechnung von im $\overline{PF}$ rechtwinkligen Dreieck PFS.

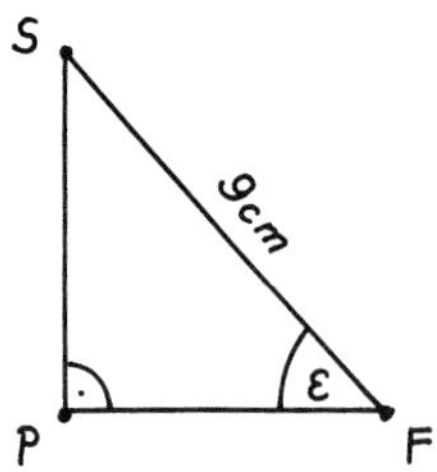

$$\cos\varepsilon = \frac{\overline{PF}}{\overline{FS}}$$

$$\overline{PF} = \overline{FS} \cdot \cos\varepsilon$$

$$\overline{PF} = 9\text{ cm} \cdot \cos 51{,}95°$$

$$\overline{PF} = 5{,}55\text{ cm}$$

$\varphi \in]0^\circ ; 90^\circ[$

zu 2)

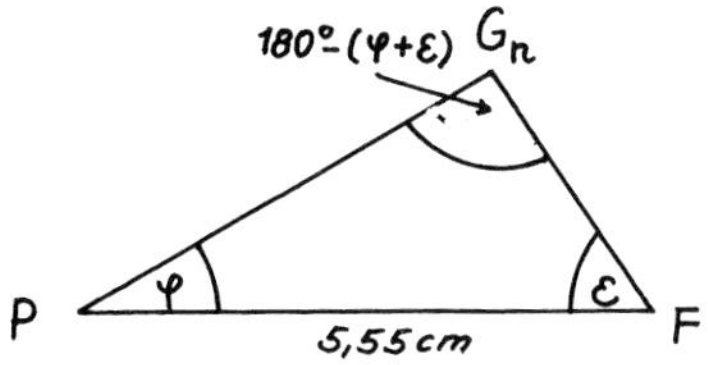

$$\frac{\overline{PG_n}(\varphi)}{\sin\varepsilon} = \frac{\overline{PF}}{\sin(180^\circ - (\varphi + \varepsilon))}$$

$$\frac{\overline{PG_n}(\varphi)}{\sin\varepsilon} = \frac{\overline{PF}}{\sin(\varphi + \varepsilon)}$$

$$\overline{PG_n}\ (\varphi) = \frac{\overline{PF}}{\sin\ (\varphi+\varepsilon)} \cdot \sin\varepsilon$$

$$\overline{PG_n}\ (\varphi) = \frac{5{,}55\text{ cm} \cdot \sin 51{,}95^\circ}{\sin\ (\varphi + 51{,}95^\circ)}\text{ cm}$$

$$\overline{PG_n}\ (\varphi) = \frac{4{,}37}{\sin\ (\varphi + 51{,}95^\circ)}\text{ cm}$$

3.4	Von allen Trapezen KR_nT_nM besitzt das Trapez KR_oT_oM die kürzeste Höhe $\overline{PG_o}$. Berechnen Sie den Flächeninhalt des Trapezes KP_oT_oM.
	1) Ermittlung des Winkelmaßes für die minimale Höhe 2) Berechnung der zugehörigen Strecken im Trapez KP_oT_oM. 3) Für den Flächeninhalt des Trapezes KP_oT_oM gilt: $A = 0{,}5 \cdot (a + c) \cdot h$

zu 1) Extremwert: Die minimale Höhe erhält man, wenn $[PG_o]$ senkrecht zu $[FS]$ ist.

Winkelsumme im Dreieck PFG_o:

$$\varphi_o + \varepsilon + 90^\circ = 180^\circ$$
$$\varphi_o = 90^\circ - \varepsilon$$
$$\varphi_o = 90^\circ - 51{,}95^\circ$$
$$\varphi_o = 38{,}05^\circ$$

Berechnung von $\overline{PG_o}$ im rechtwinkligen Dreieck PFG_o:

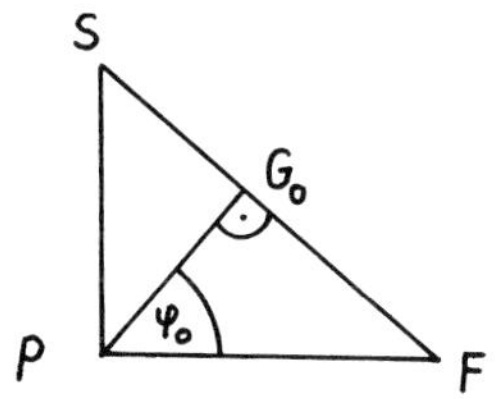

$$\cos\varphi_o = \frac{\overline{PG_o}}{\overline{PF}}$$
$$\overline{PG_o} = \overline{PF} \cdot \cos\varphi_o$$
$$\overline{PG_o} = 5{,}55\text{ cm} \cdot \cos 38{,}05^\circ$$
$$\overline{PG_o} = 4{,}37\text{ cm}$$

oder: $\overline{PG_n}$ (φ) ist minimal, wenn $\frac{4{,}37}{\sin\ (\varphi + 51{,}95^\circ)}$ cm minimal wird, d.h. der Nenner muß maximal groß werden. $\sin(\varphi_o + 51{,}95^\circ) = 1$

$$\varphi_o + 51{,}95^\circ = 90^\circ$$
$$\varphi_o = 38{,}05^\circ$$

Die maximale Höhe $\overline{PG_0}$ erhält man, wenn man $\varphi_o = 38{,}05°$ in den Term

$$\overline{PG_n}\ (\varphi) = \frac{4{,}37}{\sin\ (\varphi + 51{,}95^o)} \quad \text{einsetzt.}$$

$$\overline{PG_n}\ (38{,}05°) = \frac{4{,}37}{\sin\ (38{,}05° + 51{,}95^o)} \quad ; \qquad \overline{PG_0} = 4{,}37\text{ cm}$$

zu 2) Berechnung der Streckenlänge $\overline{R_0T_0}$ mit dem Vierstreckensatz:

$$\frac{\overline{R_0T_0}}{\overline{BC}} = \frac{\overline{SG_0}}{\overline{SF}}$$

$$\overline{R_0T_0} = \frac{\overline{SG_0}}{\overline{SF}} \cdot \overline{BC}$$

$$\overline{R_0T_0} = \frac{5{,}58\text{ cm}}{9\text{ cm}} \cdot 10\text{ cm}$$

$$\overline{R_0T_0} = 6{,}20\text{ cm}$$

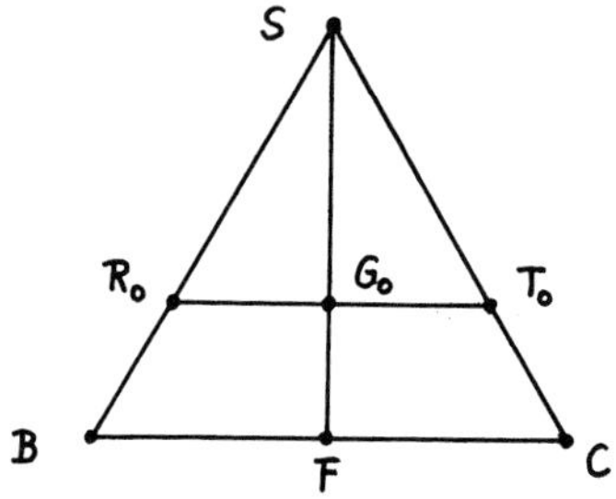

Berechnung der Streckenlänge $\overline{SG_0}$:

$$\overline{SG_0} = \overline{FS} - \overline{FG_0}$$

$$\overline{SG_0} = 9\text{ cm} - 3{,}42\text{ cm}$$

$$\overline{SG_0} = 5{,}58\text{ cm}$$

Berechnung der Streckenlänge $\overline{FG_0}$ im rechtwinkligen Dreieck PFG_0:

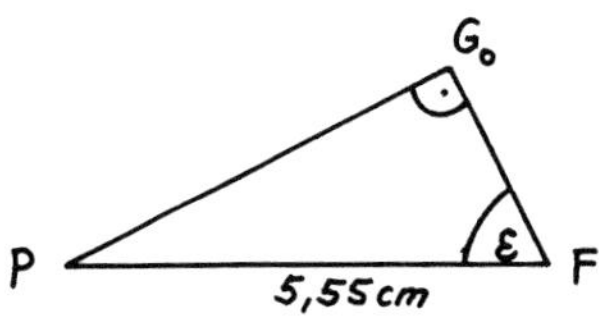

$$\cos\varepsilon = \frac{\overline{FG_0}}{\overline{PF}}$$

$$\overline{FG_0} = \overline{PF} \cdot \cos\varepsilon$$

$$\overline{FG_0} = 5{,}55\text{ cm} \cdot \cos 51{,}95°$$

$$\overline{FG_0} = 3{,}42\text{ cm}$$

zu 3) Für die Trapezfläche gilt:

$$A = \frac{1}{2} \cdot (\ \overline{KM} + \overline{R_0T_0}\ ) \cdot \overline{PG_0}$$

$$A = \frac{1}{2} \cdot (\ 10\text{ cm} + 6{,}20\text{ cm}\ ) \cdot 4{,}37\text{ cm}$$

$$A = 35{,}40\text{ cm}^2$$

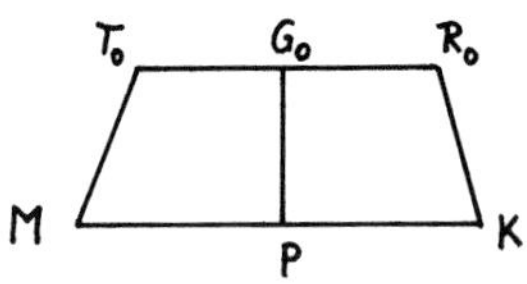

3.5

Für die Trapeze KR_2T_2M und KR_3T_3M sind. die Strecken $[PG_2]$ bzw. $[PG_3]$ jeweils 5 cm lang. Berechnen Sie die zugehörigen Winkelmaße φ gerundet.
Für die Trapeze gilt: $\overline{PG_n}\ (\varphi) = 5\text{ cm} \wedge \overline{PG_n}\ (\varphi) = \frac{4{,}37}{\sin\ (\varphi + 51{,}95^o)}\text{ cm}$

$$\varphi \in \,]0^\circ ; 90^\circ[$$

Gleichsetzen: $\frac{4{,}37}{\sin\,(\varphi + 51{,}95^\circ)} = 5$

<=> $4{,}37 = 5 \cdot \sin(\varphi + 51{,}95^\circ) \quad | : 5$

<=> $\frac{4{,}37}{5} = \sin(\varphi + 51{,}95^\circ)$

<=> $\varphi + 51{,}95^\circ = 60{,}93^\circ \quad \vee \quad \varphi + 51{,}95^\circ = 119{,}07^\circ$

<=> $\varphi = 8{,}98^\circ \quad \vee \quad \varphi = 67{,}12^\circ$

$\mathbb{L} = \{ 8{,}98^\circ ; 67{,}12^\circ \}$

Lösungsmuster Mathematik I A 2003

1.0 Lichtintensität bei zunehmender Wassertiefe

1.1 Bergsee:

Absorptionskoeffizient:	$k = 0{,}0104$
Wassertiefe:	$x = 82$ cm
Lichtintensität:	$y = 11789$ Lux

Berechnen Sie y_o auf Ganze gerundet und zeigen Sie damit, dass die Lichtintensität y Lux in Abhängigkeit von der Wassertiefe x cm in diesem Bergsee durch die Funktion f_1 mit der Gleichung $y = 84\,000 \cdot 10^{-0{,}0104 \cdot x}$ dargestellt werden kann.
Lösung durch Einsetzen von x und y in die Funktionsgleichung.

$$y = y_o \cdot 10^{-k \cdot x} \qquad y_o \in \mathbb{R}^+$$

$$11\,789 = y_o \cdot 10^{-0{,}0104 \cdot 82}$$

$$\Leftrightarrow \quad 11\,789 = y_o \cdot 10^{-0{,}8528}$$

$$\Leftrightarrow \quad y_o = \frac{11789}{10^{-0{,}8528}}$$

$$\Leftrightarrow \quad y_o = 84\,000 \qquad \mathbb{L} = \{84\,000\}$$

Funktionsgleichung: f_1 mit $y = 84\,000 \cdot 10^{-0{,}0104 \cdot x}$ $\quad \mathbb{G} = \mathbb{R}_0^+ \times \mathbb{R}^+$

1.2 Tabelle:

x	0	20	40	60	80	100	120	140
$84\,000 \cdot 10^{-0{,}0104 \cdot x}$	84 000	52 033	32 231	19 965	12 367	7 661	4 745	2 940

Einzeichnen des Graphen zu f_1

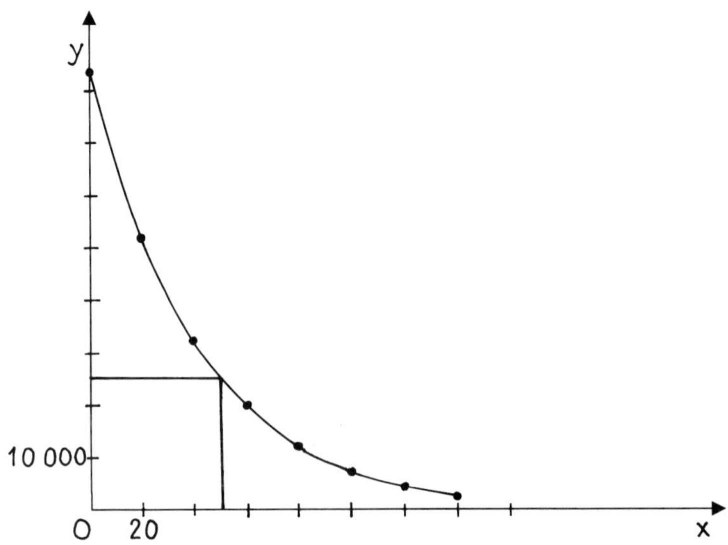

Aus dem Diagramm:

Lichtintensität an der Wasseroberfläche: 84 000 Lux
... um 59 000 Lux niedriger: 84 000 Lux - 59 000 Lux = 25 000 Lux

In der grafischen Darstellung entspricht 1 cm 10 000 Lux. Vom Schnittpunkt des Funktionsgraphen mit der y-Achse (für x = 0) werden 5,9 cm nach unten angetragen. Von dieser Stelle (y = 2,5 cm) auf der y-Achse aus wird der fehlende x-Wert ermittelt:

Aus der Zeichnung: x = 50 cm
In einer Wassertiefe von ca. 50 cm ist die Lichtintensität um 59 000 Lux niedriger.

1.3

Ermitteln Sie durch Rechnung, in welcher Wassertiefe des Bergsees am 2. April mittags die Lichtintensität noch 15% der Lichtintensität an der Wasseroberfläche beträgt.
Lösung durch Einsetzen der Werte in die Funktionsgleichung.

In der Tiefe beträgt die Lichtintensität noch 15% von der an der Oberfläche:

y ist 15% von y_o : $y = 0{,}15 \cdot y_o$ $\qquad x \in \mathbb{R}_0^+$

Einsetzen in: $y = y_o \cdot 10^{-0{,}0104 \cdot x}$

$$0{,}15 \cdot y_o = y_o \cdot 10^{-0{,}0104 \cdot x}$$

$$\Leftrightarrow \quad 0{,}15 = 10^{-0{,}0104 \cdot x}$$

$$\Leftrightarrow \quad -0{,}0104 \cdot x = \log_{10} 0{,}15$$

$$\Leftrightarrow \quad x = \frac{\log_{10} 0{,}15}{-0{,}0104}$$

$$\Leftrightarrow \quad x = 79 \qquad \mathbb{L} = \{79\}$$

Die Wassertiefe beträgt 79 cm.

1.4

Berechnen Sie, um wie viel Prozent die Lichtintensität im Bergsee am 2. April mittags pro cm Wassertiefe abnimmt.
Lösung durch Einsetzen der Werte in die Funktionsgleichung.

$$y = y_o \cdot 10^{-0{,}0104 \cdot x} \qquad \mathbb{G} = \mathbb{R}_0^+ \times \mathbb{R}^+; \quad y_o \in \mathbb{R}^+$$

$$y = y_o \cdot \left(10^{-0{,}0104}\right)^x$$

$$y = y_o \cdot 0{,}976^x$$

$$y = y_o \cdot (1 - 0{,}024)^x$$

Die Lichtintensität nimmt pro cm Wassertiefe um 2,4% ab.

1.5 Waldsee: Absorptionskoeffizient: $k = ?$
Wassertiefe: alle 12 cm ...
Lichtintensität: ... verringert sich y um die Hälfte.

$x = 12$ und $y = 0{,}5 \cdot y_o$ einsetzen!

$$y = y_o \cdot 10^{-k \cdot x} \qquad k \in \mathbb{R}^+$$

$$\Leftrightarrow \quad 0{,}5 \cdot y_o = y_o \cdot 10^{-k \cdot 12}$$

$$\Leftrightarrow \quad 0{,}5 = 10^{-k \cdot 12}$$

$$\Leftrightarrow \quad -12 \cdot k = \log_{10} 0{,}5$$

$$\Leftrightarrow \quad k = \frac{\log_{10} 0{,}5}{-12}$$

$$\Leftrightarrow \quad k = 0{,}0251$$

$$\mathbb{L} = \{0{,}0251\}$$

Der Wert von k beträgt 0,0251.

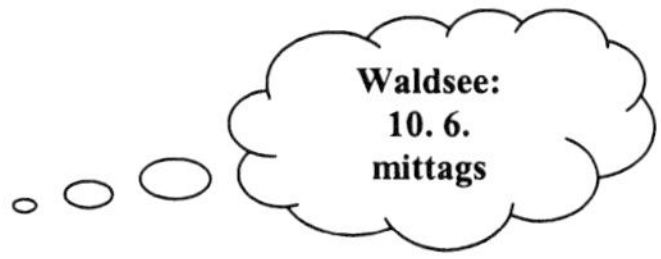

1.6 Waldsee:
Absorptionskoeffizient: $k = 0{,}0251$
Wassertiefe: $x = ?$
Lichtintensität: $y = 105\,000$ Lux

Funktionsgleichung: f_2 mit $y = 105\,000 \cdot 10^{-0{,}0251 \cdot x}$ $\qquad \mathbb{G} = \mathbb{R}_0^+ \times \mathbb{R}^+$

Berechnen Sie die Wassertiefe, in der sich am 2. April mittags im Bergsee und am 10. Juni mittags im Waldsee eine gleich hohe Lichtintensität ergibt.
Die Funktionswerte für den Bergsee und dem Waldsee sind gleich.

Es gilt: $y = 105\,000 \cdot 10^{-0{,}0251 \cdot x}$ und $y = 84\,000 \cdot 10^{-0{,}0104 \cdot x}$

Gleichsetzen: $$84\,000 \cdot 10^{-0{,}0104 \cdot x} = 105\,000 \cdot 10^{-0{,}0251 \cdot x}$$

$$\Leftrightarrow \quad \frac{10^{-0{,}0104 \cdot x}}{10^{-0{,}0251\, x}} = \frac{105000}{84\,000}$$

$$\Leftrightarrow \quad 10^{-0{,}0104 \cdot x \; + \; 0{,}0251 \cdot x} = 1{,}25$$

$$\Leftrightarrow \quad 10^{0{,}0147 \cdot x} = 1{,}25$$

$$\Leftrightarrow \quad 0{,}0147 \cdot x = \log_{10} 1{,}25$$

$$\Leftrightarrow \quad x = \frac{\log_{10} 1{,}25}{0{,}0147}$$

$$\Leftrightarrow \quad x = 7$$

$$\mathbb{L} = \{7\}$$

Die Wassertiefe beträgt 7 cm.

2.0 Punkte $A_n(x \mid 0{,}5x + 3{,}5)$ liegen auf g_1 mit $y = 0{,}5x + 3{,}5$
Punkte B_n liegen auf g_2 mit $y = 2x$ $(\mathbb{G} = \mathbb{R} \times \mathbb{R})$

2.1 Einzeichnen der Geraden g_1 und g_2 sowie der gleichschenkligen Trapeze $A_1B_1C_1D_1$ für $x = -6$ und $A_2B_2C_2D_2$ für $x = -2$.

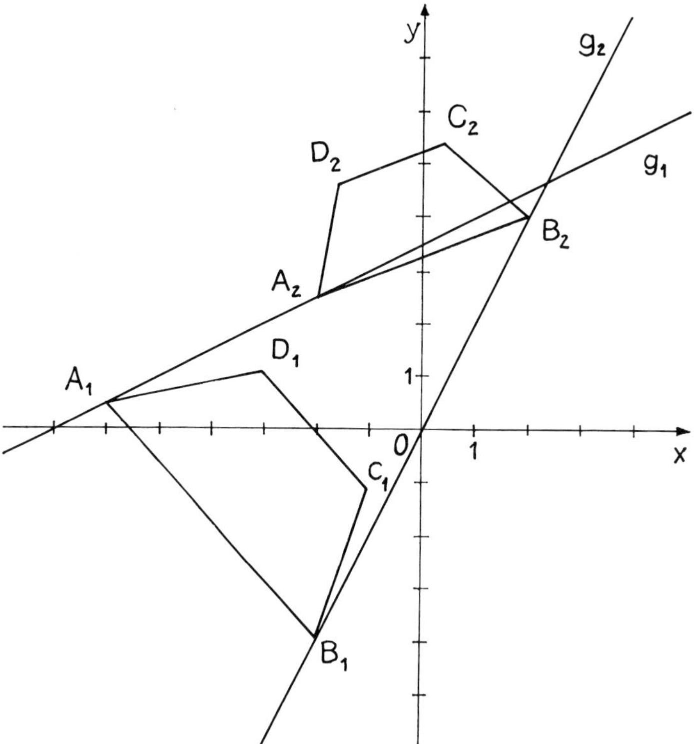

2.2 Für alle Trapeze $A_nB_nC_nD_n$ gilt:

$\overline{D_nC_n} = \frac{1}{2} \cdot \overline{A_nB_n}$

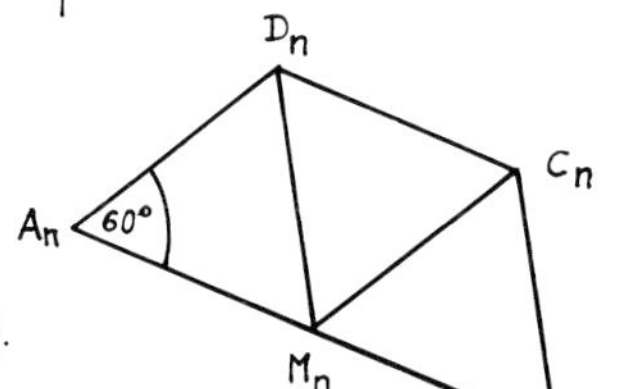

Begründung:

- M_n sind die Mittelpunkte der Seiten $[A_nB_n]$.
- Es gilt: $\overline{A_nD_n} = \frac{1}{2} \cdot \overline{A_nB_n} = \overline{A_nM_n}$
- Somit sind die Dreiecke $A_nM_nD_n$ gleichschenklig mit $[M_nD_n]$ als Basis.
- Da zusätzlich $\sphericalangle B_nA_nD_n = 60°$ gilt, sind diese Dreiecke $A_nM_nD_n$ sogar gleichseitig.
- Da die Trapeze $A_nB_nC_nD_n$ zu den Mittelsenkrechten der Seiten $[A_nB_n]$ achsensymmetrisch sind, sind die Dreiecke $M_nC_nD_n$ ebenfalls gleichschenklig und wegen $\sphericalangle C_nM_nD_n = 60°$ ebenfalls gleichseitig.
- Also gilt: $\overline{D_nC_n} = \overline{M_nD_n} = \overline{A_nM_n} = \frac{1}{2} \cdot \overline{A_nB_n}$

2.3

Zeigen Sie, dass für die Punkte B_n in Abhängigkeit von der Abszisse x der Punkte A_n gilt. $B_n (x + 4 \mid 2x + 8)$.
Die Abszisse x der Punkte B_n ist um 4 größer als die Abszisse x der Punkte A_n. Es gilt: $x_{B_n} = x_{A_n} + 4$

Für die Punkte B_n gilt:

$B_n (x_B \mid y_B) \in g_2$ mit $y = 2x$ $\quad B_n (x_B \mid 2 \cdot x_B)$

mit $x_A = x$ und $x_B = x + 4$ gilt $\quad B_n (x + 4 \mid 2 \cdot (x + 4))$

$B_n (x + 4 \mid 2x + 8)$

Berechnen Sie die Koordinaten der Punkte D_n in Abhängigkeit von der Abszisse x der Punkte A_n.
Die Pfeile $\overrightarrow{A_nB_n}$ kann man auf die Pfeile $\overrightarrow{A_nD_n}$ abbilden. 1) Die Pfeile $\overrightarrow{A_nB_n}$ können durch Drehung auf die Pfeile $\overrightarrow{A_nB_n}$ * abgebildet werden 2) Die Pfeile $\overrightarrow{A_nB_n}$ * können durch Zentrische Streckung auf die Pfeile $\overrightarrow{A_nD_n}$ abgebildet werden

Koordinaten der Punkte: $A_n (x \mid 0{,}5x + 3{,}5)$

$B_n (x + 4 \mid 2x + 8)$

Koordinaten der Pfeile: $\overrightarrow{A_nB_n} = \begin{pmatrix} x + 4 - x \\ 2x + 8 - (0{,}5x + 3{,}5) \end{pmatrix} = \begin{pmatrix} 4 \\ 1{,}5x + 4{,}5 \end{pmatrix}$

zu 1) $\overrightarrow{A_nB_n} = \begin{pmatrix} 4 \\ 1{,}5x + 4{,}5 \end{pmatrix} \xmapsto{A_n;\ \varphi = 60°} \overrightarrow{A_nB_n}\,*$

Abbildungsgleichung der Drehung: $\mathbb{G} = \mathbb{R} \times \mathbb{R}$; $x \in \mathbb{R}$

$$\begin{pmatrix} x' \\ y' \end{pmatrix} = \begin{pmatrix} \cos\varphi & -\sin\varphi \\ \sin\varphi & \cos\varphi \end{pmatrix} \odot \begin{pmatrix} x \\ y \end{pmatrix}$$

$$\begin{pmatrix} x' \\ y' \end{pmatrix} = \begin{pmatrix} 0{,}5 & -0{,}87 \\ 0{,}87 & 0{,}5 \end{pmatrix} \odot \begin{pmatrix} 4 \\ 1{,}5x + 4{,}5 \end{pmatrix}$$

$$\Leftrightarrow \left| \begin{array}{l} x' = 0{,}5 \cdot 4 - 0{,}87 \cdot (1{,}5x + 4{,}5) \\ \wedge\ y' = 0{,}87 \cdot 4 + 0{,}5 \cdot (1{,}5x + 4{,}5) \end{array} \right.$$

$$\Leftrightarrow \left| \begin{array}{l} x' = 2 - 1{,}31x - 3{,}92 \\ \wedge\ y' = 3{,}48 + 0{,}75x + 2{,}25 \end{array} \right.$$

$$\Leftrightarrow \left| \begin{array}{l} x' = -1{,}92 - 1{,}31x \\ \wedge\ y' = 5{,}73 + 0{,}75x \end{array} \right.$$

zu 2) $\overrightarrow{A_nB_n}^* = \begin{pmatrix} -1{,}92 & - 1{,}31x \\ 5{,}73 & + 0{,}75x \end{pmatrix} \xrightarrow{A_n;\, k=0{,}5} \overrightarrow{A_nD_n}$

$$\overrightarrow{A_nD_n} = \begin{pmatrix} x'' - x \\ y'' - (0{,}5x + 3{,}5)) \end{pmatrix} = \begin{pmatrix} x'' - x \\ y'' - 0{,}5x - 3{,}5 \end{pmatrix}$$

$$\overrightarrow{A_nD_n} = 0{,}5 \cdot \overrightarrow{A_nB_n}^*$$

$$\begin{pmatrix} x'' - x \\ y'' - 0{,}5x - 3{,}5 \end{pmatrix} = 0{,}5 \cdot \begin{pmatrix} -1{,}92 & - 1{,}31x \\ 5{,}73 & + 0{,}75x \end{pmatrix}$$

Koordinatenschreibweise:

$$\Leftrightarrow \left| \begin{array}{l} x'' - x = -0{,}96 - 0{,}66x \\ \wedge\ y'' - 0{,}5x - 3{,}5 = 2{,}87 + 0{,}38x \end{array} \right.$$

$$\Leftrightarrow \left| \begin{array}{l} x'' = x - 0{,}96 - 0{,}66x \\ \wedge\ y'' = 0{,}5x + 3{,}5 + 2{,}87 + 0{,}38x \end{array} \right.$$

$$\Leftrightarrow \left| \begin{array}{l} x'' = 0{,}34x - 0{,}96 \\ \wedge\ y'' = 0{,}88x + 6{,}37 \end{array} \right.$$

Koordinaten der Eckpunkte D_n: $C_n\,(0{,}35x - 0{,}95 \mid 0{,}88x + 6{,}36)$ (ohne Runden!)

2.4

Bestimmen Sie die Gleichung des Trägergraphen t der Eckpunkte A_n.
Lösung mit dem Parameterverfahren

$\mathbb{G} = \mathbb{R} \times \mathbb{R}$; $x \in \mathbb{R}$

$$\left| \begin{array}{l} x' = 0{,}35x - 0{,}95 \\ \wedge\ y' = 0{,}88x + 6{,}36 \end{array} \right.$$

$x' = 0{,}35x - 0{,}95$

$x' + 0{,}95 = 0{,}35 \cdot x \quad | : 0{,}35$

$x = 2{,}86x' + 2{,}71$

$$\Leftrightarrow \left| \begin{array}{l} x = 2{,}86x' + 2{,}71 \\ \wedge\ y' = 0{,}88x + 6{,}36 \end{array} \right.$$

Einsetzen: $\Leftrightarrow y' = 0{,}88 \cdot (2{,}86x' + 2{,}71) + 6{,}36$

$\Leftrightarrow y' = 2{,}52 \cdot x' + 2{,}38 + 6{,}36$

$\Leftrightarrow y' = 2{,}52 \cdot x' + 8{,}74$

Gleichung des Trägergraphen: $y = 2{,}52 \cdot x + 8{,}74$ $(\mathbb{G} = \mathbb{R} \times \mathbb{R})$

2.5

Die Gerade $[A_3B_3]$ schließt mit der x-Achse einen Winkel mit dem Maß $\sphericalangle$ (x-Achse; A_3B_3) = 50°ein. Berechnen Sie die Koordinaten des Trapezeckpunktes B_3
Für die Steigung gilt: $m = \tan\alpha = \dfrac{\Delta y}{\Delta x}$

Pfeilkoordinaten: $\overrightarrow{A_nB_n} = \begin{pmatrix} 4 \\ 1{,}5x + 4{,}5 \end{pmatrix}$

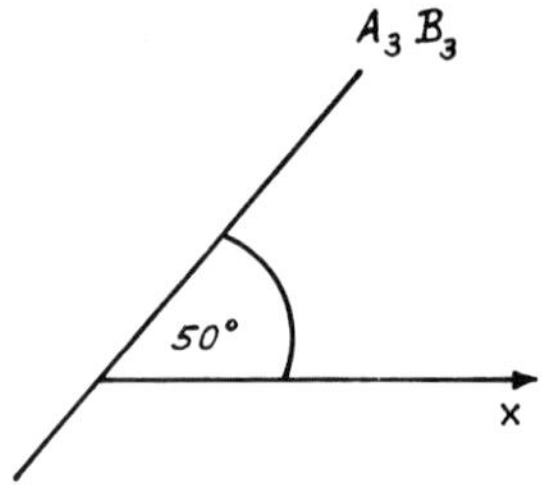

Steigung: $m = \dfrac{\Delta y}{\Delta x} = \dfrac{1{,}5x + 4{,}5}{4}$

$m = \tan 50°$

Gleichsetzen: $\dfrac{1{,}5x + 4{,}5}{4} = \tan 50°$

$\Leftrightarrow \quad 1{,}5x + 4{,}5 = 4 \cdot \tan 50°$

$\Leftrightarrow \quad 1{,}5x = 4 \cdot \tan 50° - 4{,}5$

$\Leftrightarrow \quad x = (4 \cdot \tan 50° - 4{,}5) : 1{,}5$

$\Leftrightarrow \quad x = 0{,}18$

$\mathbb{L} = \{0{,}18\}$

Koordinaten des Eckpunktes B_3: $B_3\,(x + 4 \mid 2x + 8)$ mit $x = 0{,}18$

$B_3\,(0{,}18 + 4 \mid 2 \cdot 0{,}18 + 8)$

$B_3\,(4{,}18 \mid 8{,}36)$

3.1 Zeichnen des Dreiecks ABS als Axialschnitt eines geraden Kreiskegels

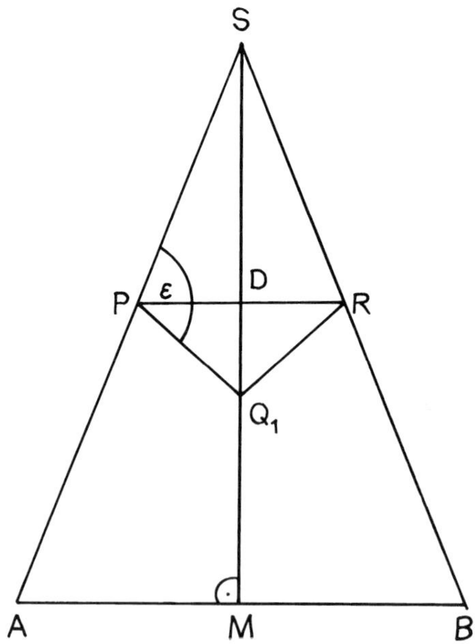

Berechnen Sie das Maß φ des Öffnungswinkels ASB des Kegels

Berechnung von $\frac{\varphi}{2}$ im rechtwinkligen Dreieck AMS mit Hilfe des Tangens.

$\varphi = \sphericalangle ASB$:

$$\tan \frac{\varphi}{2} = \frac{\overline{AM}}{\overline{MS}}$$

$$\tan \frac{\varphi}{2} = \frac{4\text{ cm}}{10\text{cm}}$$

$$\tan \frac{\varphi}{2} = 0{,}4$$

$$\frac{\varphi}{2} = 21{,}80^\circ$$

$$\varphi = 43{,}60^\circ$$

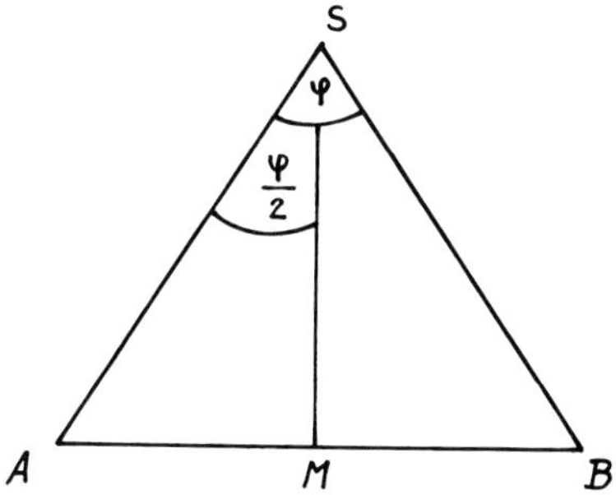

3.2 Einzeichnen des Drachenvierecks SPQ_1R für $\varepsilon = 110°$ und des Punktes D (siehe 3.1)

Ermitteln Sie sodann das Intervall für ε, so dass Drachenvierecke SPQ_nR entstehen.

1) Berechnung der Streckenlänge $\overline{PM}$
2) Ermittlung der oberen Grenze: $\sphericalangle MPS = \varepsilon_{max}$
3) Ermittlung der unteren Grenze: $\sphericalangle DPS = \varepsilon_{min}$
4) Angabe des gesuchten Intervalls

zu 1) Kosinussatz im beliebigen Dreieck MSP

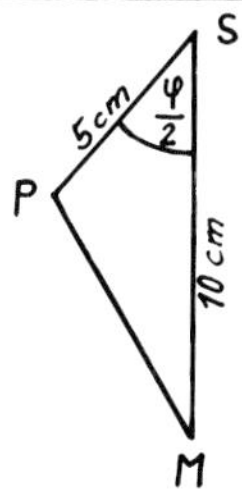

$$\overline{PM}^2 = \overline{SP}^2 + \overline{MS}^2 - 2 \cdot \overline{SP} \cdot \overline{MS} \cdot \cos \frac{\varphi}{2}$$

$$\overline{PM} = \sqrt{5^2 + 10^2 - 2 \cdot 5 \cdot 10 \cdot \cos 21{,}80^\circ}\ \text{cm}$$

$$\overline{PM} = 5{,}67\text{ cm}$$

zu 2) Kosinussatz im beliebigen Dreieck MSP

$$\overline{MS}^2 = \overline{PM}^2 + \overline{SP}^2 - 2 \cdot \overline{PM} \cdot \overline{SP} \cdot \cos \varepsilon_{max}$$

$$\cos \varepsilon_{max} = \frac{\overline{PM}^2 + \overline{SP}^2 - \overline{MS}^2}{2 \cdot \overline{PM} \cdot \overline{SP}}$$

$$\cos \varepsilon_{max} = \frac{5{,}67^2 + 5^2 - 10^2}{2 \cdot 5{,}67 \cdot 5}$$

$$\cos \varepsilon_{max} = -0{,}76$$

$$\varepsilon_{max} = 139{,}09^\circ$$

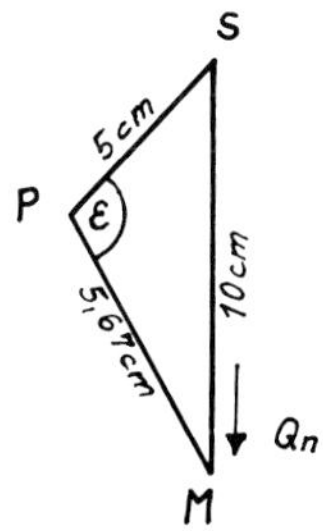

zu 3) Winkelsumme im Dreieck PDS

$\varepsilon_{min} = 180° - 90° - \frac{\varphi}{2}$; $\varepsilon_{min} = 180° - 90° - 21{,}80°$; $\varepsilon_{min} = 68{,}20°$

zu 4) Intervall: $\varepsilon \in \left] 68{,}20^\circ ; 139{,}09^\circ \right]$

3.3	
	Unter den Drachenvierecken SPQ_nR gibt es eine Raute SPQ_2R. Ermitteln Sie das zugehörige Winkelmaß ε.
	In einer Raute sind die gegenüberliegenden Winkelmaße gleich.

Winkelsumme im Viereck:
$$2 \cdot \varepsilon + 2 \cdot \varphi = 360^\circ$$
$$\varepsilon + \varphi = 180^\circ$$
$$\varepsilon = 180^\circ - \varphi$$
$$\varepsilon = 180^\circ - 43{,}60^\circ$$
$$\varepsilon = 136{,}40^\circ$$

3.4	
	Berechnen Sie die Länge $\overline{SQ_n}(\varepsilon)$ der Strecken $[SQ_n]$ in Abhängigkeit von ε.
	Berechnung von $\overline{SQ_n}(\varepsilon)$ im beliebigen Dreieck PQ_nS mit dem Sinussatz

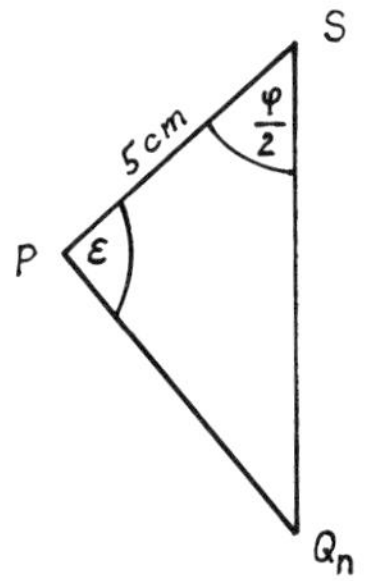

$\varepsilon \in \left] 68{,}20^\circ ; 139{,}09^\circ \right]$

$$\frac{\overline{SQ_n}(\varepsilon)}{\sin\varepsilon} = \frac{\overline{SP}}{\sin\left(180^\circ - \left(\varepsilon + \frac{\varphi}{2}\right)\right)}$$

$$\overline{SQ_n}(\varepsilon) = \frac{\overline{SP}}{\sin\left(\varepsilon + \frac{\varphi}{2}\right)} \cdot \sin\varepsilon$$

$$\overline{SQ_n}(\varepsilon) = \frac{5 \cdot \sin\varepsilon}{\sin(\varepsilon + 21{,}80^\circ)} \text{ cm}$$

3.5	
	Zeigen Sie, dass für das Volumen V(ε) der entstehenden Rotationskörper in Abhängigkeit von ε gilt: $V(\varepsilon) = \frac{18{,}11 \cdot \sin\varepsilon}{\sin(\varepsilon + 21{,}80^\circ)} \text{ cm}^3$.
	Der Rotationskörper, der hier entsteht, ist ein Doppelkegel mit dem gemeinsamen Radius $r = \overline{PD}$. Für das Volumen eines Doppelkegels gilt: $V = V_1 + V_2$

zunächst: Berechnung der Streckenlänge $\overline{PD}$ im rechtwinkligen Dreieck PDS

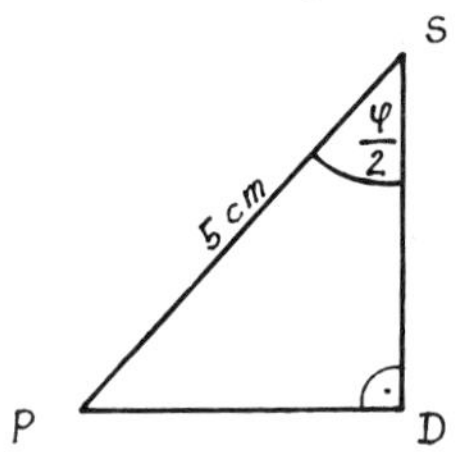

$$\sin\frac{\varphi}{2} = \frac{\overline{PD}}{\overline{SP}}$$

$$\overline{PD} = \overline{SP} \cdot \sin\frac{\varphi}{2}$$

$$\overline{PD} = 5 \text{ cm} \cdot \sin 21{,}80^\circ$$

$$\overline{PD} = 1{,}86 \text{ cm}$$

Für das Volumen des Rotationskörpers gilt:

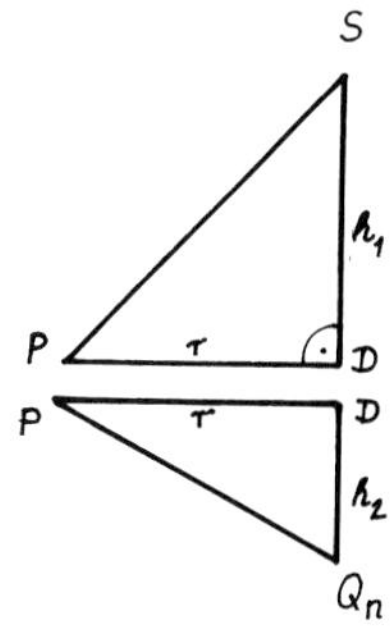

$$V = V_1 + V_2$$

$$V = \frac{1}{3} \cdot A_G \cdot h_1 + \frac{1}{3} \cdot A_G \cdot h_2$$

$$V = \frac{1}{3} \cdot (\overline{PD}^2 \cdot \pi) \cdot \overline{DS} + \frac{1}{3} \cdot (\overline{PD}^2 \cdot \pi) \cdot \overline{DQ_n}$$

$$V = \frac{1}{3} \cdot \overline{PD}^2 \cdot \pi \cdot (\overline{DS} + \overline{DQ_n})$$

$$V(\varepsilon) = \frac{1}{3} \cdot \overline{PD}^2 \cdot \pi \cdot \overline{SQ_n}\ (\varepsilon)$$

$$V(\varepsilon) = \frac{1}{3} \cdot (1{,}86\text{ cm})^2 \cdot \pi \cdot \frac{5 \cdot \sin\varepsilon}{\sin(\varepsilon + 21{,}80^\circ)}\text{ cm}$$

$$V(\varepsilon) = \frac{18{,}11 \cdot \sin\varepsilon}{\sin(\varepsilon + 21{,}80^\circ)}\text{ cm}^3$$

3.6	Das Volumen des aus dem Drachenviereck SPQ_3R entstandenen Rotationskörpers ist um 85% kleiner als das Volumen des in 3.0 beschriebenen Kegels. Berechnen Sie das zugehörige Maß ε.
	1) Berechnung des Volumens V_o des Kegels aus 3.0 2) Ermittlung des Volumens V_3 des Rotationskörpers 3) Berechnung des gesuchten Winkelmaßes ε

zu 1) Volumen des Grundkegels aus 3.0:

$$V_o = \frac{1}{3} \cdot r^2 \cdot \pi \cdot h$$

$$V_o = \frac{1}{3} \cdot (4\text{ cm})^2 \cdot \pi \cdot 10\text{ cm}$$

$$V_o = 167{,}55\text{ cm}^3$$

zu 2) Volumens des Rotationskörpers:

V_3 ist um 85% kleiner als V_o, d.h. V_3 ist 15% von V_o

$$V_3 = 0{,}15 \cdot V_o$$

$$V_3 = 0{,}15 \cdot 167{,}55\text{ cm}^3$$

$$V_3 = 25{,}13\text{ cm}^3$$

Für das Volumen V_3 gilt auch: $V_3 = \dfrac{18{,}11 \cdot \sin\varepsilon}{\sin(\varepsilon + 21{,}80^\circ)}\text{ cm}^3$

zu 3) Gleichsetzen: $\varepsilon \in \left] 68{,}20° ; 139{,}09° \right]$

$$\frac{18{,}11 \cdot \sin \varepsilon}{\sin(\varepsilon + 21{,}80°)} = 25{,}13$$

$\Leftrightarrow \quad 18{,}11 \cdot \sin \varepsilon = 25{,}13 \cdot \sin(\varepsilon + 21{,}80°) \quad | : 25{,}13$

$\Leftrightarrow \quad 0{,}72 \cdot \sin \varepsilon = \sin(\varepsilon + 21{,}80°)$

$\Leftrightarrow \quad 0{,}72 \cdot \sin \varepsilon = \sin \varepsilon \cdot \cos 21{,}80° + \cos \varepsilon \cdot \sin 21{,}80°$

$\Leftrightarrow \quad 0{,}72 \cdot \sin \varepsilon = 0{,}93 \cdot \sin \varepsilon + 0{,}37 \cdot \cos \varepsilon$

$\Leftrightarrow \quad -0{,}21 \cdot \sin \varepsilon = 0{,}37 \cdot \cos \varepsilon \quad | : \cos \varepsilon \neq 0$

$\Leftrightarrow \quad \frac{\sin \varepsilon}{\cos \varepsilon} = \frac{0{,}37}{-0{,}21}$

Für $\cos \varepsilon \neq 0$ gilt:

$-0{,}21 \cdot 1 = 0{,}37 \cdot 0$ (f)

$\Leftrightarrow \quad \tan \varepsilon = -1{,}76$

$\Leftrightarrow \quad \varepsilon = 119{,}60°$

$\mathbb{L} = \{ 119{,}60° \}$

Lösungsmuster Mathematik I B 2003

1.0 Funktionsgleichung: f_1 mit $y = \log_3 (x - 1) + 3$ $\mathbb{G} = \mathbb{R} \times \mathbb{R}$

1.1 Definitionsmenge: $\mathbb{D}(x) = \{ x \mid x > 1\}$
Wertemenge: $\mathbb{W}(y) = \mathbb{R}$

1.2 Tabelle:

x	1,1	1,5	2	3	4	5	6	7	8
$\log_3 (x - 1) + 3$	0,90	2,37	3	3,63	4	4,26	4,46	4,63	4,77

Einzeichnen des Graphen zu f_1

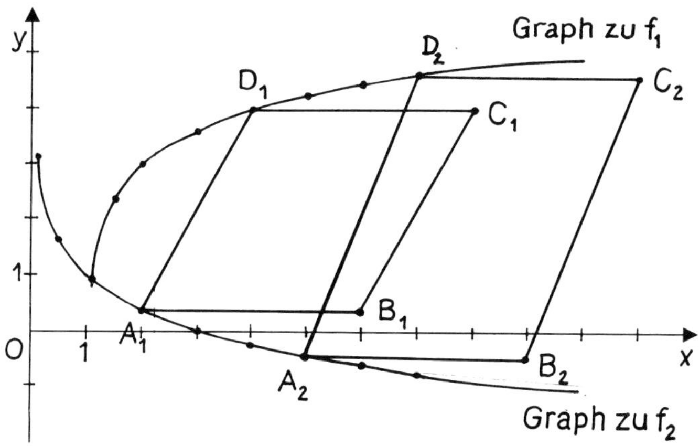

1.3

Ermitteln Sie rechnerisch die Funktionsgleichung von f_2.
1) f_1 wird durch Achsenspiegelung an der x-Achse auf f_1* abgebildet.
2) f_1* wird durch Parallelverschiebung mit dem Vektor $\vec{v}$ auf f_2 abgebildet.

$P(x \mid y) \in f_1$ $P(x \mid \log_3 (x - 1) + 3) \in f_1$ mit $y = \log_3 (x - 1) + 3$

$P'(x' \mid y') \in f_1*$

$P''(x'' \mid y'') \in f_2$

zu 1) Abbildungsgleichung für die Achsenspiegelung

I: $x' = x$ $\mathbb{G} = \mathbb{R} \times \mathbb{R}$

<=> II. $\wedge\ y' = -y$

$$\Leftrightarrow \left| \begin{array}{l} x' = x \\ \wedge\ y' = -[\ \log_3 (x-1) + 3 \end{array} \right.$$

$$\Leftrightarrow \left| \begin{array}{l} x' = x \\ \wedge\ y' = -\ \log_3 (x-1) - 3] \end{array} \right.$$

Gleichung der Funktion f_1^* : f_1^* mit $y = -\ \log_3 (x-1) - 3$ $\mathbb{G} = \mathbb{R} \times \mathbb{R}$

zu 2) Abbildungsgleichung für die Parallelverschiebung

$$\overrightarrow{OP''} = \overrightarrow{OP'} \oplus \vec{v} \quad ; \qquad \vec{v} = \begin{pmatrix} -1 \\ 4 \end{pmatrix}$$

$$\left| \begin{array}{l} x'' = x' + v_x \\ \wedge\ y'' = y' + v_y \end{array} \right. \qquad \mathbb{G} = \mathbb{R} \times \mathbb{R}$$

$$\left| \begin{array}{l} x'' = x' - 1 \\ \wedge\ y'' = -\ \log_3 (x-1) - 3 + 4 \end{array} \right.$$

$$\left| \begin{array}{l} x' = x'' + 1 \\ \wedge\ y'' = -\ \log_3 (x-1) + 1 \end{array} \right.$$

Einsetzen: $\Leftrightarrow \quad y'' = -\ \log_3 ((x'' + 1) - 1) + 1$

$\Leftrightarrow \quad y'' = -\ \log_3 (x'') + 1$

Gleichung der Funktion f_2 : f_2 mit $y = -\ \log_3 (x) + 1$ $\mathbb{G} = \mathbb{R} \times \mathbb{R}$

Einzeichnen des Graphen zu f_2 (siehe 1.2)

1.4 Einzeichnen der Parallelogramme $A_1B_1C_1D_1$ für x = 2 und $A_2B_2C_2D_2$ für x = 5 (siehe 1.2).

1.5

Geben Sie die Koordinaten der Punkte D_n in Abhängigkeit von der Abszisse x der Punkte A_n an.
Die Abszisse x der Punkte D_n ist um 2 größer als die Abszisse x der Punkte A_n . Es gilt: $x_{D_n} = x_{A_n} + 2$

Für Punkte auf dem Graphen zu f_1 gilt: $\mathbb{G} = \mathbb{R} \times \mathbb{R}$

$D_n (x_D \mid y_D) \in f_1$ $\qquad D_n (x_D \mid \log_3 (x_D - 1) + 3)$

mit $x_A = x$ und $x_D = x + 2$ gilt $\qquad D_n (x + 2 \mid \log_3 ((x + 2) - 1) + 3)$

$D_n (x + 2 \mid \log_3 (x + 1) + 3)$

Zeigen Sie, dass man den Flächeninhalt A(x) der Parallelogramme $A_nB_nC_nD_n$ in Abhängigkeit von der Abszisse x der Punkte A_n wie folgt darstellen kann: $A(x) = [\ 4 \cdot \log_3(x^2 + x) + 8\ ]$ FE

Im Koordinatensystem gilt für den Flächeninhalt der Parallelogramme: $A = \begin{vmatrix} x_1 & x_2 \\ y_1 & y_2 \end{vmatrix}$ FE

Die Seiten $[A_nB_n]$ verlaufen parallel zur x-Achse und es gilt: $\overline{A_nB_n} = 4$ LE.

$$\overrightarrow{A_nB_n} = \begin{pmatrix} 4 \\ 0 \end{pmatrix}$$

Für die Eckpunkte gilt: $A_n(x \mid -\log_3(x) + 1)$

$D_n(x + 2 \mid \log_3(x + 1) + 3)$

Pfeil:

$$\overrightarrow{A_nD_n} = \begin{pmatrix} x + 2 - x \\ \log_3(x + 1) + 3 - (-\log_3(x) + 1 \end{pmatrix}$$

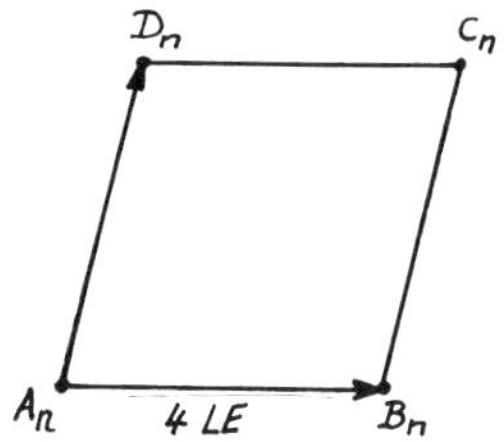

$$\overrightarrow{A_nD_n} = \begin{pmatrix} 2 \\ \log_3(x + 1) + 3 + \log_3(x) - 1 \end{pmatrix}$$

$$\overrightarrow{A_nD_n} = \begin{pmatrix} 2 \\ \log_3(x + 1) + \log_3(x) + 2 \end{pmatrix}$$

$$\overrightarrow{A_nD_n} = \begin{pmatrix} 2 \\ \log_3(x + 1) \cdot (x) + 2 \end{pmatrix}$$

$$\overrightarrow{A_nD_n} = \begin{pmatrix} 2 \\ \log_3(x^2 + x) + 2 \end{pmatrix}$$

Flächeninhalt der Parallelogramme $A_nB_nC_nD_n$:

$$A(x) = \begin{vmatrix} 4 & 2 \\ 0 & \log_3(x^2 + x) + 2 \end{vmatrix} \text{ FE}$$

$$A(x) = 4 \cdot [\log_3(x^2 + x) + 2] \text{ FE}$$

$$A(x) = [4 \cdot \log_3(x^2 + x) + 8] \text{ FE}$$

1.6

Unter den Parallelogrammen $A_nB_nC_nD_n$ gibt es ein Parallelogramm $A_3B_3C_3D_3$ mit einem Flächeninhalt von 20 FE. Berechnen Sie die x-Koordinate des Punktes A_3.
Für das gesuchte Parallelogramm gilt: $A(x) = \ldots$ FE $\wedge$ $A = 20$ FE

Gleichsetzen: $[4 \cdot \log_3(x^2 + x) + 8]$ FE $= 20$ FE

$\Leftrightarrow$ $4 \cdot \log_3(x^2 + x) + 8 = 20$

$\Leftrightarrow$ $4 \cdot \log_3(x^2 + x) = 12$

$\Leftrightarrow$ $\log_3(x^2 + x) = 3$

$$\Leftrightarrow \quad x^2 + x = 3^3$$
$$\Leftrightarrow \quad x^2 + x = 27$$
$$\Leftrightarrow \quad x^2 + x - 27 = 0$$

$p = 1$ $\frac{p}{2} = 0{,}5$ $q = -27$	$D = (\frac{p}{2})^2 - q$ $D = 0{,}5^2 - (-27)$ $D = 27{,}25$	$x_{1,2} = -\frac{p}{2} \pm \sqrt{D}$

$$\Leftrightarrow \quad x_{1,2} = -0{,}5 \pm \sqrt{27{,}25}$$
$$\Leftrightarrow \quad x_1 = 4{,}72 \quad (\vee \quad x_2 = -5{,}72)$$

Für $x > 1$; $x \in \mathbb{R}$ gilt: $\mathbb{L} = \{4{,}72\}$

2.0 Eckpunkte der Dreiecke AB_nC_n:

$A(-3 \mid -1)$

$B_n(x \mid 0{,}5x - 3) \in g$ mit $y = 0{,}5x - 3$

$\overline{AC_n} : \overline{AB_n} = 2 : 1$.

Winkelhalbierende w mit $y = \frac{1}{3}x$ $(\mathbb{G} = \mathbb{R} \times \mathbb{R})$.

2.1 Zeichnen der Geraden g, der Winkelhalbierenden w sowie der Dreiecke AB_1C_1 für x = 1 und AB_2C_2 für x = 3

$B_1(1 \mid -2{,}5)$

$B_2(3 \mid -1{,}5)$

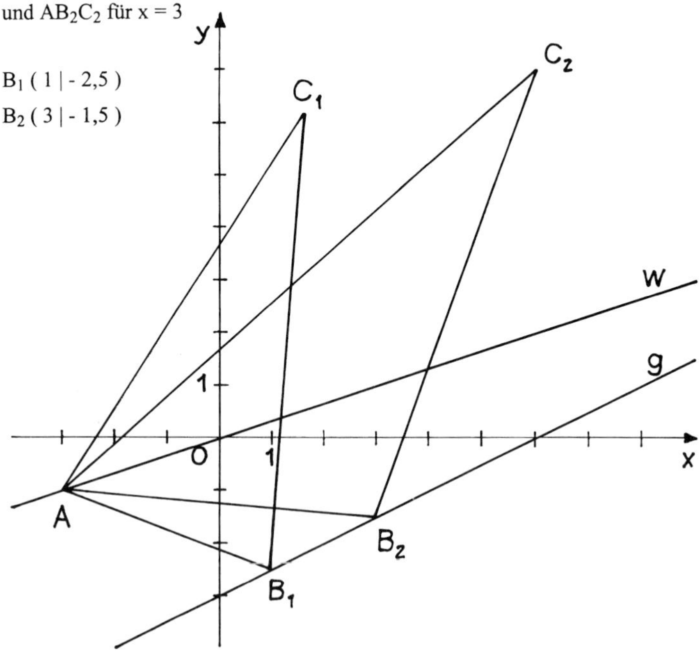

2.2

Ermitteln Sie rechnerisch die Intervallgrenzen der Dreiecke AB_nC_n .
1) Berechnung der unteren Intervallgrenze 2) Berechnung der oberen Intervallgrenze

zu 1) Es gibt keine Dreiecke AB_nC_n, wenn die Punkte A, B_n, C_n auf einer Linie liegen. Das ist genau der Fall, wenn die Strecke $[AB_n]$ senkrecht zur Winkelhalbierenden w ist.

Pfeile: $\overrightarrow{AB_n} = \begin{pmatrix} x - (-3) \\ 0{,}5x - 3 - (-1) \end{pmatrix} = \begin{pmatrix} x + 3 \\ 0{,}5x - 2 \end{pmatrix}$

Für die Steigung der Winkelhalbierenden w mit $y = \frac{1}{3}x$ gilt:

$m = \frac{1}{3} \Rightarrow \overrightarrow{v_w} = \begin{pmatrix} 3 \\ 1 \end{pmatrix}$

Lösung mit dem Skalarprodukt: $\overrightarrow{AB_n} \perp \overrightarrow{v_w} \Leftrightarrow \overrightarrow{AB_n} \odot \overrightarrow{v_w} = 0$

$$\begin{pmatrix} x + 3 \\ 0{,}5x - 2 \end{pmatrix} \odot \begin{pmatrix} 3 \\ 1 \end{pmatrix} = 0$$

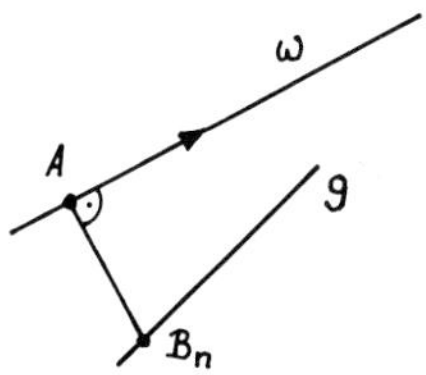

$$\begin{aligned}
\Leftrightarrow\quad & (x + 3) \cdot 3 + 1 \cdot (0{,}5x - 2) = 0 \\
\Leftrightarrow\quad & 3x + 9 + 0{,}5x - 2 = 0 \\
\Leftrightarrow\quad & 3{,}5x + 7 = 0 \\
\Leftrightarrow\quad & 3{,}5x = -7 \\
\Leftrightarrow\quad & x = -2 \\
& \mathbb{L} = \{-2\}
\end{aligned}$$

Die untere Intervallgrenze ist – 2.

zu 2) Liegen die Punkte B_n auf der Winkelhalbierenden w, so können auch keine Dreiecke gezeichnet werden. Man berechnet die x-Koordinate des Schnittpunktes S von g und w. $g \cap w = \{S\}$

$$\begin{array}{l|l}
\text{I.} & y = 0{,}5x - 3 \\
\text{II.} & \wedge\; y = \frac{1}{3}x
\end{array} \qquad \mathbb{G} = \mathbb{R} \times \mathbb{R}$$

Gleichsetzen: I. = II. $\Rightarrow \quad 0{,}5x - 3 = \frac{1}{3}x \qquad \mathbb{G} = \mathbb{R}$

$$\begin{aligned}
\Leftrightarrow\quad & 0{,}5x - \frac{1}{3}x = 3 \\
\Leftrightarrow\quad & \frac{3}{6}x - \frac{2}{6}x = 3 \\
\Leftrightarrow\quad & \frac{1}{6}x = 3 \\
\Leftrightarrow\quad & x = 3 \quad \mathbb{L} = \{18\}
\end{aligned}$$

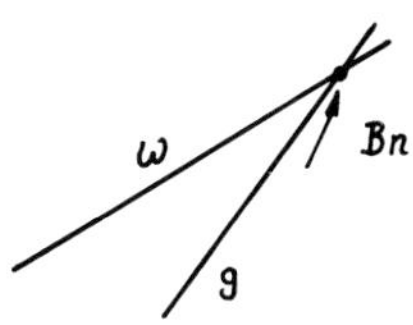

Die obere Intervallgrenze ist 18.

Intervall: Man erhält Dreiecke für $x \in\ ]-2\,;\ 18[$

2.3

Ermitteln Sie rechnerisch die Koordinaten der Punkte C_n in Abhängigkeit von der Abszisse x der Punkte B_n.
Die Pfeile $\overrightarrow{AB_n}$ kann man auf die Pfeile $\overrightarrow{AC_n}$ abbilden. 1) Die Pfeile $\overrightarrow{AB_n}$ können durch Achsenspiegelung an der Winkelhalbierenden w auf die Pfeile $\overrightarrow{AB_n}'$ abgebildet werden 2) Die Pfeile $\overrightarrow{AB_n}'$ können durch Zentrische Streckung auf die Pfeile $\overrightarrow{AC_n}$ abgebildet werden

zu 1) $\overrightarrow{AB_n} = \begin{pmatrix} x + 3 \\ 0{,}5x - 2 \end{pmatrix} \xmapsto{\ w\ } \overrightarrow{AB_n}'$

Steigung der Winkelhalbierenden w: $m = \frac{1}{3}$

Neigungswinkel: $\tan \varphi = \frac{1}{3}$

$\varphi = 18{,}43° \ ; (\ \varphi = 198{,}43°)$

Abbildungsmatrix: $2\varphi = 36{,}9°$

$\cos 2\varphi = 0{,}8$

$\sin 2\varphi = 0{,}6$

Abbildungsgleichung: $\mathbb{G} = \mathbb{R} \times \mathbb{R} \ ; x \in \mathbb{R}$

$$\begin{pmatrix} x' \\ y' \end{pmatrix} = \begin{pmatrix} \cos 2\varphi & \sin 2\varphi \\ \sin 2\varphi & -\cos 2\varphi \end{pmatrix} \odot \begin{pmatrix} x \\ y \end{pmatrix}$$

$$\begin{pmatrix} x' \\ y' \end{pmatrix} = \begin{pmatrix} 0{,}8 & 0{,}6 \\ 0{,}6 & -0{,}8 \end{pmatrix} \odot \begin{pmatrix} x + 3 \\ 0{,}5x - 2 \end{pmatrix}$$

$$\Leftrightarrow \left| \begin{array}{l} x' = 0{,}8 \cdot (x + 3) + 0{,}6 \cdot (0{,}5\,x - 2) \\ \wedge\ y' = 0{,}6 \cdot (x + 3) - 0{,}8 \cdot (0{,}5\,x - 2) \end{array} \right.$$

$$\Leftrightarrow \left| \begin{array}{l} x' = 0{,}8 \cdot x + 2{,}4 + 0{,}3\,x - 1{,}2 \\ \wedge\ y' = 0{,}6 \cdot x + 1{,}8 - 0.4\,x + 1{,}6 \end{array} \right.$$

$$\Leftrightarrow \left| \begin{array}{l} x' = 1{,}1\,x + 1{,}2 \\ \wedge\ y' = 0{,}2\,x + 3{,}4 \end{array} \right.$$

zu 2) $\overrightarrow{AB_n}' = \begin{pmatrix} 1{,}1x + 1{,}2 \\ 0{,}2x + 3{,}4 \end{pmatrix} \xmapsto{\ A;\, k = 2\ } \overrightarrow{AC_n}$

$$\overrightarrow{AC_n} = \begin{pmatrix} x'' - (-3) \\ y'' - (-1) \end{pmatrix} = \begin{pmatrix} x'' + 3 \\ y'' + 1 \end{pmatrix}$$

$$\overrightarrow{AC_n} = 2 \cdot \overrightarrow{AB_n}'$$

$$\overrightarrow{AC_n} = 2 \cdot \begin{pmatrix} 1{,}1x + 1{,}2 \\ 0{,}2x + 3{,}4 \end{pmatrix} \; ; \qquad \overrightarrow{AC_n} = \begin{pmatrix} 2{,}2x + 2{,}4 \\ 0{,}4x + 6{,}8 \end{pmatrix}$$

Koordinatenschreibweise:

$$\Leftrightarrow \left| \begin{array}{l} x'' + 3 = 2{,}2x + 2{,}4 \\ \wedge\; y'' + 1 = 0{,}4x + 6{,}8 \end{array} \right.$$

$$\Leftrightarrow \left| \begin{array}{l} x'' = 2{,}2x - 0{,}6 \\ \wedge\; y'' = 0{,}4x + 5{,}8 \end{array} \right.$$

Koordinaten der Eckpunkte C_n: $C_n\,(2{,}2x - 0{,}6 \mid 0{,}4x + 5{,}8)$

2.4	Unter den Dreiecken AB_nC_n gibt es ein rechtwinkliges Dreieck AB_3C_3 mit der Hypotenuse $[B_3C_3]$. Berechnen Sie die x-Koordinate des Punktes B_3.
	Lösung mit dem Skalarprodukt: $\overrightarrow{AB_n} \perp \overrightarrow{AC_n} \Leftrightarrow \overrightarrow{AB_n} \odot \overrightarrow{AC_n} = 0$

$$\overrightarrow{AB_n} = \begin{pmatrix} x + 3 \\ 0{,}5x - 2 \end{pmatrix} \qquad -2 < x < 18 \,;\, x \in \mathbb{R}$$

$$\overrightarrow{AC_n} = \begin{pmatrix} 2{,}2x + 2{,}4 \\ 0{,}4x + 6{,}8 \end{pmatrix}$$

$$\begin{pmatrix} x + 3 \\ 0{,}5x - 2 \end{pmatrix} \odot \begin{pmatrix} 2{,}2x + 2{,}4 \\ 0{,}4x + 6{,}8 \end{pmatrix} = 0$$

$$\Leftrightarrow (x + 3) \cdot (2{,}2x + 2{,}4) + (0{,}5x - 2) \cdot (0{,}4x + 6{,}8) = 0$$

$$\Leftrightarrow 2{,}2 \cdot x^2 + 2{,}4x + 6{,}6x + 7{,}2 + 0{,}2 \cdot x^2 + 3{,}4x - 0{,}8x - 13{,}6 = 0$$

$$\Leftrightarrow 2{,}4 \cdot x^2 + 11{,}6x - 6{,}4 = 0$$

$a = 2{,}4$	$D = b^2 - 4 \cdot a \cdot c$	
$b = 11{,}6$	$D = 11{,}6^2 - 4 \cdot 2{,}4 \cdot (-6{,}4)$	$x_{1,2} = \dfrac{-b \pm \sqrt{D}}{2 \cdot a}$
$c = -6{,}4$	$D = 196$	

$$\Leftrightarrow x_{1,2} = \frac{-11{,}6 \pm \sqrt{196}}{2 \cdot 2{,}4}$$

$$\Leftrightarrow x_1 = 0{,}5 \quad (\vee \quad x_2 = -5{,}3)$$

$$\mathbb{L} = \{0{,}5\}$$

2.5	Der Punkt C_4 des Dreiecks AB_4C_4 liegt auf der y-Achse. Berechnen Sie die y-Koordinate des Punktes C_4
	Für den Punkt C_4 auf der y-Achse gilt: $x = 0$

Für die Eckpunkte C_n gilt: $C_n(\underbrace{2{,}2 \cdot x - 0{,}6}_{\text{x-Koordinate}} \mid 0{,}4 \cdot x + 5{,}8)$

$$\left| \begin{array}{l} x_C = 2{,}2\,x - 0{,}6 \\ \wedge \; x_C = 0 \end{array} \right.$$

Gleichsetzen: => $2{,}2 \cdot x - 0{,}6 = 0$ $\qquad -2 < x < 18;\ x \in \mathbb{R}$

<=> $2{,}2 \cdot x = 0{,}6$

<=> $x = 0{,}22$

$\mathbb{L} = \{0{,}22\}$

oder: Berechnung mit Bruchzahlen: $\frac{11}{5}x - \frac{3}{5} = 0$ $\qquad -2 < x < 18;\ x \in \mathbb{R}$

<=> $\frac{11}{5}x = \frac{3}{5}$

<=> $x = \frac{3}{11}$

$\mathbb{L} = \{\frac{3}{11}\}$

Einsetzen der x-Koordinate in den Term für die y-Koordinate:

$C_n(2{,}2 \cdot x - 0{,}6 \mid \underbrace{0{,}4 \cdot x + 5{,}8}_{\text{y-Koordinate}})$

$y = 0{,}4 \cdot \frac{3}{11} + 5{,}8$

$y = 5{,}9$ $\qquad \mathbb{L} = \{5{,}9\}$

3.1 Zeichnen des Schrägbildes des Daches ABCDEF mit MN als Schrägbildachse.
Der gewählte Maßstab ist 1:100; 1 cm in der Zeichnung entspricht 100 cm = 1 m in der Wirklichkeit.

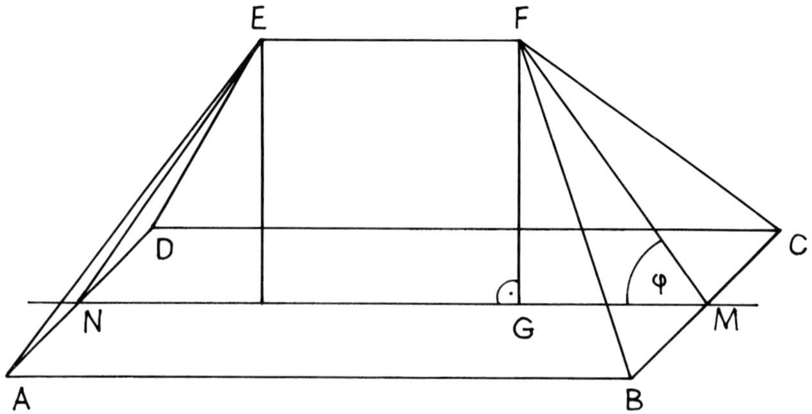

3.2

Ermitteln Sie das Intervall für φ, so dass Walmdächer entstehen.
Im rechtwinkligen Dreieck gilt: $\tan\varphi = \dfrac{\text{Länge der Gegenkathete}}{\text{Länge der Ankathete}}$

Bedingung: $\overline{EF} > 0$

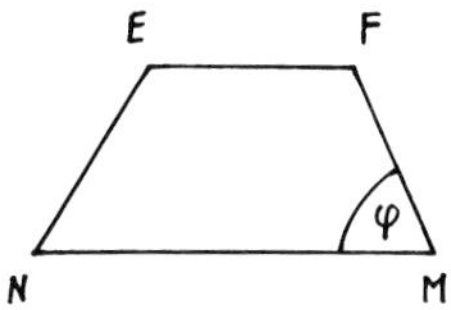

1.Grenzfall: $\overline{EF} = 0$

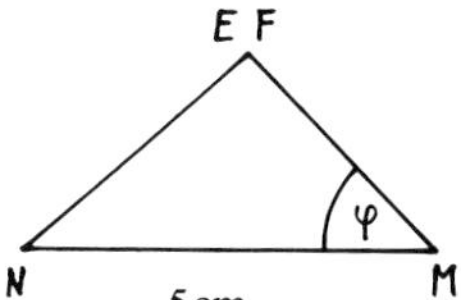

$$\tan\varphi = \frac{5\,\text{cm}}{6\,\text{cm}}$$

$$\varphi = 39{,}81°$$

2. Grenzfall

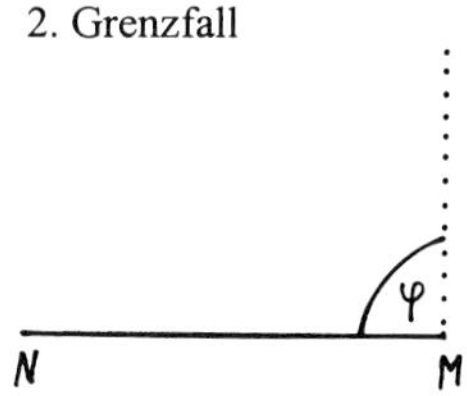

Intervall: $\varphi \in \,]39{,}81°; 90°[$

3.3

Stellen Sie die Firstlänge $\overline{EF}(\varphi)$ in Abhängigkeit von φ dar.
1) Berechnung von $\overline{GM}(\varphi)$ im rechtwinkligen Dreieck FGM 2) Berechnung von $\overline{EF}(\varphi)$

zu 1)

$\varphi = \sphericalangle FMN$

$\varphi \in \,]39{,}81°; 90°[$

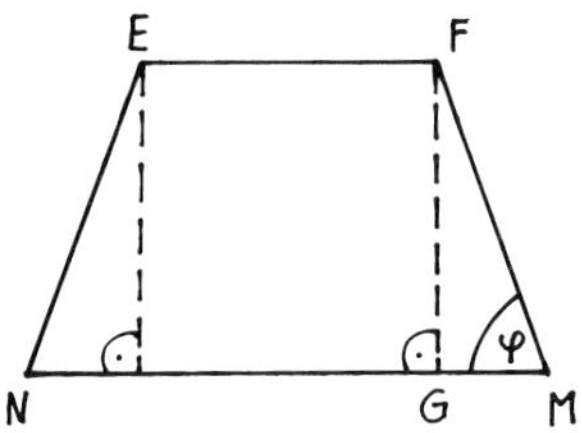

$$\tan\varphi = \frac{\overline{FG}}{\overline{GM}(\varphi)}$$

$$\overline{GM}(\varphi) = \frac{\overline{FG}}{\tan\varphi}$$

$$\overline{GM}(\varphi) = \frac{5\,\text{m}}{\tan\varphi}$$

$$\overline{GM}(\varphi) = \frac{5}{\tan\varphi}\,\text{m}$$

zu 2) $\overline{EF} = \overline{MN} - 2 \cdot \overline{GM}$ $\qquad \varphi \in \,]39{,}81°; 90°[$

$$\overline{EF}(\varphi) = 12\,\text{m} - 2 \cdot \frac{5}{\tan\varphi}\,\text{m}$$

$$\overline{EF}(\varphi) = \left(12 - \frac{10}{\tan\varphi}\right)\text{m}$$

Berechnen Sie den Flächeninhalt A(φ) der gesamten Dachfläche in Abhängigkeit von φ.
1) Berechnung des Flächeninhaltes des Trapezes ABFE 2) Berechnung des Flächeninhalts des Dreiecks BCF 3) Für die Dachfläche gilt: $A_{Dach} = 2 \cdot A_{ABFE} + 2 \cdot A_{\Delta BCF}$

zu 1) Berechnung der Höhe h im Trapez (Satz des Pythagoras):

$$h^2 = (4\text{ m})^2 + (5\text{ m})^2$$

$$h = \sqrt{4^2 + 5^2}\text{ m}; \qquad h = \sqrt{41}\text{ m}; \qquad h = 6{,}40\text{ m}$$

Flächeninhalt des Trapezes ABFE: $A_1 = 0{,}5 \cdot (a + c) \cdot h$

$$A_1(\varphi) = 0{,}5 \cdot (\overline{AB} + \overline{EF}) \cdot h$$

$$A_1(\varphi) = 0{,}5 \cdot \left(12\text{ m} + \left(12 - \frac{10}{\tan\varphi}\right)\text{m}\right) \cdot 6{,}40\text{ m}$$

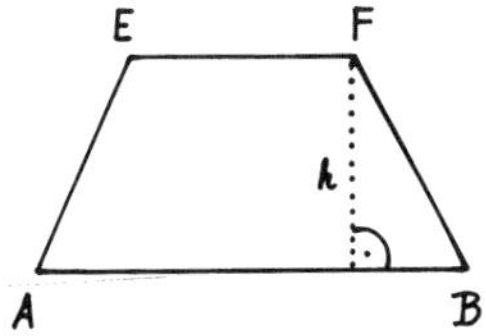

$$A_1(\varphi) = 0{,}5 \cdot \left(24 - \frac{10}{\tan\varphi}\right) \cdot 6{,}40\text{ m}^2$$

$$A_1(\varphi) = \left(12 - \frac{5}{\tan\varphi}\right) \cdot 6{,}40\text{ m}^2$$

$$A_1(\varphi) = \left(76{,}8 - \frac{32}{\tan\varphi}\right)\text{ m}^2$$

zu 2) Berechnung der Höhe im ΔFGM: $\varphi \in]39{,}81°; 90°[$

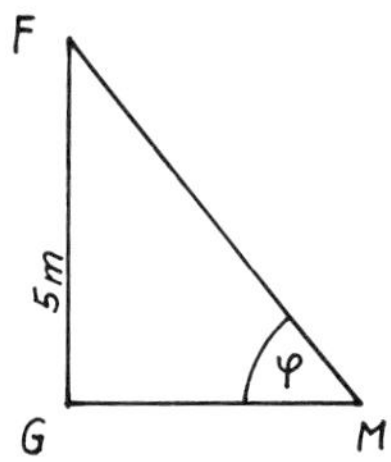

$$\sin\varphi = \frac{\overline{FG}}{\overline{FM}(\varphi)}$$

$$\overline{FM}(\varphi) = \frac{\overline{FG}}{\sin\varphi}$$

$$\overline{FM}(\varphi) = \frac{5\text{ m}}{\sin\varphi}$$

$$\overline{FM}(\varphi) = \frac{5}{\sin\varphi}\text{ m}$$

Flächeninhalt des Dreiecks BCF: $A_2 = \frac{1}{2} \cdot \overline{BC} \cdot \overline{FM}$

$$A_2(\varphi) = \frac{1}{2} \cdot 8\text{ m} \cdot \frac{5}{\sin\varphi}\text{ m}$$

$$A_2(\varphi) = \frac{20}{\sin\varphi}\text{ m}^2$$

zu 3) Für die Dachfläche gilt: $A(\varphi) = 2 \cdot A_1(\varphi) + 2 \cdot A_2(\varphi)$

$$A(\varphi) = 2 \cdot \left(76{,}8 - \frac{32}{\tan\varphi}\right)\text{ m}^2 + 2 \cdot \frac{20}{\sin\varphi}\text{ m}^2$$

$$A(\varphi) = \left[2 \cdot \left(76{,}8 - \frac{32}{\tan\varphi}\right) + 2 \cdot \frac{20}{\sin\varphi}\right]\text{ m}^2$$

$$A(\varphi) = \left[153{,}60 - \frac{64{,}00}{\tan\varphi} + \frac{40{,}00}{\sin\varphi}\right]\text{ m}^2$$

3.4

Berechnen Sie für $\varphi = 55°$ das Maß β des Neigungswinkels FBG der Kante [BF] zur Grundfläche.
1) Berechnung der Länge der Dreiecksseite [BF] 2) Berechnung von β im rechtwinkligen Dreieck FGB

zu 1) Berechnung der Streckenlänge $\overline{FM}$ für $\varphi = 55°$

$$\overline{FM}\ (\varphi) = \frac{5}{\sin\varphi}\,\text{m}$$

$$\overline{FM}\ (55°) = \frac{5}{\sin 55°}\ \text{m}$$

$$\overline{FM}\ (55°) = 6{,}10\ \text{m}$$

Berechnung der Streckenlänge $\overline{BF}$ mit dem Satz des Pythagoras im rechtwinkligen Dreieck BMF.

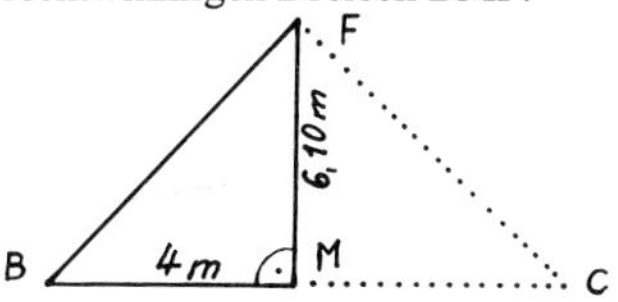

$$\overline{BF}^2 = \overline{BM}^2 + \overline{MF}^2$$

$$\overline{BF}^2 = (4\ \text{m})^2 + (6{,}10\ \text{m})^2$$

$$\overline{BF} = \sqrt{53{,}21}\ \text{m}$$

$$\overline{BF} = 7{,}29\ \text{m}$$

zu 2) Berechnung von β:

$\beta \in\ ]\,0°\,;\,90°\,[$

$$\beta = \sphericalangle FBG$$

$$\sin\beta = \frac{\overline{GF}}{\overline{BF}}$$

$$\sin\beta = \frac{5\ \text{m}}{7{,}30\ \text{m}}$$

$$\sin\beta = 0{,}68$$

$$\beta = 43{,}23°$$

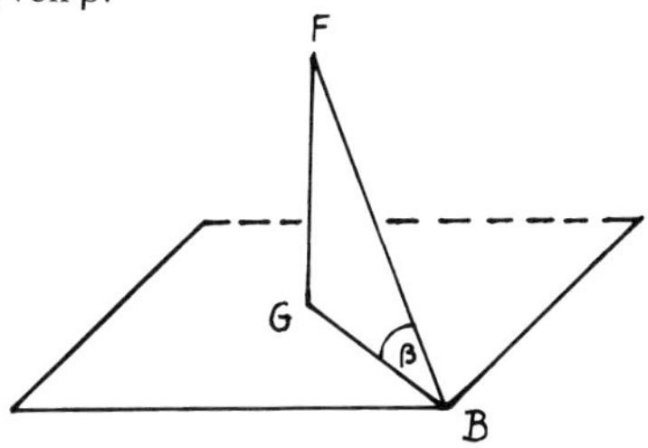

3.5

Berechnen Sie $\overline{PQ}$ in Abhängigkeit vom Maß des Winkels QPB.
Berechnung mit dem Sinussatz im beliebigen Dreieck QBP.

$\varepsilon \in\ ]0°\,;\,90°\,[$

$$\frac{\overline{PQ}(\varepsilon)}{\sin\beta} = \frac{\overline{BP}}{\sin[180° - (\beta + \varepsilon)]}$$

$$\overline{PQ}\ (\varepsilon) = \frac{\overline{BP}}{\sin[180° - (\beta + \varepsilon)]} \cdot \sin\beta$$

$$\overline{PQ}\ (\varepsilon) = \frac{3{,}65\ \text{m}}{\sin\,(43{,}23° + \varepsilon)} \cdot \sin 43{,}23°$$

$$\overline{PQ}\ (\varepsilon) = \frac{2{,}50}{\sin\,(43{,}23° + \varepsilon)}\ \text{m}$$

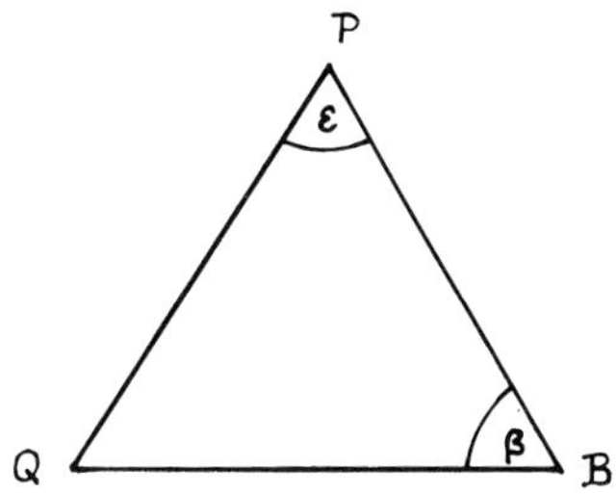

Meine Noten in Mathematik

Leistungen im Schuljahr

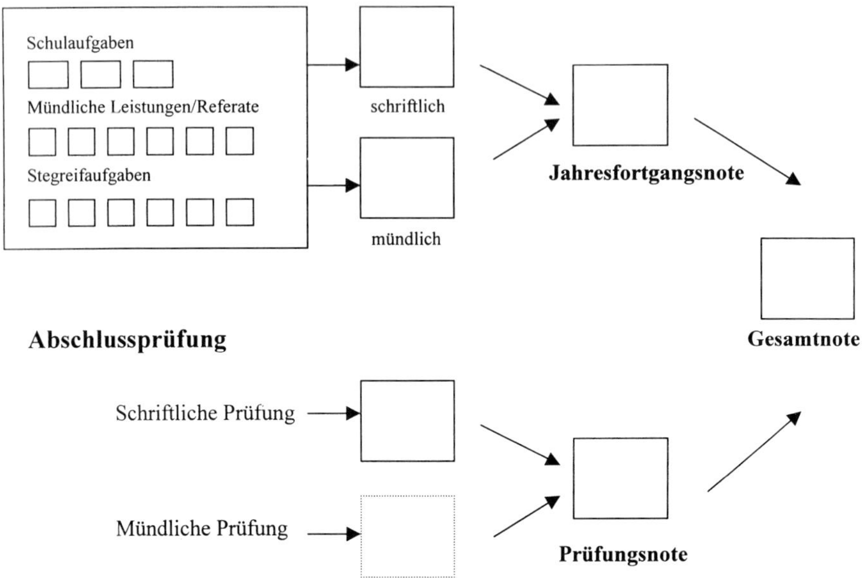

Notenbildung:

- Jahresfortgangsnote: Schriftliche Leistungen zählen doppelt, mündliche Leistungen einfach.

- Prüfungsnote: Die schriftliche Prüfung zählt doppelt, die mündliche Prüfung einfach. (Die mündliche Prüfung ist freiwillig, nur wenn der Leistungsstand nicht hinreichend geklärt ist, kann der Prüfungsausschuss verpflichtend in die mündliche Prüfung einweisen.)

- Gesamtnote: Jahresfortgangsnote und Prüfungsnote sind grundsätzlich gleichwertig; erhält man als Durchschnittsnote jedoch x,5, so überwiegt die Prüfungsnote.
(Ausnahmen entscheidet der Prüfungsausschuss.)

Zeitplaner: Prüfungsvorbereitung Mathematik

September

Oktober

November

Dezember

Januar

Februar

März

April

Mai

Juli

Juni

Prüfung
Mathematik

Termin:

28. Juni 2010

Notizen

Notizen

Notizen

Notizen

Notizen